Bernd Bendixen · Galina Hesse · Horst Rothe
Russisch aktuell: Der Sprechtrainer

Russisch aktuell
erklärt – geübt – beherrscht

Der Leitfaden
Der Sprachkurs
Der Sprechtrainer
Die Phonetik
Das russische Universalwörterbuch
Das russische Namenbuch

2005
Harrassowitz Verlag · Wiesbaden

Bernd Bendixen · Galina Hesse · Horst Rothe

Russisch aktuell

Der Sprechtrainer

Alltagsdialoge mit Standardredewendungen

2005
Harrassowitz Verlag · Wiesbaden

Verfasst von Bernd Bendixen, Galina Hesse und Horst Rothe unter Rückgriff auf sämtliche soundgestützten Komponenten des Lehrwerks *Russisch aktuell: erklärt – geübt – beherrscht* und unter Einbeziehung ausgewählter Ausschnitte und Rubriken aus dem *Russischen Universalwörterbuch*.

Sprecher:
S. Beilich, N. Eirich, D. Feoktistov, G. Hesse, O. Holland, G. Jarema, W. Kutz, S. Medvedev, L. Mironenko, N. Ostretsova

IPA-Transkriptionen:
K. Krüger

Illustrationen:
S. Geier, A. Götte

Gesang:
Solistin: L. Weslogusowa
Gruppe: вокальный ансамбль солистов „Рождество"
http://www.chamberchoir.spb.ru

Enzyklopädische Daten:
Mit freundlicher Genehmigung der Большая энциклопедия Кирилла и Мефодия, 2002
http://www.edu.km.ru

Bibliografische Information Der Deutschen Bibliothek:
Die Deutsche Bibliothek verzeichnet diese Publikation in der Deutschen Nationalbibliografie; detaillierte bibliografische Daten sind im Internet über http://dnb.ddb.de abrufbar.

Bibliographic information published by Die Deutsche Bibliothek:
Die Deutsche Bibliothek lists this publication in the Deutsche Nationalbibliografie; detailed bibliographic data is available in the Internet at http://dnb.ddb.de.

Informationen zum Verlagsprogramm finden Sie unter
https://www.harrassowitz-verlag.de
© Otto Harrassowitz KG, Wiesbaden 2005
Kreuzberger Ring 7c-d, D-65205 Wiesbaden,
produktsicherheit.verlag@harrassowitz.de
Das Werk einschließlich aller seiner Teile ist urheberrechtlich geschützt.
Jede Verwertung außerhalb der engen Grenzen des Urheberrechtsgesetzes ist ohne Zustimmung des Verlages unzulässig und strafbar. Das gilt insbesondere für Vervielfältigungen jeder Art, Übersetzungen, Mikroverfilmungen und für die Einspeicherung in elektronische Systeme.

Druck und Verarbeitung: BoD, Hamburg
Printed in Germany
ISBN 978-3-447-05100-2

Inhalt

VORBEMERKUNGEN IX

1. VORLAUFÜBUNGEN – VORLAUFWORTSCHATZ 1
   1.1. Die häufigsten lexikalischen Einheiten: 001 bis 108 3
   1.2. Die häufigsten lexikalischen Einheiten: 109 bis 198 5
   1.3. Die häufigsten lexikalischen Einheiten: 198 bis 306 8
2. VORLAUFÜBUNGEN – LEXIK ZU BILDERN 11
   2.1. Der Mensch 11
      2.1.1. Mann und Frau I 11
      2.1.2. Mann und Frau II 11
      2.1.3. Beim Arzt 12
   2.2. Unterwegs 12
      2.2.1. Im Eisenbahnabteil 12
      2.2.2. Auf dem Bahnhof 12
      2.2.3. In der Stadt 12
      2.2.4. An der Metro 13
   2.3. Besorgungen 13
      2.3.1. Bäckerei / Konditorei 13
      2.3.2. Obst- und Gemüseladen 13
      2.3.3. Buchhandlung 14
      2.3.4. Im Warenhaus 14
      2.3.5. Einkäufe für die Dame 14
      2.3.6. Einkäufe für den Herrn 15
      2.3.7. Einkäufe für sie und ihn 15
   2.4. Freizeit 16
      2.4.1. Auf der Datsche 16
      2.4.2. In der Datsche 16
      2.4.3. Im Garten 17
      2.4.5. Beim Friseur 17
      2.4.5. Im Café 17
      2.4.6. An der Theaterkasse 17
      2.4.7. Im Theaterfoyer 18
      2.4.8. Ballettvorstellung 18
   2.5. Hobby 18
      2.5.1. Backen 18
      2.5.2. Handarbeiten 18
      2.5.3. Fotografieren 19
      2.5.4. Malen 19
   2.6. Die Wohnung in der Stadt 19
      2.6.1. Der Flur 19
      2.6.2. Das Arbeitszimmer 20
      2.6.3. Das Wohnzimmer 20
      2.6.4. Die Küche 20
      2.6.5. Das Bad 20

3. DIALOGMODUL – STANDARDSITUATIONEN 21
3.1. (A) Begrüßung 21
3.2. (B) Verabschiedung und Abschiedswünsche 24
3.3. (C) Entschuldigung und Erwiderung 26
3.4. (D) Anrede / Ansprechen 28
3.5. (E) Bekanntmachen / Vorstellung 30
3.6. (F) Bitten, Danken 32
3.7. (G) Einladung (Annahme und Ablehnung) 39
3.8. (H) Glückwünsche 42
3.9. (I) Trinksprüche 44

4. DIALOGMODUL – KOMPLEXE ANWENDUNG 45
4.1. In der Stadt 45
4.1.1. (A) Erkundigungen nach dem Weg 45
4.1.2. (B) Am Zeitungsstand 51
4.1.3. (C) Schilder und Tafeln als optische Wegweiser 53
4.2. Im Hotel 54
4.2.1. (D) Zimmerbestellung 54
4.2.2. (E) Ankunft 56
4.2.3. (F) Zahlungsmittel 58
4.2.4. (G) Kartenbestellung 59
4.3. Im Dienstleistungssektor 62
4.3.1. (H) Beim Arzt 62
4.3.2. (I) In der Apotheke 65
4.3.3. (K) Beim Zahnarzt 68
4.3.4. (L) Beim Friseur 70
4.4. Besuche dienstlich und privat 73
4.4.1. (M) In dienstlichem Auftrag 73
4.4.2. (N) Einladung in die Wohnung 75
4.4.3. (O) Einladung zum Ausstellungsbesuch 77

5. ZUSATZMATERIALIEN 79
5.1. Russische Lieder 79
5.1.1. Den weiten Weg wir fahr'n 80
5.1.2. Katjuscha 80
5.1.3. Oh du schöner Vogelbeerbaum 81
5.1.4. Schwarzer Augen Glut 81
5.1.5. Moskauer Abende 82
5.1.6. Abendglocken 82
5.1.7. Kalinka 83
5.1.8. Nationalhymne der Russischen Föderation 83
5.2. Russische Gedichte 84
5.2.1. Gut und schlecht (Majakowski) 84
5.2.2. François Villon (Okudshawa) 87
5.2.3. *** (Jewtuschenko) 88
5.2.4. Bis dass der Tod ... (Sabolozki) 89
5.2.5. Mit dem Sohn unterwegs (Jewtuschenko) 89
5.2.6. Stanzen (Brodski) 90

- 5.3. LEXIKGRUPPEN THEMENGEORDNET ... 91
  - 5.3.1. Bekannte und Verwandte ... 91
  - 5.3.2. Essen und Trinken ... 92
  - 5.3.3. Flora und Fauna ... 93
  - 5.3.4. Kunst und Kultur ... 94
  - 5.3.5. Der Mensch und sein Leben ... 95
  - 5.3.6. Stadt und Land ... 97
  - 5.3.7. Zeitangaben und Zeitspannen ... 97
  - 5.3.8. Sonstiges ... 98

6. ANHANG ... 99
- 6.1. PROGRAMMBESCHREIBUNG ZUM SPRECHENDEN WÖRTERBUCH ... 99
  - 6.1.1. Kern des Sprechenden Wörterbuchs ... 99
  - 6.1.2. Textmenge steuern = 'Filtern' und Suchen ... 100
  - 6.1.3. Zusatzinformationen ... 100
  - 6.1.4. Sprechendes Wörterbuch und RUW ... 100
  - 6.1.5. Sprecherauswahl ... 101
  - 6.1.6. Umschriftdarstellungen ... 102
  - 6.1.7. Vorlaufanforderungen (Vorkenntnisse) ... 102
  - 6.1.8. Erstellen von Übungen ... 103
- 6.2. LEXIKÜBERSICHT ... 104
- 6.3. BENUTZTE UND WEITERFÜHRENDE LITERATUR ... 132

Vorwort (Kurzbeschreibung)

Der vorliegende Sprechtrainer zum lebendigen Russischen gehört zur Lehrwerkreihe "Russisch aktuell: erklärt – geübt – beherrscht". Er besteht aus zwei relativ selbstständigen Teilen:

- dem eigentlichen **"Sprechenden Wörterbuch"**, das die 10 000 häufigsten Wörter des Russischen (und etliche weitere thematisch relevante[1]) in ihrer akustischen Repräsentation (zum großen Teil mehrfach, d. h. durch unterschiedliche Sprecher oder in unterschiedlicher kontextueller Einbindung vorgesprochen) enthält, die durch
    - die Schreib- oder Wörterbuchform der lexikalischen Einheiten und
    - die Darstellung ihrer Aussprache in einer frei wählbaren Umschrift[2]

  gestützt wird. Weitere Hilfen sind Angaben zur deutschen Bedeutung, zum paradigmatischen Verhalten und zur Frequenz und Distribution;
- dem didaktisch aufbereiteten **Sprechtrainer**, der
    - anfangs die wichtigsten Stereotype des Russischen bei Begrüßung und Verabschiedung, Zustimmung und Rückfrage, Erkundigung und Auskunftserteilung usw. in Mini-Dialogen anführt und
    - anschließend in anspruchsvolleren Dialogen von jeweils 10 bis 15 Repliken häufige Situationen im Alltag eines deutschen Touristen bzw. Geschäftsreisenden in Russland darstellt.

Sprechtrainer und **Sprechendes Wörterbuch** gehören zur Lehrwerkreihe "Russisch aktuell – erklärt, geübt, beherrscht". Sie unterscheiden sich von den stärker wissenschaftssystematisch orientierten Darstellungen zur

- **Phonologie und Phonetik** (vgl. "Russisch aktuell: Die Phonetik") und zur
- **Morphologie und Syntax** (vgl. "Russisch aktuell: Der Leitfaden"), wobei sie wie diese zwischen einer Festbetonung (wie bei лáмпа, durch Akut-Akzent ´ gekennzeichnet) und einer Wechselbetonung (wie bei секретàрь, mit Gravis-Akzent ` markiert) differenzieren.

Ebenso unterscheiden sie sich von dem primär didaktisch ausgerichteten

- **Sprachkurs** (vgl. "Russisch aktuell: Der Sprachkurs"), in dem das Russische vom Anfang an in seiner gesamten Breite dargestellt, erläutert, systematisiert und gefestigt werden soll, sodass Umfang und Zielstellung weit über dem hier vorliegenden Material liegen. Ebenso wie der Sprachkurs stützen sich Sprechtrainer und Sprechendes Wörterbuch auf das
- **Russische Universalwörterbuch** (vgl. "Russisch aktuell: Das Universalwörterbuch"); alle auftretenden lexikalischen Einheiten des Lehrmaterials werden über dieses Formenbildungswörterbuch präsentiert und erläutert. Die **RUW**-Basisfassung ist im vollen Umfang auf der CD enthalten; Nutzungseinschränkungen betreffen nur die freie Stichworteingabe.

Die genannten Teilkomponenten verfügen ihrerseits wieder über ein tief gestaffeltes Hilfesystem, sodass trotz des hohen Anspruchs, den sich das Lehrwerk stellt, keine spezielle philologische Vorbildung erforderlich ist.

Durch seine Ausrichtung als Hör- und Sprechkurs kann das nachfolgend wiedergegebene Material mit seinen insgesamt angelegten Potenzen nur dann umfassend zur Wirkung kommen, wenn auch die akustischen Beispiele mit zur Arbeit herangezogen werden; das betrifft sowohl die Vermittlung des Grundwortschatzes von 300 lexikalischen Einheiten als erstem Einstieg als auch die Arbeit an den festen Wendungen und Klischees, die auf der CD durchgängig von vier Originalsprechern

---

[1] Weitere ca. 5000 Wörterbuchformen; das gesamte Sprechende Wörterbuch umfasst annähernd 50 000 Einträge.

[2] Herrn Dr. Krüger sei für die Prüfung der Umschriftdarstellungen gedankt

bzw. –sprecherinnen vorgetragen werden, sowie an den Musterdialogen, die ebenfalls wesentlich besser angeeignet werden können, wenn sie durch ein Sprechmuster demonstriert werden. Aber auch bei der Lösung der einzelnen präkommunikativen und kommunikativen Aufgaben kann die Computerversion ihre Vorteile ausspielen, indem beispielsweise die richtige Lösung erwarteter Nutzereingaben vom Rechner überprüft wird oder auch bereits einmal vorgenommene und als richtig befundene Lösungen wieder gelöscht und zum Test neu eingegeben werden können (immer wenn Sie im gedruckten Material das Symbol 👀 sehen, existieren solche Eingabemöglichkeiten). Das Abrufen unterschiedlicher Sprechmuster wurde nur zu Beginn, in den einleitenden Übungen, durch ein Sprechersymbol veranschaulicht, es zieht sich aber auch durch alle weiteren Teile als ein Grundprinzip, das auch im "Sprechenden Wörterbuch" seine Fortsetzung gefunden hat. Ebenso lassen sich die Möglichkeiten zur Lexikfestigung, wie sie in der CD-Fassung ständig präsent sind, in der Printfassung auch nicht annähernd nachvollziehen: Die gesamte Lexik, die im Anhang (auf vorkommensaktuelle Grundbedeutungen verknappt) angeführt ist, lässt sich am Rechner in russisch-deutschen und deutsch-russischen Listen darstellen und bis hin zur russischen Eingabe üben, gleiches gilt für die thematisch strukturierten Lexiksammlungen (vgl. 5.3.). Ebenso sind die Möglichkeiten, sich aus dem "Sprechenden Wörterbuch" heraus eigene Übungslisten zusammenzustellen und diese vom Rechner präsentiert und auf die Beherrschung hin überprüft zu bekommen (vgl. unter 6.1. ff. die Kurzbeschreibung), auf den Computereinsatz beschränkt.

In diesem Sinne kann die hier vorgelegte Druckfassung die CD-Version nicht ersetzen, sie kann aber als optische Stütze für die Zeiten dienen, in denen kein Computer für die Arbeit zur Verfügung steht, und sie ist natürlich auch als gültiges eigenständiges Material für den Ausschnitt der Sprachwirklichkeit zu betrachten, die den Kern der Darstellung bietet – die festen Redewendungen des russischen dialogischen Sprechens werden in relativer Abgeschlossenheit dargestellt und durch ein ausgefeiltes Übungssystem, das auch in großer Breite in die Druckfassung übernommen wurde, zu einem Beherrschungsgrad geführt, der die mündliche Kommunikation in der Fremdsprache insbesondere zu den behandelten Alltagsthemen sichern sollte. Die Druckfassung kommt dem Leser auf einigen Gebieten sogar etwas entgegen, so bei der vergleichsweise größeren Übersichtlichkeit und vielleicht auch bei den Betonungskennzeichnungen, mit denen die Printversion wesentlich großzügiger verfährt als die Computerversion, in der das Zuschalten der Betonungsanzeige meist dem Nutzer überlassen wird, auf dass er sich nicht zu sehr an die hilfreichen, aber in Originaltexten natürlich fehlenden Akut- und Graviskennzeichnungen (letztere für Wörter mit Betonungsproblemen) gewöhne. Dem Nutzer, der mehr (oder ausschließlich) mit der Druckfassung arbeitet, sei – zumindest dann bei den Dialogen – ein weitgehend chronologisches Abarbeiten der vorgeschlagenen Übungsfolge auch in der Reihung Hören – Nachsprechen – Mitsprechen anempfohlen; die ausgiebige Erprobung des Materials hat gezeigt, dass hierdurch nicht nur die Intonation leichter und korrekter angeeignet wird, sondern auch im Verein mit solch stereotyp wiederholten Übungsformen wie Ergänzen ausgelassener Teile, Korrektur falscher Aussagen, Vergleich ähnlicher, aber nicht identischer Dialogsequenzen und Übernahme einzelner Sprecherrollen eine weitgehende Aneignung im latenten Lernen möglich ist – der vorgeschlagene methodische Weg erleichtert insbesondere im Anfängerstadium sehr vieles. Dass man dann mal einen vorgelagerten Block auch selbstständig abdecken muss, um sich die Lösung von Einsetzaufgaben nicht allzu sehr zu erleichtern, ist gewiss für den Lernwilligen keine allzu große Zumutung.

Wissend um diese in einer Druckfassung nicht zu vermeidenden Nachteile, glauben die Autoren dennoch, mit vorliegendem Büchlein ein wichtiges Hilfsmittel zum Eindringen ins lebendige gesprochene Russisch geschaffen zu haben. Sie wünschen dabei im Namen aller Mitarbeiter des Autorenkollektivs allen, die sich dieser lohnenden Aufgabe stellen, viel Erfolg.

Leipzig, im Januar 2005

B. Bendixen, G. Hesse und H. Rothe

1. Vorlaufübungen – Vorlaufwortschatz

Sprechtrainer sowie Sprechendes Wörterbuch sollen vor allem den Umgang mit dem russischen Basiswortschatz erleichtern und verbessern und diesen Wortschatz in häufigen Redesituationen anwenden. Der gesamte erfasste Wortschatz kann über das Sprechende Wörterbuch angeeignet werden. In diesem Sinne ist als "Vorlaufkenntnis" tatsächlich nur die Beherrschung des russischen Alphabets anzusehen.

Zur Übungseffektivierung haben die Autoren die 300 häufigsten lexikalischen Einheiten des Russischen in Mini-Kollokationen verpackt, wobei der Wortschatz dieser Fügungen ebenfalls dem absoluten Minimum entnommen wurde. Überzeugen Sie sich mithilfe der Übersicht von Seite 3 ff. davon, dass Sie diesen Wortschatz aus dem Effeff beherrschen.

Systematische grammatische Kenntnisse vermitteln weder das Sprechende Wörterbuch noch der Sprechtrainer. Bei Nachholebedarf zum Grammatikwissen sollte auf den "Leitfaden" oder den "Sprachkurs", bei Einzelwörtern auch auf das "Russische Universalwörterbuch" zurückgegriffen werden.

Zum Alphabet: Das aktuelle russische Alphabet ist aus dem altkirchenslawischen entstanden, das seinerseits auf die Mönche Kyrill und Method zurückgeführt wird, die im 9. Jahrhundert, damals zum Zwecke der Übersetzung biblischer Texte, das griechische Alphabet den Gegebenheiten einer slawischen Zielsprache anpassten. Heute, nach den verschiedenen Schreibreformen, tritt es uns in der folgenden Form entgegen:

а А	*а А*	и И	*и И*	р Р	*р Р*	ш Ш	*ш Ш*
б Б	*б Б*	й Й	*й Й*	с С	*с С*	щ Щ	*щ Щ*
в В	*в В*	к К	*к К*	т Т	*т Т*	ъ Ъ	*ъ Ъ*
г Г	*г Г*	л Л	*л Л*	у У	*у У*	ы Ы	*ы Ы*
д Д	*д Д*	м М	*м М*	ф Ф	*ф Ф*	ь Ь	*ь Ь*
е Е ё Ё	*е Е ё Ё*	н Н	*н Н*	х Х	*х Х*	э Э	*э Э*
ж Ж	*ж Ж*	о О	*о О*	ц Ц	*ц Ц*	ю Ю	*ю Ю*
з З	*з З*	п П	*п П*	ч Ч	*ч Ч*	я Я	*я Я*

Zu den Buchstabe-Laut-Beziehungen vergleiche im Phonetik-Material die grundlegenden Ausführungen zu den Vokalen und den Konsonanten bzw. die Kurzfassung im Leitfaden § 1 ff. und § 5 ff.

Lesen Sie die Wortbeispiele auf der nächsten Seite laut (sie sind einmal in Druckschrift und einmal in Schreibschrift angeführt). Hören Sie diese Fremdwörter, Eigennamen und Pronomen, sprechen Sie sie nach und schreiben Sie sie mit der Hand. Vergleichen Sie hierzu zwischen der Darstellung in Druck- und in Schreibschrift – bei letzterer wurde durchgängig auf die Angabe von Betonungszeichen verzichtet. Beachten Sie, dass die Anfangsgroßschreibung hier mehr der Veranschaulichung für die Buchstabenschreibung dient – Großschreibung ist im Russischen auf Satzanfänge, Eigennamen und einige Buchstabenabkürzungen beschränkt und ansonsten die große Ausnahme.

Автомобиль – автомобиль, Адрес – а̀дрес[1], Акаде́мия – акаде́мия, Аквариум – аквариум, Акробат – акробат, Актёр – актёр*[2], Акцент – акцент, Александр = Саша, Аллея – аллея, Америка, Африка, Амфитеатр – амфитеатр, Анана́с – анана́с, Армия – а́рмия, Атом – а́том, Бага́ж – бага́ж*, Балалайка – балалайка, Балет – балет, Банан – банан, Бар – бар, Берлин, Владивосток, Вагон – вагон, Волга, Эльба, Волгогра́д, Магдебург, Вы – вы, Газ – газ, Гара̀ж – гара̀ж, Генерал – генерал, Германия, Украина, Гимназия – гимназия, Дама – дама, Драма – драма, Евро – евро, Ёжик – ёжик, Ерева́н, Ташкент, Жаргон – жаргон, Журнал – журнал, Зебра – зебра, Инженер – инженер, Какао – какао, Концерт – концерт, Копейка – копейка, Коридо́р – коридо́р, Космос – космос, Костю́м – костю́м*, Кофе – кофе, Кредит – кредит, Крокодил – крокодил, Лейтена́нт – лейтена́нт, Медицина – медицина, Механика – механика, Минута – минута, Музей – музей, Нация – на́ция, Нерв – нерв, Он – он, Она́ – она́, Они́ – они́, Опера – опера, Оркестр – оркестр, Офицер – офицер, Папа – папа, Париж, Лондон, Па̀спорт – па̀спорт, Пианист – пианист, Покер – покер, Почта – почта, Профѐссор – профѐссор, Революция – революция, Роза – роза, Росси́я, Япо́ния, Рубль – рубль, Рюкза̀к – рюкза̀к, Саксофонист – саксофонист, Самовар – самовар, Са̀нкт-Петербу́рг, Дрезден, Театр – театр, Телефо́н – телефо́н, Ты – ты, Увертю́ра – увертю́ра, Университет – университет, Факультет – факультет, Фи́зика – фи́зика, Форма – форма, Фотогра́фия – фотогра́фия, Фраза – фраза*, Хаос – хаос, Характер – характер, Хи́мия – хи́мия, Хор – хор, Центнер – центнер*, Цирк – цирк, Чек – чек*, Чемпио́н – чемпио́н*, Шанс – шанс, Шоколад – шоколад, Шофёр – шофёр, Щи – щи, Эмигра́ция – эмигра́ция, Эта̀ж – эта̀ж, Эхо – эхо, Юнкер – юнкер, Юрист – юрист, Я – я, Ярмарка – ярмарка*

Автомобиль – автомобиль, Адрес – адрес, Академия – академия, Аквариум – аквариум, Акробат – акробат, Актёр – актёр, Акцент – акцент, Александр = Саша, Аллея – аллея, Америка, Африка, Амфитеатр – амфитеатр, Ананас – ананас, Армия – армия, Атом – атом, Багаж – багаж, Балалайка – балалайка, Балет – балет, Банан – банан, Бар – бар, Берлин, Владивосток, Вагон – вагон, Волга, Эльба, Волгоград, Магдебург, Вы – вы, Газ – газ, Гараж – гараж, Генерал – генерал, Германия, Украина, Гимназия – гимназия, Дама – дама, Драма – драма, Евро – евро, Ёжик – ёжик, Ереван, Ташкент, Жаргон – жаргон, Журнал – журнал, Зебра – зебра, Инженер – инженер, Какао – какао, Концерт – концерт, Копейка – копейка, Коридор – коридор, Космос – космос, Костюм – костюм, Кофе – кофе, Кредит – кредит, Крокодил – крокодил, Лейтенант – лейтенант, Медицина – медицина, Механика – механика, Минута – минута, Музей – музей, Нация – нация, Нерв – нерв, Он – он, Она – она, Они – они, Опера – опера, Оркестр – оркестр, Офицер – офицер, Папа – папа, Париж, Лондон, Паспорт – паспорт, Пианист – пианист, Покер – покер, Почта – почта, Профессор – профессор, Революция – революция, Роза – роза, Россия, Япония, Рубль – рубль, Рюкзак – рюкзак, Саксофонист – саксофонист, Самовар – самовар, Санкт-Петербург, Дрезден, Театр – театр, Телефон – телефон, Ты – ты, Увертюра – увертюра, Университет – университет, Факультет – факультет, Физика – физика, Форма – форма, Фотография – фотография, Фраза – фраза, Хаос – хаос, Характер – характер, Химия – химия, Хор – хор, Центнер – центнер, Цирк – цирк, Чек – чек, Чемпион – чемпион, Шанс – шанс, Шоколад – шоколад, Шофёр – шофёр, Щи – щи, Эмиграция – эмиграция, Этаж – этаж, Эхо – эхо, Юнкер – юнкер, Юрист – юрист, Я – я, Ярмарка – ярмарка

---

[1] Die Gravis-Akzent-Kennzeichnung verweist auf einen in anderen Wortformen zu erwartenden Betonungswechsel.
[2] Der Stern soll auf die vom vermuteten deutschen Äquivalent abweichende Bedeutung aufmerksam machen.

1.1. Elementarwortschatz 001 bis 108

1 ♣♣♣ Проверьте себя (1 - 18). *Überprüfen Sie sich – beherrschen Sie diese Vokabeln?*
в [в Москве́ – *in Moskau;* в Герма́нии – *in Deutschland*]; и [Москва́ и Берли́н – *Moskau und Berlin;* пе́рвый и второ́й – *der erste und der zweite*]; на [на воде́ – *auf dem Wasser;* на голове́ – *auf dem Kopf*]; я [я хоте́л бы – *ich möchte ("ich würde wollen");* я рабо́таю – *ich arbeite*]; быть [он был – *er war;* она́ была́ – *sie war*]; он [он был – *er war;* он рабо́тал – *er arbeitete*]; с [с дру́гом – *mit dem / mit einem Freund;* с газе́той – *mit der Zeitung*]; не [я ничего́ не зна́ю – *ich weiß nichts;* он не чита́л – *er hat nicht gelesen*]; не ..., а ... [не он, а она́ – *nicht er, sondern sie;* не здесь, а там – *nicht hier, sondern dort*]; как [Как дела́? – *Wie geht's? ("Wie stehen die Angelegenheiten?");* как у ру́сских – *wie bei den Russen*]; вы [вы не ска́жете, ... – *können Sie mir vielleicht sagen, ...;* Где вы живёте? – *Wo wohnen Sie?*]; ты [ты не ска́жешь, ... – *kannst du mir vielleicht sagen, ...;* Где ты живёшь? – *Wo wohnst du?*]; к [к до́му – *zum Haus;* к концу́ – *gegen Ende*]; мы [мы хоте́ли бы – *wir möchten ("wir würden wollen");* мы рабо́таем – *wir arbeiten*]; э́тот [в э́тот раз – *dieses Mal;* на э́той у́лице – *in dieser Straße*]; она́ [она́ была́ – *sie war;* она́ рабо́тала – *sie arbeitete*]; они́ [они́ бы́ли – *sie waren;* они́ рабо́тали – *sie arbeiteten*]; а [не он, а она́ – *nicht er, sondern sie;* э́то дверь, а э́то окно́ – *das ist die Tür und das das Fenster*].

2 ♣♣♣ Проверьте себя (19 - 36).
но [..., но она́ сказа́ла – *..., aber sie sagte / ..., sie jedoch sagte;* ..., но он не хоте́л – *..., aber er wollte nicht / ..., er jedoch wollte nicht*]; по [по э́той у́лице – *diese Straße entlang;* по вечера́м – *abends / jeden Abend*]; весь [весь день – *den ganzen Tag lang;* вся Москва́ – *ganz Moskau*]; у [у меня́ – *ich habe ("bei mir ist");* у окна́ – *am Fenster*]; из [письмо́ из Москвы́ – *ein Brief aus Moskau;* верну́ться из Росси́и – *aus Russland zurückkehren*]; свой [спроси́ть своего́ дру́га – *seinen Freund fragen;* Она́ чита́ет свою́ кни́гу. – *Sie liest ihr Buch*]; что [Что он сказа́л? – *Was hat er gesagt?;* то, что он сказа́л – *das, was er gesagt hat*]; так [так, как вы хоти́те – *so wie Sie es wünschen ("wollen");* так бы́стро – *so schnell*]; о [О ком вы говори́те? – *Über wen sprechen Sie / sprecht ihr?;* Я об э́том не зна́ю. – *Davon weiß ich nichts.*]; же [... но он же сказа́л ... – *... aber er hat doch gesagt ...;* Где же мой друг? – *Wo ist denn mein Freund?*]; бы [я хоте́л бы – *ich möchte ("ich würde wollen");* я сказа́л бы ..., но ... – *ich würde sagen ..., aber ...*]; от [письмо́ от ма́тери – *ein Brief von der Mutter;* получи́ть от отца́ – *vom Vater bekommen*]; э́то [Я об э́том не зна́ю. – *Davon weiß ich nichts.;* Э́то дверь. – *Das ist die Tür.*]; кото́рый [друг, у кото́рого – *der Freund, der / bei dem ...;* челове́к, с кото́рым – *der Mann, mit dem ...*]; мочь [Сего́дня я не могу́. – *Heute kann ich nicht.;* Кто мо́жет прийти́? – *Wer kann kommen?*]; для [зада́ча для тебя́ – *eine Aufgabe für dich;* газе́та для же́нщин – *eine Frauenzeitung ("Zeitung für Frauen")*]; оди́н [оди́н, два, три – *eins, zwei, drei;* то́лько одно́ письмо́ – *nur ein Brief*]; сказа́ть [... но он же сказа́л ... – *... aber er hat doch gesagt ...;* я сказа́л бы ..., но ... – *ich würde sagen ..., aber ...*].

3 ♣♣♣ Проверьте себя (37 - 54).
вот [Вот э́то дверь. – *Das hier ist die Tür.;* Вот и всё. – *Das wär's. ("Das ist denn auch alles.")*]; то́лько [то́лько с тобо́й – *nur mit dir;* то́лько одно́ письмо́ – *nur ein Brief*]; ещё [Он ещё не пришёл. – *Er ist noch nicht gekommen.;* Я ещё не зна́ю. – *Ich weiß (es) noch nicht.*]; говори́ть [С кем ты говори́шь? – *Mit wem sprichst / redest du?;* говори́ть с ма́терью – *mit der Mutter sprechen / reden*]; наш [на́ша мать – *unsere Mutter;* на́ша маши́на – *unser Auto*]; то [то одно́, то друго́е – *mal das Eine und mal das Andere;* то, что он сказа́л – *das, was er gesagt hat*]; да [Да, я за. – *Ja, ich bin dafür.;* и да, и нет – *sowohl ja als auch nein*]; себя́ [уви́деть себя́ – *sich sehen;* взять себя́ в ру́ки – *sich zusammenneh-*

men]; такóй [Ты такáя хорóшая! – *Du bist so gut ("eine so Gute")!*; дèло такóе вàжное – *die Sache ist so wichtig*]; гòд [С Нóвым гòдом! – *Alles Gute im Neuen Jahr! / Prost Neujahr!*; в э́том годỳ – *in diesem Jahr*]; знать [Я ничегó не знáю. – *Ich weiß nichts.*; Мы егó не знáем. – *Wir kennen ihn nicht.*]; егó [Это егó отèц. – *Das ist sein Vater.*; Это егó мàть. – *Das ist seine Mutter.*]; всё [Он всё знàет. – *Er weiß alles.*; Вот и всё. – *Das wär's. ("Das ist denn auch alles")*.]; все [Все пришли́. – *Alle sind gekommen.*; во всех областя́х – *auf allen Gebieten*]; большóй [большóе дèло – *ein großes Ding*; большáя задáча – *eine große Aufgabe*]; до [до вèчера – *bis zum Abend*; до револю́ции – *vor der Revolution*]; когдá [Когдá ты вернёшься? – *Wann kommst du zurück?*; в тòт дèнь, когдá ... – *an dem Tag, als ...*]; за [за дòмом – *hinter dem Haus*; Да, я за. – *Ja, ich bin dafür.*].

4 ☛☛☛ Провéрьте себя́ (55 – 72).

éсли [éсли он придёт, то ... – *wenn = falls er kommt, dann ...*; éсли бы э́то бы́ло так – *wenn das so wäre*]; ужé [Врéмя ужé прошлó. – *Die Zeit ist schon vorbei / um.*; Мы ужé нáчали. – *Wir haben schon begonnen / angefangen.*]; дèло [Как делá? – *Wie geht's? ("Wie stehen die Angelegenheiten?")*; óчень вàжное дèло – *eine sehr wichtige Sache / Angelegenheit*]; другóй [то однò, то другòе – *mal das Eine und mal das Andere*; в другóй странè – *in einem anderen Land*]; чтóбы [чтóбы найти́ дорóгу – *um den Weg zu finden*; чтóбы все пòняли – *damit alle (das) verstehen*]; или [Да или нет? – *Ja oder nein?*; Пéрвый или вторóй? – *Erster oder Zweiter?*]; сàм [Я самá э́то сдéлала. – *Ich habe das selbst / = ganz allein gemacht.*; Он сам пришёл. – *Er ist selbst gekommen.*]; тòт [на тòм берегỳ – *am anderen = jenseitigen Ufer*; тòт же сáмый гòлос – *die gleiche Stimme*]; врèмя [Врèмя ужé прошлó. – *die Zeit ist schon vorbei / um.*; вели́кое врèмя – *eine große Zeit*]; какóй [При каки́х услóвиях? – *Unter welchen Bedingungen?*; вот каки́е лю́ди – *was (das) für Menschen (sind)*]; идти́ [Кудá вы идёте? – *Wohin gehen Sie?*; Я идý в гòрод. – *Ich gehe in die Stadt.*]; ну [Ну конéчно! – *Aber natürlich!*; Ну, скажи́те, где он! – *Na sagen Sie schon, wo er ist!*]; нóвый [С Нóвым гòдом! – *Alles Gute im Neuen Jahr! / Prost Neujahr!*; нóвый дòм – *ein neues Haus; ein Neubau*]; сáмый [сáмое вàжное – *das Wichtigste*; тот же сáмый гòлос – *die gleiche Stimme*]; человéк [хорóший человéк – *ein guter Mensch*; человéк, с котóрым ... – *der Mann, mit dem ...*]; мой [Где моя́ кóмната? – *Wo ist mein Zimmer?*; Где же мой друг? – *Wo ist denn mein Freund?*]; лю́ди [мнóго людéй – *viele Menschen*; вот каки́е лю́ди – *was (das) für Menschen (sind)*]; пéрвый [пéрвый и послéдний – *der erste und der letzte*; пéрвый и вторóй – *der erste und der zweite*].

5 ☛☛☛ Провéрьте себя́ (73 – 90).

рукá [рỳки и нòги – *Hände und Füße / Arme und Beine*; взять себя́ в рỳки – *sich zusammennehmen*]; ктò [С кем он говори́т? – *Mit wem spricht / redet er?*; Ктo мóжет прийти́? – *Wer kann kommen?*]; жизнь [начáть нóвую жизнь – *ein neues Leben beginnen*; жизнь на Землè – *das Leben auf der Erde*]; ви́деть [Когó я ви́жу? – *Wen sehe ich?*; Я её не ви́дела. – *Ich habe sie nicht gesehen.*]; под [под столóм – *unterm Tisch*; под рукóй – *bei der Hand (= verfügbar)*]; нáдо [Нам нáдо выходи́ть. – *Wir müssen aussteigen.*; Что вам нáдо? – *Was brauchen Sie?*]; ни [ни он, ни онá – *weder er noch sie*; что бы он ни сказáл – *was er auch immer sagte*]; óчень [óчень хорошó – *sehr gut*; óчень вàжное дèло – *eine sehr wichtige Sache / Angelegenheit*]; без [без меня́ – *ohne mich*; без концá – *ohne Ende, endlos*]; два [оди́н, два, три – *eins, zwei, drei*; два рàза – *zweimal, zwei Mal*]; бóлее [бóлее вàжный вопрóс – *eine wichtigere Frage*; бóлее высóкая фóрма – *eine höhere Form*]; при [При каки́х услóвиях? – *Unter welchen Bedingungen?*; при всём э́том – *bei alledem*]; дáже [дáже тогдá – *sogar damals*; дáже мнóго раз – *sogar oft ("viele Male")*]; хотéть [я хотèл бы – *ich möchte ("ich würde wollen")*; Чегó вы хоти́те? – *Was wollen Sie? (nicht sehr höflich!)*]; сейчáс [Сейчáс я не могý. – *Jetzt = Zur Zeit kann ich nicht.*; Он сейчáс придёт. – *Er kommt gleich.*]; **тепе́рь** [тепе́рь э́то так – *jetzt = heutzutage ist das so;* как тепе́рь, не зна́ю – *wie das jetzt ist, weiß ich nicht*]; **день** [весь день – *den ganzen Tag lang;* после́дний день – *der letzte Tag*]; **това́рищ** [хоро́ший това́рищ – *ein guter Freund;* мои́ това́рищи – *meine Freunde / Kollegen*].

6 ♟♟♟ Прове́рьте себя́ (91 – 108).

здесь [Мы оста́немся здесь. – *Wir bleiben hier.;* не здесь, а там – *nicht hier, sondern dort*]; **ли** [Зна́ет ли он об э́том? – *Weiß er davon? / Ob er davon weiß?;* Придёт ли он сего́дня? – *Kommt er heute? / Ob er heute kommt?*]; **до́лжен** [я до́лжен сказа́ть – *ich muss sagen;* она́ должна́ отве́тить – *sie muss antworten*]; **сове́тский** [в сове́тское вре́мя – *zu Sowjetzeiten;* сове́тское госуда́рство – *der Sowjetstaat*]; **там** [Там мы оста́немся. – *Dort bleiben wir.;* не здесь, а там – *nicht hier, sondern dort*]; **рабо́та** [но́вая рабо́та – *eine neue Arbeit;* получи́ть рабо́ту – *(eine) Arbeit bekommen*]; **ду́мать** [О чём он ду́мает? – *Woran denkt er?;* ду́мать о друго́м – *an etwas Anderes denken*]; **глаз** [твои́ глаза́ – *deine Augen;* с гла́зу на́ глаз – *unter vier Augen*]; **страна́** [на́ша страна́ – *unser Land;* в друго́й стране́ – *in einem anderen Land*]; **ведь** [Ведь так нельзя́! – *So geht es doch nun wirklich nicht!;* Ведь мы должны́! – *Aber wir müssen doch!*]; **нет** [Он сказа́л нет. – *Er hat "nein" gesagt.;* и да, и нет – *sowohl ja als auch nein*]; **сло́во** [дать сло́во – *sein Wort geben;* ру́сское сло́во – *ein russisches Wort (eine russische Vokabel)*]; **где** [Где вы живёте? – *Wo wohnen Sie?;* Где же мой друг? – *Wo ist denn mein Freund?*]; **ваш** [Это ваш друг? – *Ist das Ihr Freund?;* ва́ша организа́ция – *Ihre Organisation*]; **стать** [Кем он хо́чет стать? – *Was (! – russisch wer!) will er werden?;* стать солда́том – *Soldat werden*]; **тако́й же** [тако́й же о́браз – *dieselbe / die gleiche Figur / Gestalt / Form;* тако́е же усло́вие – *dieselbe / die gleiche Bedingung*]; **ка́ждый** [ка́ждое о́бщество – *jede Gesellschaft / Gesellschaftsordnung;* в ка́ждом слу́чае – *in jedem einzelnen Fall*]; **си́ла** [с огро́мной си́лой – *mit gewaltiger Kraft;* гла́вная си́ла – *die wichtigste Kraft*].

1.2. Elementarwortschatz 109 bis 198

7 ♟♟♟ Прове́рьте себя́ (109 – 126).

наро́д [ру́сский наро́д – *das russische Volk;* на́ши наро́ды – *unsere Völker*]; **ме́сто** [сиде́ть на ме́сте – *an seinem Platz sitzen;* хоро́шие места́ – *gute Plätze*]; **тут** [Я тут ни при чём. – *Ich kann da nichts dafür.;* Како́й тут вопро́с? – *Was gibt es hier zu fragen?*]; **дать** [дать сло́во – *sein Wort geben;* Дай кни́гу отцу́. – *Gib das Buch dem Vater.*]; **стоя́ть** [За чем стои́шь? – *Wonach stehst du an?;* Где стои́т моя́ кни́га? – *Wo steht mein Buch?*]; **вопро́с** [ва́жный вопро́с – *eine wichtige Frage;* отве́тить на вопро́с – *die Frage beantworten / auf die Frage antworten*]; **её** [Это её мать. – *Das ist ihre Mutter.;* Это её оте́ц. – *Das ist ihr Vater.*]; **вода́** [на воде́ – *auf dem Wasser;* проси́ть воды́ – *um etwas Wasser bitten*]; **борьба́** [борьба́ за мир – *der Kampf um den Frieden;* вести́ борьбу́ с ... – *den Kampf führen gegen ...*]; **пода́ть** [пода́ть пе́рвое – *die Vorsuppe auftragen;* пода́ть ру́ку – *die Hand reichen / geben*]; **тот же** [оди́н и тот же слу́чай – *ein und derselbe Vorfall / ein und dieselbe Begebenheit;* тот же челове́к – *ein und derselbe, derselbe (Mensch / Mann)*]; **тогда́** [да́же тогда́ – *sogar damals;* Тогда́ сде́лаем так: – *Dann machen wir es so:*]; **раз** [в э́тот раз – *diesmal, dieses Mal;* два ра́за – *zweimal, zwei Mal*]; **бо́льше** [Сил бо́льше нет. – *Ich habe / Wir haben keine Kraft mehr.;* Ки́ев бо́льше Ту́лы. – *Kiew ist größer als Tula.*]; **по́сле** [по́сле револю́ции – *nach der Revolution;* по́сле войны́ – *nach dem Krieg*]; **жить** [Где вы живёте? – *Wo wohnen Sie?;* жить душа́ в ду́шу – *einträchtig leben, ein Herz und eine Seele sein*]; **мо́жно** [Мо́жно вы́йти? – *Darf ich mal austreten?;* Мо́жно взять? – *Kann ich das mal haben?*]; **име́ть** [име́ть при себе́ – *bei sich haben;* име́ть две стороны́ – *zwei Seiten haben*].

8 🔊 Проверьте себя (127 - 144).

че́рез [**че́рез** го́д – *in einem Jahr;* **че́рез** час – *in / nach einer Stunde*]; **ми́р** [во всём **ми́ре** – *in der ganzen Welt;* для всего́ **ми́ра** – *für die ganze Welt*]; **то́же** [Он **то́же** не зна́ет. – *Er weiß das auch nicht.;* Она́ **то́же** придёт. – *Sie kommt auch.*]; **война́** [во вре́мя **войны́** – *während des Krieges, im Krieg;* коне́ц **войны́** – *das Ende des Krieges, das Kriegsende*]; **их** [Я зна́ю **их** мы́сли. – *Ich kenne ihre = deren Gedanken.;* Это **их** кни́ги. – *Das sind ihre = deren Bücher.*]; **пе́ред** [**пе́редо** мно́й – *vor mir;* **пе́ред** до́мом – *vor dem Haus*]; **смотре́ть** [Он **смотре́л** на меня́. – *Er schaute mich an.;* Ты кни́гу **смотре́ла?** – *Hast du dir das Buch angeschaut?*]; **друг** [с **дру́гом** – *mit dem / mit einem Freund;* спроси́ть **дру́га** – *einen / seinen Freund fragen*]; **го́род** [**го́род** Москва́ – *(die Stadt) Moskau;* оста́ться в **го́роде** – *in der Stadt bleiben*]; **до́м** [**до́м** на берегу́ – *das Haus am Ufer;* но́вый **до́м** – *ein neues Haus; ein Neubau*]; **тако́е** [Быва́ет и не **тако́е**. – *Da kommen noch ganz andere Sachen vor.;* **Тако́е** и ду́мать нельзя́. – *So etwas darf man nicht einmal denken.*]; **почему́** [**Почему́** он не придёт? – *Warum / Weshalb / Weswegen kommt er nicht?;* **Почему́** и́менно я? – *Warum gerade ich?*]; **взять** [**взять** за́ руку – *an die Hand nehmen;* **взять** себя́ в ру́ки – *sich zusammennehmen*]; **пото́м** [Я вам скажу́ **пото́м**. – *Ich sage Ihnen das später / dann.;* Я его́ **пото́м** уви́жу. – *Ich sehe = treffe ihn dann / später.*]; **голова́** [**голова́** не рабо́тает – *der Kopf will nicht so richtig funktionieren;* на **голове́** – *auf dem Kopf*]; **ты́сяча** [**ты́сяча** слу́чаев – *tausend Fälle / Ereignisse / Vorkommnisse / Beispiele;* бо́лее **ты́сячи** солда́т – *über tausend Soldaten*]; **лета́** [мно́го **лет** – *viele Jahre;* в твои́ **лета́** – *in deinem Alter*]; **понима́ть** [Вы меня́ **понима́ете?** – *Verstehen Sie mich?;* Я вас не **понима́ю**. – *Ich verstehe Sie nicht.*].

9 🔊 Проверьте себя (145 - 162).

дверь [за **две́рью** – *hinter der Tür;* **дверь** в ко́мнату – *die Zimmertür ("die Tür ins Zimmer")*]; **сде́лать** [Тогда́ **сде́лаем** так: – *Dann machen wir es so.;* Я сама́ э́то **сде́лала**. – *Ich habe das selbst / = ganz allein gemacht.*]; **над** [**над** водо́й – *über dem Wasser;* **над** столо́м – *über dem Tisch*]; **прийти́** [Он ещё не **пришёл**. – *Er ist noch nicht gekommen.;* **Придёт** ли он сего́дня? – *Kommt er heute? / Ob er heute kommt?*]; **коне́чно** [Ну **коне́чно**! – *Aber natürlich!;* Я, **коне́чно**, приду́. – *Ich komme natürlich.*]; **де́лать** [Что вы там **де́лаете?** – *Was machen Sie da?;* Не **де́лайте** э́то! – *Tun Sie das nicht!*]; **чем** [**чем** бо́льше, тем ... – *je mehr, desto ...;* лу́чше, **чем** я ду́мал – *besser als ich gedacht hatte*]; **не́сколько** [**не́сколько** челове́к – *ein paar (Mann);* **не́сколько** заво́дов – *einige / mehrere Betriebe*]; **вели́кий** [**вели́кое** де́ло – *eine großartige Sache / Angelegenheit;* **вели́кое** вре́мя – *eine große Zeit*]; **кни́га** [**кни́га** о Москве́ – *ein Buch über Moskau;* Он чита́ет **кни́гу**. – *Er liest ein / das Buch.*]; **труд** [с больши́м **трудо́м** – *mühevoll, unter großen Mühen ("mit großer Mühe");* безо вся́кого **труда́** – *kinderleicht, ohne jede Mühe*]; **уходи́ть** [когда́ вы **ухо́дите**, ... – *wenn / sobald Sie gehen, ...;* Не **уходи́** без нас! – *Geh nicht ohne uns!*]; **зна́чит** [**Зна́чит**, э́то так. – *Das ist also so. / Das stimmt also.;* **Зна́чит**, я не приду́. – *Ich komme also nicht.*]; **после́дний** [пе́рвый и **после́дний** – *der erste und der letzte;* **после́дний** день – *der letzte Tag*]; **рабо́тать** [голова́ не **рабо́тает** – *der Kopf will nicht so richtig funktionieren;* Где он **рабо́тает?** – *Wo arbeitet er?*]; **три** [оди́н, два, **три** – *eins, zwei, drei;* **три** ра́за – *dreimal, drei Mal*]; **ме́жду** [**ме́жду** на́ми – *unter uns;* **ме́жду** глаза́ми – *zwischen den Augen*]; **входи́ть** [Не **входи́ть!** – *Zutritt verboten / Kein Zutritt;* **входи́ть** в ко́мнату – *das Zimmer betreten*].

10 ☞ Проверьте себя (163 - 180).

ничто́ [Я ничего́ не зна́ю. – *Ich weiß nichts.*; Я ничего́ не по́нял. – *Ich habe nichts verstanden.*]; второ́й [второ́й день – *der zweite Tag*; пе́рвый и второ́й – *der erste und der zweite*]; поня́ть [чтобы все по́няли – *damit alle (das) verstehen*; Я ничего́ не по́нял. – *Ich habe nichts verstanden.*]; всегда́ [Он всегда́ молчи́т. – *Er schweigt immer.*; почти́ всегда́ – *fast immer*]; люби́ть [Я люблю́ тебя́. – *Ich liebe dich.*; люби́ть де́лать – *gern tun*]; хорошо́ [о́чень хорошо́ – *sehr gut*; Как хорошо́! – *Wie gut!*]; свет [свет со всех сторо́н – *Licht von allen Seiten*; в друго́м све́те – *in anderem Licht*]; заво́д [рабо́тать на заво́де – *in einem Werk / einem Betrieb arbeiten*; Он ушёл на заво́д. – *Er ist ins Werk gegangen.*]; уйти́ [Никто́ не ушёл. – *Niemand ging / ist / war gegangen.*; Она́ ушла́ на рабо́ту. – *Sie ist auf / zur Arbeit gegangen.*]; дава́ть [Что э́то нам даёт? – *Was gibt uns das?*; Не дава́й так мно́го. – *Gib nicht so viel.*]; стекло́ [за стекло́м – *hinter Glas*; стёкла о́кон – *die Scheiben der Fenster / die Fensterscheiben*]; путь [путь Росси́и – *Russlands Weg*; по пути́ – *unterwegs (irgendwohin)*]; америка́нский [америка́нский солда́т – *ein amerikanischer Soldat*; америка́нская а́рмия – *die amerikanische Armee*]; стол [на столе́ – *auf dem Tisch*; под столо́м – *unterm Tisch*]; сторона́ [с одно́й стороны́ – *einerseits*; име́ть две стороны́ – *zwei Seiten haben*]; ста́рший [Оте́ц ста́рше ма́тери. – *Der Vater ist älter als die Mutter.*; на два го́да ста́рше – *zwei (russisch: um! zwei) Jahre älter*]; потому́ [потому́ что – *weil*; Я сде́лал э́то потому́ ... – *Ich habe das deswegen getan ...*]; молодо́й [молодо́й солда́т – *ein junger Soldat*; молода́я страна́ – *ein junges Land*].

11 ☞ Проверьте себя (181 - 198).

оте́ц [оте́ц и мать – *der Vater und die Mutter*; Дай кни́гу отцу́. – *Gib das Buch dem Vater.*]; часть [ста́рая часть го́рода – *die Altstadt*; в пе́рвой ча́сти – *in Teil 1*]; коне́ц [к концу́ – *gegen Ende*; коне́ц войны́ – *das Ende des Krieges, das Kriegsende*]; го́лос [хоро́ший го́лос – *eine gute / schöne Stimme*; тот же са́мый го́лос – *die gleiche Stimme*]; нау́ка [в о́бласти нау́ки – *auf wissenschaftlichem Gebiet / auf dem Gebiet der Wissenschaft*; идти́ в но́гу с нау́кой – *mit der Wissenschaft Schritt halten*]; твой [Как твои́ дела́? – *Wie geht's? ("Was machen deine Angelegenheiten?")*; Это твоя́ кни́га? – *Ist das dein Buch?*]; писа́ть [О чём она́ пи́шет? – *Wovon / Worüber schreibt sie?*; Он пи́шет письмо́. – *Er schreibt einen Brief.*]; ка́мень [большо́й ка́мень – *ein großer Stein*; чёрные ка́мни – *schwarze Steine*]; бу́дто [как бу́дто бы – *als ob*; как бу́дто я не знал – *als ob ich das nicht wüsste / gewusst hätte*]; слы́шать [Я ничего́ не слы́шу. – *Ich höre nichts.*; Ты слы́шишь меня́? – *Hörst du mich?*]; ка́жется [Это, ка́жется, так. – *Das scheint so zu sein. = Das ist anscheinend so.*; Его́, ка́жется, нет. – *Er scheint nicht da zu sein. / Er ist anscheinend nicht da. / Er fehlt anscheinend.*]; про́тив [Кто про́тив? – *Wer ist dagegen?*; оди́н про́тив всех – *einer gegen alle*]; мать [мать и оте́ц – *die Mutter und der Vater*; говори́ть с ма́терью – *mit der Mutter sprechen / reden*]; а́рмия [Сове́тская А́рмия – *die Sowjetarmee*; жизнь в а́рмии – *das Leben bei der Armee*]; спроси́ть [спроси́ть дру́га – *einen / seinen Freund fragen*; Кого́ мы спро́сим? – *Wen wollen wir fragen?*]; высо́кий [высо́кий го́лос – *eine hohe Stimme*; бо́лее высо́кая фо́рма – *eine höhere Form*]; вся́кий [во вся́ком слу́чае – *jedenfalls*; безо вся́кого труда́ – *kinderleicht, ohne jede Mühe*]; нача́ть [нача́ть но́вую жизнь – *ein neues Leben beginnen*; Мы уже́ на́чали. – *Wir haben schon begonnen / angefangen.*].

1.3. Elementarwortschatz 198 bis 306

12 ☛ Проверьте себя (199 - 216).

земля [союз земель – *ein Länderbund / ein Bund von Ländern*; новые земли – *die neuen Länder*]; хороший [хороший человек – *ein guter Mensch*; хорошая работа – *eine gute Arbeit / ein guter Job*]; развитие [пути развития – *die Entwicklungswege*; быстрое развитие – *die schnelle Entwicklung*]; случай [один и тот же случай – *ein und derselbe Vorfall / ein und dieselbe Begebenheit*; в каждом случае – *in jedem einzelnen Fall*]; партия [часть партии – *ein Teil der Partei*; несколько партий – *einige Parteien*]; вдруг [Вдруг он вернулся. – *Plötzlich kam er zurück.*; а если он вдруг ... – *und wenn er nun plötzlich ...*]; увидеть [увидеть себя – *sich sehen*; Я его потом увижу. – *Ich sehe = treffe ihn dann / später.*]; сидеть [Кто здесь сидит? – *Wer sitzt hier?*; сидеть на берегу – *am Ufer sitzen*]; машина [на машине – *mit dem Auto*; наша машина – *unser Auto*]; оно [он, она, оно – *er, sie, es (aber mit anderer Assoziation als im Deutschen)*; Что такое "оно"? – *Was ist das "es"?*]; важный [важный вопрос – *eine wichtige Frage*; очень важное дело – *eine sehr wichtige Sache / Angelegenheit*]; совсем [Я совсем забыл ... – *Ich habe ganz vergessen ...*; Это совсем не так. – *Das stimmt ganz und gar / überhaupt nicht / Das ist völlig falsch.*]; дорога [чтобы найти дорогу – *um den Weg zu finden*; дорога в город – *der Weg / die Straße in die Stadt*]; главный [главная задача – *die Hauptaufgabe*; главная сила – *die wichtigste Kraft*]; почти [почти в то же время – *fast gleichzeitig / fast zur selben Zeit*; почти всегда – *fast immer*]; нельзя [Задачу нельзя решить. – *Die Aufgabe ist unlösbar ("kann man nicht lösen").*; Такое и думать нельзя. – *So etwas darf man nicht einmal denken.*]; лицо [молодое лицо – *ein junges Gesicht*; первое лицо – *die erste Person*]; вместе [Мы всегда вместе. – *Wir sind immer zusammen.*; вместе с ним – *zusammen / gemeinsam mit ihm*].

13 ☛ Проверьте себя (217 - 234).

производство [производство машин – *die Produktion von Maschinen / von Autos*; наше производство – *unsere Produktion*]; рабочий [рабочее время – *Arbeitszeit*; рабочий день – *Arbeitstag*]; есть [Есть одно условие: ... – *Es gibt eine / Unter einer Bedingung: ...*; У него есть план. – *Er hat einen Plan.*]; сегодня [Сегодня я не могу. – *Heute kann ich nicht.*; Придёт ли он сегодня? – *Kommt er heute? / Ob er heute kommt?*]; комната [Где моя комната? – *Wo ist mein Zimmer?*; дверь в комнату – *die Zimmertür ("die Tür ins Zimmer")*]; нога [руки и ноги – *Hände und Füße / Arme und Beine*; идти в ногу с наукой – *mit der Wissenschaft Schritt halten*]; лишь [лишь через час – *erst eine Stunde später / erst in einer Stunde*; лишь ты да я – *nur du und ich*]; опять [Он опять ушёл. – *Er ist wieder / erneut gegangen / weggegangen.*; Опять его нет. – *Er ist schon wieder nicht da / Er fehlt schon wieder.*]; час [через час – *in / nach einer Stunde*; час времени – *eine Stunde Zeit*]; куда [Куда вы идёте? – *Wohin gehen Sie?*; Куда он её ведёт? – *Wohin bringt er sie?*]; ночь [день и ночь – *Tag und Nacht*; белые ночи – *weiße Nächte / die weißen Nächte*]; вести [Куда он её ведёт? – *Wohin bringt er sie?*; вести борьбу с ... – *den Kampf führen gegen ...*]; хотя [хотя это так – *obwohl das so ist*; хотя я не хочу – *obwohl ich nicht will*]; остаться [Я остался здесь. – *Ich blieb hier.*; остаться в городе – *in der Stadt bleiben*]; отношение [отношение к делу – *Arbeitseinstellung*; хорошие отношения – *ein gutes Verhältnis*]; быстро [очень быстро – *sehr schnell*; так быстро – *so schnell*]; маленький [маленький город – *eine Kleinstadt*; маленькая страна – *ein kleines Land*]; пора [Пора начинать. – *Es ist Zeit zu beginnen. / Wir sollten anfangen.*; Пора уходить. – *Es ist Zeit zu gehen. / Wir sollten jetzt gehen.*].

14 🕮 Проверьте себя (235 - 252).

чёрный [чёрным по белому – *schwarz auf weiß;* чёрные камни – *die schwarzen Steine*]; общество [в нашем обществе – *in unserer Gesellschaft;* каждое общество – *jede Gesellschaft / Gesellschaftsordnung*]; белый [чёрным по белому – *schwarz auf weiß;* белые камни – *die weißen Steine*]; военный [военная форма – *die (militärische) Uniform;* военный союз – *Militärbündnis*]; старый [старый друг – *ein alter Freund;* старая газета – *eine alte Zeitung*]; хозяйство [наше хозяйство – *unsere Wirtschaft; unser Betrieb;* всякое хозяйство – *jedes Unternehmen*]; государство [новое государство – *der neue Staat;* наше государство – *unser Staat*]; мысль [Ведь это мысль! – *Das ist doch ein Gedanke / eine Idee!;* Я знаю их мысли. – *Ich kenne ihre = deren Gedanken.*]; именно [именно в этот день – *ausgerechnet an diesem Tag;* Почему именно я? – *Warum gerade ich?*]; форма [военная форма – *die (militärische) Uniform;* форма отношений – *das Umgehen miteinander; die Art der Beziehungen*]; бояться [Чего вы боитесь? – *Wovor habt ihr Angst?;* Не бойтесь! – *Fürchtet euch nicht!*]; вещество [новое вещество – *ein neuer Stoff;* нужное вещество – *die nötige / benötigte Substanz*]; снова [Мы снова вместе. – *Wir sind wieder beieinander / zusammen.;* Снова все вместе. – *Erneut sind alle beieinander / zusammen.*]; условие [При каких условиях? – *Unter welchen Bedingungen?;* такое же условие – *dieselbe / die gleiche Bedingung*]; никто [Никто не ушёл. – *Niemand ging / ist / war gegangen.;* Я никого не видела. – *Ich habe niemanden gesehen.*]; некоторый [некоторые вопросы – *einige Fragen;* некоторое время – *einige / eine bestimmte Zeit (lang)*]; являться [являться вместе – *zusammen / gemeinsam kommen;* "Но" является союзом. – *"No" (=aber) ist eine Konjunktion.*]; движение [движение машин – *Autoverkehr;* движение за мир – *Friedensbewegung, Bewegung für den Frieden*].

15 🕮 Проверьте себя (253 - 270).

получить [Письмо не получил. – *Den Brief habe ich nicht bekommen.;* получить работу – *(eine) Arbeit bekommen*]; союз [Советский Союз – *Sowjetunion;* союз друзей – *Freundesbund*]; брать [брать слово – *das Wort ergreifen;* Она берёт книгу. – *Sie nimmt das Buch.*]; много [даже много раз – *sogar oft ("viele Male");* много работы – *viel Arbeit / viel zu tun*]; имя [имя женщины – *der Name der Frau;* Как ваше имя? – *Wie heißen Sie (mit Vornamen)?*]; нужно [Нужно работать. – *Man muss was tun / sich anstrengen / arbeiten.;* Нужно ещё время. – *Wir brauchen noch Zeit.*]; ответить [Он ничего не ответил. – *Er hat nicht / nichts geantwortet.;* ответить на вопрос – *die Frage beantworten / auf die Frage antworten*]; выходить [выходить из комнаты – *das Zimmer verlassen;* выходить из дома / из дому – *aus dem Haus gehen, das Haus verlassen*]; однако [Однако он большой! – *Er ist doch aber schon groß!;* Однако все против. – *Aber alle sind dagegen.*]; окно [окно и дверь – *Fenster und Tür;* у окна – *am Fenster*]; газета [читать газету – *die Zeitung lesen;* газета для женщин – *eine Frauenzeitung ("Zeitung für Frauen")*]; молчать [Он всегда молчит. – *Er schweigt immer.;* Нельзя молчать! – *Das darf man doch einfach nicht schweigend mit ansehen!*]; найти [чтобы найти дорогу – *um den Weg zu finden;* найти улицу – *die Straße finden*]; женщина [молодая женщина – *eine junge Frau;* союз женщин – *Frauenbund, Frauenvereinigung*]; слушать [слушать радио – *Radio hören;* слушать музыку – *Musik hören*]; господин [Господин Президент! – *Herr Präsident!;* Дамы и господа! – *Meine Damen und Herren!*]; сразу [Начнём сразу! – *Da fangen wir gleich an! / Lasst uns sofort beginnen!;* делать всё сразу – *alles auf einmal tun (wollen)*]; выйти [выйти на улицу – *auf die Straße gehen; nach draußen gehen;* выйти из дома / из дому – *aus dem Haus gehen, das Haus verlassen*].

10 – Vorlaufübungen – Elementarwortschatz

16 ☛☛☛ Проверьте себя (271 - 288).

уж [Зачѐм **уж** так! – *Was soll denn das! / Muss denn das sein?*; **Уж** ѐсли дѐлать, то ... – *Wenn wir uns nun einmal dafür entschlossen haben ("entschlossen haben das zu tun"), dann ...*]; **задача** [**задача** для тебя – *eine Aufgabe für dich*; решить **задачу** – *eine / die Aufgabe lösen / herausbekommen*]; **солдат** [американский **солдат** – *ein amerikanischer Soldat*; более тысячи **солдат** – *über Tausend Soldaten*]; **читать** [**читать** газету – *die Zeitung lesen*; Он **читает** книгу. – *Er liest ein / das Buch.*]; **русский** [**русская** душа – *die russische Seele*; **русское** слово – *ein russisches Wort (eine russische Vokabel)*]; **ходить** [**ходить** по улице – *die Straße entlang schlendern / auf und ab gehen*; Здесь нельзя **ходить**. – *Durchgang verboten*]; **просить** [**прошу** тебя – *ich bitte dich*; **просить** воды – *um etwas Wasser bitten*]; **зачем** [**Зачем** бояться? – *Warum / Weshalb / Wieso sollte man Angst haben?*; **Зачем** тебѐ это? – *Wozu brauchst du das? / Wozu machst du das?*]; **письмо** [**письмо** другу – *ein Brief an den Freund*; получить **письмо** – *einen Brief bekommen*]; **солнце** [огромное **солнце** – *eine / die riesengroße Sonne*; сидеть на **солнце** – *in der (prallen) Sonne sitzen*]; **план** [**план** работы – *Arbeitsplan*; **план** на день – *Tagesplan*]; **революция** [после **революции** – *nach der Revolution*; до **революции** – *vor der Revolution*]; **начинаться** [Всё **начинается** снова. – *Es fängt alles wieder von vorne an.*; День **начинается**. – *Der Tag bricht an.*]; **область** [в этой **области** – *auf diesem Gebiet*; во всех **областях** – *auf allen Gebieten*]; **огромный** [с **огромной** силой – *mit gewaltiger Kraft*; **огромная** страна – *ein riesiges Land*]; **считать** [**считать** дни – *die Tage zählen*; Я **считаю** вас другом. – *Ich halte Sie für meinen Freund.*]; **общий** [Земля – наш **общий** дом. – *Die Erde ist unser gemeinsames Zuhause.*; наше **общее** дело – *unser gemeinsames Anliegen*]; **образ** [**образ** жизни – *die Lebensweise*; такой же **образ** – *dieselbe / die gleiche Figur / Gestalt / Form*].

17 ☛☛☛ Проверьте себя (289 - 306).

про [**про** себя – *still (lesen), für sich*; **про** него говорить – *von ihm sagen / über ihn reden*]; **решить** [Он **решил** уйти. – *Er entschloss sich zu gehen.*; **решить** задачу – *eine / die Aufgabe lösen / herausbekommen*]; **берег** [дом на **берегу** – *das Haus am Ufer*; сидеть на **берегу** – *am Ufer sitzen*]; **третий** [**третий** дом – *das dritte Haus*; **третья** задача – *die dritte Aufgabe / Aufgabe Nummer drei*]; **посмотреть** [**посмотреть** Россию – *sich Russland ansehen*; **Посмотри** на себя! – *Schau dich doch mal an!*]; **бывать** [**Бывает** и не такое. – *Da kommen noch ganz andere Sachen vor.*; Она здесь **бывает**. – *Sie ist des Öfteren hier.*]; **нужный** [в **нужное** время – *zur rechten Zeit*; **нужный** человек – *eine wichtige / die richtige Person*]; **вечер** [последний **вечер** – *der letzte Abend*; по **вечерам** – *abends / jeden Abend*]; **история** [Это другая **история**. – *Das ist eine andere Geschichte.*; Вот какая **история**! – *Das ist ja eine schöne Geschichte!*]; **вернуться** [Когда он **вернётся**? – *Wann kommt er zurück?*; **вернуться** из России – *aus Russland zurückkehren*]; **пройти** [Время уже **прошло**. – *die Zeit ist schon vorbei / um.*; **Прошло** два дня. – *Zwei Tage vergingen / waren vergangen.*]; **многие** [**многие** газеты – *viele (verschiedene) Zeitungen*; **многие** и некоторые – *viele und einige*]; **улица** [выйти на **улицу** – *auf die Straße gehen; nach draußen gehen*; на этой **улице** – *in dieser Straße*]; **правда** [я, **правда**, не знаю – *ich weiß zwar nicht*; Это **правда**. – *Das stimmt. / Das ist die Wahrheit.*]; **душа** [русская **душа** – *die russische Seele*; жить **душа** в душу – *einträchtig leben, ein Herz und eine Seele sein*]; **особенно** [она и **особенно** он – *sie und ganz besonders er*; **особенно** важный год – *ein besonders wichtiges Jahr*]; **скоро** [**Скоро** уходить. – *Wir müssen bald = gleich gehen.*; **Скоро** ночь. – *Bald wird es Nacht.*]; **организация** [военная **организация** – *Militärorganisation*; ваша **организация** – *Ihre Organisation*].

2. Vorlaufübungen – Lexik zu Bildern
2.1. Der Mensch
2.1.1. Mann und Frau I

Thomas

бакенба́рды Koteletten; борода̀ Bart, Vollbart, Kinnbart; брòви Brauen, Augenbrauen; вòлосы Haare; воротни́к Kragen; глаза̀ Augen; гу̀бы *hier:* Lippen; лòб *hier:* Stirn; нòс Nase; пу́говица Knopf; ròт Mund; руба́шка Hemd; соро́чка Hemd, Oberhemd; у̀хо Ohr; у̀ши Ohren; ше́я Hals

Lina

брòви Brauen, Augenbrauen; вòлосы Haare; глаза̀ Augen; гу̀бы Lippen; лòб *hier:* Stirn; ма́йка T-Shirt; нòс Nase; плечò Schulter; подборо́док Kinn; ресни́цы Wimpern; ròт Mund; рука̀ Hand, Arm; рука̀в Ärmel; у̀хо Ohr; цепо́чка Kette; ше́я Hals

2.1.2. Mann und Frau II

Kostja

безрука́вка Pullunder; брòвь Braue, Augenbraue; ве́рхняя губа̀ Oberlippe; вòлосы Haare; воротни́к Kragen; гла̀з Auge; гу̀бы Lippen; ду́жка Bügel, Brillenbügel; коро́ткая стри́жка Kurzhaarfrisur; лицò *hier:* Gesicht; лòб *hier:* Stirn; мо́чка Ohrläppchen; нòс Nase; очки́ Brille; подборо́док Kinn; пробо́р Scheitel, Haarscheitel; пу́говица Knopf; ròт Mund; руба́шка Hemd; рука̀в Ärmel; у̀хо Ohr; ше́я Hals; щека̀ Wange, Backe; я́мочка Grübchen

Sweta

брòвь Braue, Augenbraue; ве́рхняя губа̀ Oberlippe; вòлосы Haare; вы́рез «ло́дочка» Schiff; гла̀з Auge; глаза̀ Augen; гу̀бы Lippen; лицò Gesicht; лòб *hier:* Stirn; ни́жняя губа̀ Unterlippe; нòс Nase; пла́тье Kleid; подборо́док Kinn; ròт Mund; чёлка Pony; ше́я Hals; щека̀ Wange, Backe

12 – Vorlaufübungen – Bilderlexik

2.1.3. Beim Arzt

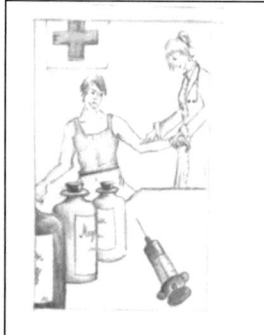

апте́чная ба́нка Tablettenglas; больно́й Patient; Kranker; брю́ки Hose, Hosen; буты́лка Flasche; буты́ль Flasche, Glas; вра̀ч Arzt; деле́ние Maßeinteilung; до̀ктор Doktor; игла̀ Nadel; ки́сть *hier:* Hand; ключи́ца Schlüsselbein; кра́сный крѐст ein rotes Kreuz; ло̀коть Ellenbogen; локтево́й сги́б Ellenbogenbeuge; ма́йка Hemd; накле́йка Aufkleber, Schild; однора́зовый шпрѝц Einwegspritze; пацие́нт Patient; плечо̀ Schulter; по́ршень Kolben; предпле́чье Unterarm (anatomisch); про́бка Korken, Stopfen; пульс Puls; сгиб ло́ктя Ellenbogenbeuge; стекля́нный сосу́д Glasgefäß; указа́тельный па́лец Zeigefinger; фонендоско́п Stethoskop; хала́т Kittel; цили́ндр Zylinder; шпрѝц Spritze; ярлы̀к Etikett

2.2. Unterwegs

2.2.1. Im Eisenbahnabteil

бана́н Banane; ве́рхняя по́лка obere Liege; выключа́тель Schalter; занаве́ска Vorhang, Gardine; кни́га Buch; крючо̀к Haken; ку́ртка Kutte; ни́жняя по́лка untere Liege; одея́ло Decke; окно̀ Fenster; подстака́нник Teeglashalter; поду́шка Kissen; по̀л Boden, Fußboden; рюкза̀к Rucksack; се́тка Netz; стака́н Glas; сто́лик Ablage; сто̀п-кра̀н Notbremse; чемода́н Koffer; щётка для воло̀с Haarbürste; я́блоко Apfel

2.2.2. Auf dem Bahnhof

буке́т *hier:* Strauß; ваго́н Wagen, Waggon; встреча́ющий Abholer, Wartender; двѐрь Tür; замо̀к Schloss; застёжка *hier:* Verschluss; окно̀ Fenster; портфе́ль Aktentasche; провода̀ Draht, Drähte, Leitungen; семафо́р Signal; соба́ка Hund; сто̀лб Pfahl, Mast; су́мка Tasche; указа́тель Hinweisschild; часы́ *hier:* Uhr; чемода́н Koffer

2.2.3. In der Stadt

авто́бус Bus; авто́бусная остано́вка Bushaltestelle; афи́шная ту́мба Litfaßsäule; вход в метро́ Metro-Zugang; вы́веска Schild; дѐрево Baum; доро́жка Weg; жило́й до̀м Wohnhaus; зе́бра Zebrastreifen; кино̀, кинотеа́тр Kino; коло́нна Säule; кры́ша Dach; ла́вочка, скаме́йка Parkbank; лото̀к Verkaufswagen; нео́новая рекла́ма Leuchtreklame; огра́да Zaun; остано́вка авто́буса Bushaltestelle; па́мятник Denkmal; перехо́д Überweg; пьедеста́л Sockel; расписа́ние авто́буса Busplan; ре́льсы Schienen; светофо́р Verkehrsampel; сквер, скве́рик (kleine) Grünanlage; ста́нция метро́ Metrostation; столб Pfahl; теа́тр Theater; театра́льная пло̀щадь Theaterplatz; теле́жка Wagen; трамва́й Straßenbahn; тротуа́р Fußweg; указа́тель метро́ Metroschild; фона́рь *hier:* Straßenlaterne; фонта́н Springbrunnen; фронто́н Giebel

2.2.4. An der Metro

бровь Braue, Augenbraue; во̀лосы Haare; воротни́к Kragen; вход в метро́ Metro-Eingang; вы́веска Schild, Tafel; глаз Auge; дверь Tür; капюшо́н Kapuze; карма́н Tasche; коса́ Zopf; ку́ртка Kutte; лицо̀ Gesicht; на́дпись Aufschrift, Tafel; нос Nase; пальто́ Mantel; пери́ла Geländer, Handlauf; пиджа̀к Jackett; подборо́док Kinn; помпо́н Bommel; пу́говица Knopf; рот Mund; рука̀ Hand, Arm; рука̀в Ärmel; ступе́ньки Stufen; указа́тельный па́лец Zeigefinger; ша́пка Kappe, Mütze; ше́я Hals

2.3. Besorgungen
2.3.1. Bäckerei / Konditorei

баге́т Baguette; бара́нки, су́шки Brezeln; бато́н, бе́лый хлеб Weißbrot; бу́блик Brezel; бу́лка, бу́лочка Brötchen; бу́лочка с начи́нкой Pastete; бу́лочка со взби́тыми сли́вками Windbeutel; конфе́та, конфе́ты Praline(n); корзи́на, корзи́нка (kleiner) Korb; нако́лка Häubchen; пиро́жное Kuchen; пиро́жное "наполео́н" Kremschnitte; по́нчик Pfannkuchen; продавщи́ца Verkäuferin; птифу́р Kekse; руле́т бискви́тный Biskuitrolle; сдо́ба Kuchenbrötchen; торт Torte; хлеб Brot; це́нник Preisschild; чёрный хлеб Schwarzbrot

2.3.2. Obst- und Gemüseladen

анана́с Ananas; арбу́з Wassermelone; баклажа́н Aubergine; бана́ны Bananen; виногра́д Weintrauben; ви́шня Sauerkirschen; гру́ша Birne; зе́лень *hier:* Grünzeug; карто́фель Kartoffeln; клубни́ка Erdbeeren; корзи́на, корзи́нка (kleiner) Korb; лимо́н *hier:* Zitrone; лук Zwiebel, Zwiebeln; мешо̀к *hier:* Sack; морко́вь Möhren; огуре́ц Gurke; пе́рсик Pfirsich; петру́шка Petersilie; помидо́р Tomate, Tomaten; сала́т Salat; свёкла rote Bete; ты́ква Kürbis; укро́п Dill; чесно̀к Knoblauch; я́блоко Apfel

2.3.3. Buchhandlung

ве́рхняя по́лка ober(st)es Regal; газе́та, газе́ты Zeitung(en); журна́л, журна́лы Zeitschrift(en); ка́сса Kasse; касси́р, касси́рша Verkäufer(in); кни́га, кни́ги Buch, Bücher; кре́сло Sessel; ле́стница Treppe; Leiter; ни́жняя по́лка unter(st)es Regal; пери́ла Geländer, Handlauf; подписно́е изда́ние Vorbestellungen; покупа́тель Käufer; Kunde; по́лка *hier:* Regal; прила́вок *hier:* Ladentisch; стелла́ж Regal, Standregal; сто́йка с откры́тками Postkartenständer; сто́лик Tischchen; ступе́нька (kleine) Stufe, Absatz; табуре́т, табуре́тка (kleiner) Hocker; указа́тель Hinweisschild

2.3.4. Im Warenhaus

бельё Wäsche; бижуте́рия Schmuck; блу́зка Bluse; ве́шалка Bügel; витри́на Auslage; зе́ркало Spiegel; каби́на, приме́рочная Kabine; ка́сса Kasse; мешо́к, паке́т Tüte, Beutel; о́бувь Schuhe; перча́тки Handschuhe; пла́тье Kleid; прила́вок Ladentisch; рекла́ма Reklame; сапоги́, сапо́жки Stiefel(etten); ту́фли на высо́ком / на ни́зком каблуке́ Absatzschuhe / flache Schuhe; указа́тель Hinweisschild; це́нник Preisschild; шля́па Hut; эскала́тор Rolltreppe; ю́бка Rock

2.3.5. Einkäufe für die Dame

2.3.5.1. Mantelkauf

ве́шалка Bügel; воротни́к Kragen; двубо́ртное пальто́ zweireihiger Mantel; демисезо́нное пальто́ Übergangsmantel; зи́мнее пальто́ Wintermantel; карма́н Tasche; мехова́я манже́та Pelzbündchen; мехова́я отде́лка Pelzbesatz; мехово́й воротни́к Pelzkragen; однобо́ртное пальто́ einreihiger Mantel; осе́ннее пальто́ Übergangsmantel; перекла́дина Garderobenstange; пле́чики Bügel, Kleiderbügel; по́яс *hier:* Gürtel; пря́жка Gürtelschnalle; пу́говица Knopf; рука́в Ärmel

2.3.5.2. Röcke, Kleider, Blusen

блу́зка Bluse; брю́ки Hose, Hosen; ве́шалка Bügel; воротни́к Kragen; вы́рез Ausschnitt; застёжка *hier:* Schlitz; карма́н Tasche; ле́тнее пла́тье без рукаво́в Trägerkleid; манже́та Manschette; пле́чики Bügel, Kleiderbügel; по́яс *hier:* Gürtel; пу́говица Knopf; рука́в *hier:* Ärmel; сто́йка *hier:* Ständer; фи́рменный ярлы́к Firmenschild; ши́ринка Schlitz; ю́бка Rock

2.3.5.3. Dessous

бретéль / бретéлька Träger; бюстгáльтер BH, Büstenhalter; гóльфы Kniestrümpfe; колгóтки Strumpfhose; корóткая комбинáция Halbunterrock; кружевà (geklöppelte) Spitzen; лúфчик BH; мáйка Unterhemd; нúжняя ю́бка Unterrock, Unterkleid; носкú Socken; отдéлка *hier:* Besatz; резúнка Gummi, Radiergummi; трусы́ *hier:* Slip

2.3.5.4. Accessoires für die Dame

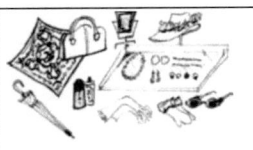
браслéт Armband; бу́сы Halskette, Perlenkette; духú Parfüm; зéркало Spiegel; зóнтик Schirm; пéрстень Ring; перчáтки Fingerhandschuhe; платóк Tuch; рукавúцы Fausthandschuhe; сéрьги, серёжки Ohrringe; су́мка Tasche; су́мочка Handtasche; тёмные очкú Sonnenbrille; цепóчка Kette; шля́па Hut

2.3.6. Einkäufe für den Herrn
2.3.6.1. Anzugkauf

брю́ки Hose(n); воротнúк Kragen; застёжка Verschluss; кармáн Tasche; лáцкан Revers; манжéт, манжéта, манжéтка Manschette; пéтля Schleife; пиджáк Jackett; подклáдка Futter; полà / пóлы пиджакà Jackettschoß; пу́говица Knopf; ремéнь Riemen; рубáшка Hemd; рукàв Ärmel; фúрменный ярлы́к Firmenschild

2.3.6.2. Accessoires für den Herrn

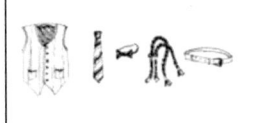
гáлстук Krawatte; гáлстук-бáбочка Fliege; ды́рка kleines Loch, Öse; жилéт Weste; кармáн Tasche; пéтля *hier:* Schlaufe; подклáдка Futter; подтя́жки Hosenträger; пòяс *hier:* Gürtel; прóйма Ärmelloch; пря́жка Gürtelschnalle; пу́говица Knopf; ремéнь Riemen; у̀зел *hier:* Knoten; фúрменный ярлы́к Firmenschild

2.3.7. Einkäufe für sie und ihn
2.3.7.1. Hutkauf

вя́заная шáпочка Strickmütze; лы́жная шáпочка Schimütze; кéпка Kappe, Schiebermütze; подстáвка для головны́х убóров Hutständer; цéнник Preisschild; цилúндр Zylinder; шáпка Kappe; шáпка-ушáнка Pelzmütze mit Ohrenklappen; шля́па Hut

2.3.7.2. Schuhkauf

босонóжки на высóком каблукè Absatzsandaletten; ды́рки Ösen; ды́рочки kleine Ösen; зúмние сапогú Winterstiefel; каблу́к Absatz; осéнние сапогú на высóком каблукè hochhackige Übergangsstiefel; осéнние ту́фли без каблукà flache Halbschuhe; пантолéты Pantoletten; подóшва Schuhsohle; полуботúнки derbe Halbschuhe; (полу)сапóжки Stiefeletten; ремешóк Riemen; сапóг einzelner Stiefel; сапогú Stiefel; ту́фли feine Halbschuhe; шнуркú Schnürsenkel

2.3.7.3. Pulloverkauf

воротни́к-сто́йка Stehkragen; вя́заная ша́пка Pudelmütze; застёжка Knopfleiste; кисть, кисточка Troddel; ко́фта Jacke, Bluse; помпо́н Bommel; пу́говица Knopf; пуло́вер Pullover; рука́в Ärmel; сви́тер Pullover; фи́рменный ярлы́к Firmenschild; шарф Schal

2.3.7.4. Sportgeräte

боти́нки с конька́ми Schlittschuhstiefel; крепле́ние *hier:* Bindung; кроссо́вки Laufschuhe; лы́жа einzelner Schi; лы́жи Ski; лы́жная па́лка Skistock; мяч Ball; пе́тля *hier:* Schlaufe; по́лоз / поло́зья Kufe(n); ру́чка *hier:* Griff; са́ни / са́нки Schlitten; те́ннисная раке́тка Tennisschläger; те́ннисный мяч Tennisball; фигу́рные коньки́ Kunstlaufschlittschuhe; футбо́льный мяч Fußball

2.3.7.5. Sportkleidung

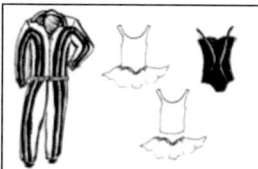
костю́м фигури́стки Eislauftrikot; купа́льник Badeanzug; ма́йка *hier:* Trikot; верх *hier:* Oberteil; спорти́вный костю́м Trainingsanzug; трениро́вочный костю́м Trainingsanzug; ю́бка Rock; низ *hier:* Unterteil

2.4. Freizeit
2.4.1. Auf der Datsche

берёза Birke; да́ча Datsche; дереве́нский дом Sommerhaus; забо́р Zaun; крыльцо́ Vortreppe; кры́ша Dach; куст Strauch; нали́чник Fensterladen; окно́ Fenster; стена́ Wand, Mauer; труба́ Schornstein; черда́к Dachboden, Boden

2.4.2. In der Datsche

берёзовый ве́ник Reisigbesen; блю́до Gericht, Essen; ведро́ Eimer; занаве́ска Vorhang, Gardine; ко́врик Läufer; метла́ Besen; окно́ Fenster; пол Boden, Fußboden; самова́р Samowar; се́ни Flur, Diele; стекля́нная ба́нка Konservenglas; стол Tisch; стул Stuhl; ча́йник Teekessel; Teekanne

2.4.3. Im Garten

бо́чка Fass; **гря́дка** (Gemüse-)Beet; **забо́р** Zaun; **кали́тка** Pforte; **капу́ста** Kohl, Kraut; **ку̀ст сморо́дины** Johannisbeerstrauch; **ле́йка** Gießkanne; **лещи́на / оре́ховый ку̀ст** Haselnussstrauch; **лопа́та** Spaten, Schaufel; **морко́вь** Möhren; **огоро́д** Gemüsegarten; **подсо́лнечник** Sonnenblume; **помидо́р** Tomate(n); **сала́т** Salat; **свёкла** rote Rüben; **сто̀лб** Pfeiler; **ты́ква** Kürbis

2.4.4. Beim Friseur

бигуди́ Lockenwickler; **во̀лосы** Haare; **зе́ркало** Spiegel; **кран** Wasserhahn; **кре́сло** Sessel; **лак** Lack; **мо́йка** Becken; **наки́дка** Umhang; **но́жницы** Schere; **парикма́хер** Friseur; **полоте́нце** Handtuch; **причёска** Frisur; **расчёска** Kamm; **суши́лка** Trockner; **укла́дка на бигуди́** Lockwelle; **фен** Föhn; **хво̀ст** Pferdeschwanz; **чёлка** Pony; **шампу́нь** Shampoo; **шиньо́н** Haarteil; **щётка** Bürste

2.4.5. Im Café

баге́т Fries; Tapetenleiste; **беля́ш** Fleischklops im Teigmantel; **бра** Wandleuchte; **буфе́т** *hier*: Anrichte; **ва́за** Vase; Schale; **ва́зочка** *hier*: Becher; **ве́шалка** Garderobe; **витри́на** *hier*: Auslage; **газе́та** Zeitung; **кекс** Sandtorte; **кофева́рочный автома́т** Kaffeeautomat; **крема́нка** Eisbecher; **крючо̀к** Garderobenhaken; **лю́стра** Kronleuchter; **меню́** *hier*: Speisekarte; **микроволно́вая печь** Mikrowelle; **моро́женое** Eis (Speiseeis); **настéнные часы́, стенные часы́** Wanduhr; **официа́нтка** Kellnerin; **песо́чный пиро̀г** Rührkuchen; **пиро̀г** Pastete, Pirogge; **пиро́жное** Kuchen; **пирожо́к** *hier*: Gebäck; **подно̀с** Tablett; **подши́вка** *hier*: Zeitungen; **посети́тель, посети́тельница** Besucher(in), Gast; **сала́тница** Salatschüssel; **са́харница** Zuckerdose; **ска́терть** Tischtuch, Tischdecke; **сто́йка для зо́нтика** Schirmständer; **сто́лик** *hier*: Tischchen; **стул** Stuhl; **таре́лка** Teller; **торт** Torte; **цвето̀к** Blume; **ча́йник** Teekessel, Teekanne; **ча́шка** Tasse; **чек** *hier*: Rechnung

2.4.6. An der Theaterkasse

брю́ки Hose, Hosen; **бу́сы** Halskette, Perlenkette; **во́лосы** Haare; **воротни́к** Kragen; **коса́** Zopf; **око́шко в ка́ссу** Schalter; **пиджа̀к** Jackett; **разре́з** *hier*: Schlitz; **рука̀в** Ärmel; **сви́тер** Pullover; **теа́тр** Theater; **театра́л** Theaterfan (er); **театра́лка** Theaterfan (sie); **театра́льная ка́сса** Theaterkasse; **ше́я** Hals

2.4.7. Im Theaterfoyer

бино́кль *hier:* Opernglas; **ве́шалка** Garderobenhaken; **гардеро́б** *hier:* Garderobe; **дли́нное вече́рнее пла́тье** Ballkleid; **коло́нна** *hier:* Säule; **ле́стница** Treppe; Leiter; **лю́стра** Kronleuchter; **пальто́** Mantel; **пери́ла** Geländer, Handlauf; **план зри́тельного за́ла** Lageplan für den Zuschauerraum; **площа́дка** Platz; Treppenabsatz; **шарф** Schal; **шля́па** Hut

2.4.8. Ballettvorstellung

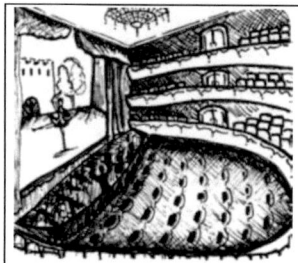

балери́на Ballerina; **балко́н** Rang; **второ́й я́рус** Empore, zweiter Rang; **балко́н второ́го я́руса** zweiter Rang; **бельэта́ж** erster Rang; **декора́ция** Kulissen; **дирижёр** Dirigent; **за́навес** Bühnenvorhang; **лю́стра** Kronleuchter; **музыка́нт** Musiker; **оркестро́вая я́ма** Orchestergraben; **парте́р** Parkett (als Sitzaufteilung im Theater usw.); **пе́рвый ряд** Reihe eins; **потоло́к** Decke; **сце́на** Bühne

2.5. Hobby

2.5.1. Backen

ба́нка Dose, Büchse, Glas; **кры́шка** *hier:* Deckel; **кусо́к те́ста** ein Stück Teig; **ми́ска** Schüssel; **мука́** Mehl; **пирожо́к** *hier:* Gebäck; **ру́чка** *hier:* Griff; **ска́лка** Nudelholz; **те́сто** Teig; **узо́р** Dekor, Muster; **я́ичная скорлупа́** Eierschale; **я́ичная шелуха́** Eierschale; **яйцо́** Ei

2.5.2. Handarbeiten

выключа́тель Schalter; **вы́кройка** zugeschnittener Stoff; **вы́шивка** Stickerei, Stickarbeit; **игла́** Nadel; Kanüle; **иго́лка** Nadel; **кату́шка ни́ток** Garnrolle; **ла́мпочка** *hier:* Lampe; **ла́пка** *hier:* Füßchen; **напёрсток** *hier:* Fingerhut; **ни́тка** Faden, Garn; **нить** Faden; **но́жницы** Schere; **переключа́тель** Schalter, Umschalter; **поду́шечка для иго́лок** Nadelkissen; **програ́ммы** Programmwahl; **пя́льцы** Stickrahmen; **ре́йка** *hier:* Fußteil; **руло́н тка́ни** Stoffballen; **ру́чка** *hier:* Griff; **ткань** Stoff, Gewebe; **шве́йная маши́на** Nähmaschine; **шнур** Leitung; **штѐпсель** Stecker

2.5.3. Fotografieren

близнецы́ Zwillinge; видоиска́тель Sucher (einer Kamera); вспы́шка *hier:* Blitzlicht; объекти́в Objektiv; окуля́р видоиска́теля Bildsucher; пе́тля *hier:* Trageschlaufe; подста́вка *hier:* Ständer; ра́мка Rahmen; ру́чка *hier:* Trageschlaufe; спусковая кно́пка *hier:* Auslöser; фотоаппара́т Fotoapparat, Kamera; фотовспы́шка Blitzlicht; фотогра́фия Fotografie; фотосни́мок Foto

2.5.4. Malen

анте́нна Antenne; бахрома́ Fransen; во́лосы Haare; воротни́к Kragen; глаз Auge; горшо́к Tontopf, Blumentopf; жаке́т *hier:* Jacke; жаке́тка *hier:* Jacke; занаве́ска Vorhang, Gardine; карни́з Gardinenstange; ки́сточка *hier:* kleiner Pinsel; кисть *hier:* Pinsel; ко́мнатное расте́ние Zimmerpflanze; лоб Stirn, Spitze, Front; мольбе́рт Staffelei; морщи́ны Falten; не́бо Himmel; нос Nase; окно́ *hier:* Fenster; очки́ Brille; плато́к Tuch; подборо́док Kinn; подоко́нник Fensterbrett; рот Mund; рука́ Hand, Arm; рука́в *hier:* Ärmel; сосе́дний дом Nachbarhaus; спи́нка сту́ла Stuhllehne; стул Stuhl; цвето́к Blume; ше́я Hals; щека́ Wange, Backe

2.6. Die Wohnung in der Stadt

2.6.1. Der Flur

ве́шалка Garderobenhaken; входна́я дверь Wohnungstür; глазо́к *hier:* Spion; дверь в ко́мнату Zimmertür; дверь в ку́хню Küchentür; декорати́вная таре́лка Schmuckteller; дома́шние та́почки Hausschuhe; замо́чная сква́жина Schlüsselloch; зе́ркало Spiegel; ко́врик Läufer; обувно́й шкаф Schuhschrank; оде́жная щётка Kleiderbürste; платяно́й шкаф Kleiderschrank; пол коридо́ра Korridorfußboden; пол прихо́жей Fußboden vom Flur; ту́фли feinere Halbschuhe

2.6.2. Das Arbeitszimmer

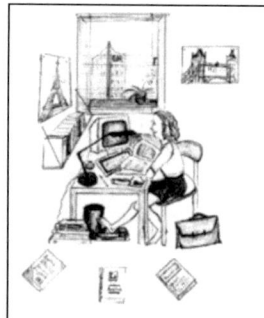

абажу́р Lampenschirm; двуязы́чный слова́рь zweisprachiges Wörterbuch; каранда́ш Bleistift; Buntstift; клавиату́ра *hier:* Tastatur; кла́виша Tastatur, Taste; кни́га Buch; кни́жная по́лка Bücherregal; компью́тер PC; корзи́на для бума́г Papierkorb; мышь Maus; насто́льная ла́мпа Tischlampe; па́пка Hefter; пена́л Federtasche; подкла́дка *hier:* Mousepad; портфе́ль Aktentasche; пузырёк для ту́ши Tuscheglas; ру́чка Stift; скоросшива́тель Schnellhefter; у́рна *hier:* Papierkorb; уче́бник Lehrbuch; черни́льница Tintenfass; экра́н Monitor

2.6.3. Das Wohnzimmer

балко́н *hier:* Balkon; дива́н-крова́ть Bettcouch, Schlafsofa; журна́льный сто́лик Couchtisch; занаве́ска Vorhang, Gardine; карти́на Bild; ковёр Teppich; компью́тер PC; кре́сло Sessel; лю́стра Deckenlampe; насто́льная ла́мпа Tischlampe; окно́ Fenster; подоко́нник Fensterbank; пол Boden, Fußboden; потоло́к Decke; рабо́чий стол Arbeitstisch; стена́ Wand, Mauer; стул Stuhl; торше́р Stehlampe

2.6.4. Die Küche

ведро́ Eimer; га́зовая плита́ Gasherd; духо́вка Backröhre; кастрю́ля Topf; ковёр Teppich; ко́врик Läufer; кран Hahn; ку́хонная тря́пка Lappen; лопа́тка Wendling; мо́йка *hier:* Spüle; окно́ Fenster; подвесно́й шкаф Hängeschrank; полоте́нце для посу́ды Geschirrtuch; ска́терть Tischtuch, Tischdecke; сковорода́ Pfanne; стол Tisch; стул Stuhl; таре́лки Teller; холоди́льник Kühlschrank; ча́йник Teekessel; Teekanne

2.6.5. Das Bad

ва́нна Badewanne; дверь Tür; душ Dusche; ко́врик Läufer; кран Wasserhahn; ла́мпа Lampe; пли́тка *hier:* Fliese / Kachel; подвесно́й шка́фчик Hängeschränkchen; полоте́нце Handtuch; ра́ковина Waschbecken; стена́ Wand, Mauer

3. Dialogmodul – Standardsituationen

3.1. (A) Begrüßung – Приве́тствие

1 Прослу́шайте ле́ксику. *Hören Sie die neue Lexik.*

Здра́вствуйте!	Guten Tag! (Sie-Anrede)
Здра́вствуй!	Guten Tag! (Du-Anrede)
До́брое у́тро!	Guten Morgen!
До́брый дѐнь!	Guten Tag!
До́брый вѐчер!	Guten Abend!
Приве́т!	Grüß dich! Hi! Hallo!; Tschüs / Tschüss! Mach's gut! Macht's gut!

2 Слу́шайте диало́ги. Повторя́йте ка́ждую ре́плику за ди́ктором. *Hören Sie sich die Dialoge an. Sprechen Sie jede einzelne Replik nach.*

- Здра́вствуй, Ханс!
- Здра́вствуй, Андре́й!

- Здра́вствуйте, Ни́на Петро́вна!
- Здра́вствуйте, Ханс!

- Здра́вствуйте!
- До́брый дѐнь!

- До́брый дѐнь!
- Здра́вствуйте!

- До́брый дѐнь!
- До́брый дѐнь!

- До́брый вѐчер!
- Здра́вствуйте!

- Здра́вствуйте!
- До́брый вѐчер!

- До́брый вѐчер!
- До́брый вѐчер!

- Приве́т, Андре́й!
- Приве́т!

- Приве́т, Ханс!
- Приве́т, Андре́й!

22 – Standarddialoge – Begrüßung

3 Слу́шайте диало́ги (2). Чита́йте ка́ждую ре́плику вме́сте с ди́ктором. Отраба́тывайте темп и интона́цию. *Hören Sie sich die benannten Dialoge nochmals an. Sprechen Sie jede einzelne Replik mit (Lesen Sie sie zusammen mit dem Sprecher). Üben Sie, bis Tempo und Intonation das Sprechermuster erreichen.*

4 Уча́ствуйте в диало́гах (2). *Übernehmen Sie die ausgesparten Gesprächsrepliken.*

- Здра́вствуй, Ханс!
- ▢ !

- Здра́вствуйте, Ни́на Петро́вна!
- ▢ !

- Здра́вствуйте!
- ▢ !

- До́брый де́нь!
- ▢ !

- До́брый де́нь!
- ▢ !

- До́брый ве́чер!
- ▢ !

- Здра́вствуйте!
- ▢ !

- До́брый ве́чер!
- ▢ !

- Приве́т, Андре́й!
- ▢ !

- Приве́т, Ханс!
- ▢ !

5 Уча́ствуйте в диало́гах (2). *Übernehmen Sie die ausgesparten Gesprächsrepliken.*

- ▢ !
- Здра́вствуй, Андре́й!

- ▢ !
- Здра́вствуйте, Ханс!

- ▢ !
- До́брый де́нь!

- ▢ !
- Здра́вствуйте!

Standarddialoge – Begrüßung – 23

- ▨ !
- Добрый день!

- ▨ !
- Здравствуйте!

- ▨ !
- Добрый вечер!

- ▨ !
- Добрый вечер!

- ▨ !
- Привет!

- ▨ !
- Привет, Андрей!

6 Владе́ете ли вы фо́рмулами речево́го этике́та? Прове́рьте себя́. *Beherrschen Sie die behandelten festen Wendungen? Testen Sie sich.*

а) Поздоро́вайтесь с отцо́м / с ма́терью ва́шего моско́вского прия́теля / ва́шей моско́вской прия́тельницы (с Оле́гом Бори́совичем / с О́льгой Бори́совной). *Begrüßen Sie den Vater / die Mutter Ihres Moskauer Freundes / Ihrer Moskauer Freundin (Oleg Borissowitsch / Olga Borissowna).*

б) Поздоро́вайтесь с колле́гой, кото́рая / кото́рый значи́тельно ста́рше вас (с А́ллой Никола́евной / с Ю́рием Ива́новичем). *Begrüßen Sie eine Kollegin resp. einen Kollegen, die / der wesentlich älter ist als Sie (Alla Nikolajewna / Juri Iwanowitsch).*

в) Поздоро́вайтесь со свои́м рове́сником / со свое́й рове́сницей. *Begrüßen Sie einen Herrn oder eine Dame, die / der ebenso alt ist wie Sie.*

г) Отве́тьте на приве́тствие ва́шего моско́вского прия́теля / ва́шей моско́вской прия́тельницы (Же́ни / Же́ни). *Reagieren Sie auf die Begrüßung seitens Ihres Moskauer Freundes / Ihrer Moskauer Freundin (des Jungen / des Mädchens Shenja).*

д) Ве́чером вы ещё раз уви́дели отца́ / мать ва́шего моско́вского прия́теля / ва́шей моско́вской прия́тельницы, с кото́рым / с кото́рой уже́ здоро́вались у́тром. Поздоро́вайтесь с ним (с Оле́гом Бори́совичем) / с ней (с О́льгой Бори́совной) ещё раз. *Am Abend begegnen Sie nochmals dem Vater bzw. der Mutter Ihres Moskauer Freundes / Ihrer Moskauer Freundin, die Sie schon am Morgen begrüßt hatten. Begrüßen Sie diesen (Oleg Borissowitsch) oder diese (Olga Borissowna) ein weiteres Mal.*

е) Что вы ска́жете в отве́т, е́сли услы́шите: *Wie reagieren Sie, wenn Sie eine der folgenden Grußformeln hören:*
Доброе у́тро!
Добрый день!
Добрый вечер!

3.2. (B) Verabschiedung und Abschiedswünsche – Проща́ние и пожела́ния при проща́нии

1 Прослу́шайте ле́ксику. *Hören Sie die neue Lexik.*

До свида́ния!	Auf Wiedersehen!
Всего́ хоро́шего!	Alles Gute!
Всего́ до́брого!	Alles Gute!
До встре́чи!	Bis später! Bis nachher! Bis dann! Bis zum nächsten Mal!
До ско́рой встре́чи!	Bis später! Bis nachher! Bis dann! Auf ein baldiges Wiedersehen!
До за́втра!	Bis morgen! Bis morgen dann!
До понеде́льника!	Bis Montag! Bis Montag dann!
Пока́!	Tschüs!
Счастли́во!	Mach's gut! Ciao!
Счастли́вого пути́!	Glückliche Reise! Gute Fahrt!

2 Слу́шайте диало́ги. Повторя́йте ка́ждую ре́плику за ди́ктором. *Hören Sie sich die Dialoge an. Sprechen Sie jede einzelne Replik nach.*

- До свида́ния, Гали́на Васи́льевна!
- Всего́ хоро́шего,Ани́та!

- До свида́ния!
- До свида́ния!

- До свида́ния!
- До свида́ния! Всего́ вам до́брого!

- Пока́!
- Пока́!

- Пока́!
- Пока́! До встре́чи!

- Пока́!
- До за́втра!

- До свида́ния, Мари́я Васи́льевна! Всего́ вам до́брого! Счастли́вого пути́!
- До свида́ния, Ани́та! И вам всего́ хоро́шего! До встре́чи!

3 Слу́шайте диало́ги (2). Чита́йте ка́ждую ре́плику вме́сте с ди́ктором. Отраба́тывайте темп и интона́цию. *Hören Sie sich die benannten Dialoge nochmals an. Sprechen Sie jede einzelne Replik mit. Üben Sie, bis Tempo und Intonation das Sprechermuster erreichen.*

4 Уча́ствуйте в диало́гах (2). *Übernehmen Sie die ausgesparten Gesprächsrepliken.*

До свида́ния, Гали́на Васи́льевна!
　　　　!

До свида́ния!
　　　　!

До свида́ния!
▓! ▓!

Пока́!
▓!

Пока́!
▓! ▓!

Пока́!
▓!

До свида́ния, Мари́я Васи́льевна! Всего́ вам до́брого! Счастли́вого пути́!
▓! ▓! ▓!

5 Уча́ствуйте в диало́гах (2). *Übernehmen Sie die ausgesparten Gesprächsrepliken.*
▓!
Всего́ хоро́шего, Ани́та!

▓!
До свида́ния!

▓!
До свида́ния! Всего́ вам до́брого!

▓!
Пока́!

▓!
Пока́! До встре́чи!

▓!
До за́втра!

▓! ▓! ▓!
До свида́ния, Ани́та! И вам всего́ хоро́шего! До встре́чи!

6 Владе́ете ли вы фо́рмулами речево́го этике́та? Прове́рьте себя́. *Beherrschen Sie die behandelten festen Wendungen? Testen Sie sich.*

а) Попроща́йтесь с отцо́м / с ма́терью ва́шего моско́вского прия́теля / ва́шей моско́вской прия́тельницы (с Ви́ктором Серге́евичем / с О́льгой Серге́евной). *Verabschieden Sie sich vom Vater / von der Mutter Ihres Moskauer Freundes / Ihrer Moskauer Freundin (von Viktor Sergejewitsch / von Olga Sergejewna).*

б) Попроща́йтесь с подру́гой, кото́рую уви́дите за́втра. *Verabschieden Sie sich von Ihrer Freundin, die Sie am nächsten Tag wiedersehen werden.*

в) Попроща́йтесь с прия́телем, кото́рого уви́дите в понеде́льник / во вто́рник / в сре́ду / в четве́рг / в пя́тницу / в суббо́ту / в воскресе́нье. *Verabschieden Sie sich von Ihrem Freund, den Sie am Montag / Dienstag / Mittwoch / Donnerstag / Freitag / Sonnabend / Sonntag wiedersehen werden.*

г) Попроща́йтесь с друзья́ми, кото́рые уезжа́ют в о́тпуск. Пожела́йте им счастли́вого пути́. *Verabschieden Sie sich von Ihren Freunden, die in Urlaub fahren. Wünschen Sie ihnen eine glückliche Reise.*

д) Попроща́йтесь со ста́рым знако́мым, кото́рого вы ре́дко ви́дите и кото́рому хоти́те показа́ть, что вам бы́ло прия́тно встре́тить его́ и обменя́ться новостя́ми. **Или:** Попроща́йтесь со ста́рой знако́мой, кото́рую вы ре́дко ви́дите и кото́рой хоти́те показа́ть, что вам бы́ло прия́тно встре́тить её и обменя́ться новостя́ми. *Verabschieden Sie sich von einem / einer alten Bekannten, den / die Sie selten sehen und dem / der Sie zu verstehen geben wollen, dass Sie sich gefreut haben, sich wieder gesehen und voneinander gehört zu haben.*

е) Вы провожа́ете знако́мого / знако́мую, кото́рый был / кото́рая была́ у вас в гостя́х в Герма́нии. Как вы попроща́етесь с ним / с ней, что ска́жете на проща́ние? *Sie begleiten einen Bekannten / eine Bekannte, die / der Sie in Deutschland besucht hat, zur Abreise auf den Bahnhof oder den Flugplatz. Wie verabschieden Sie sich, was sagen Sie zum Abschied?*

3.3. (C) Entschuldigung und Erwiderung – Извине́ние и реа́кция на извине́ние

1 Прослу́шайте ле́ксику. *Hören Sie die neue Lexik.*

Извини́те!	Entschuldigung! Verzeihung! Pardon! Entschuldigen Sie!
Извини́те, пожа́луйста!	Entschuldigen Sie bitte!
Прости́те!	Entschuldigung! Verzeihung! Pardon! Entschuldigen Sie!
Прости́те, пожа́луйста!	Verzeihen Sie bitte!
Прошу́ проще́ния!	Verzeihung! Ich bitte um Entschuldigung!
Ничего́, ничего́!	Aber das macht doch gar nichts! Keine Ursache!
Ничего́ стра́шного!	Keine Ursache! Aber das macht doch nichts! Ist überhaupt nicht schlimm!
Быва́ет.	So was gibt's. Das kommt vor. Das kann doch jedem passieren. Das hätte mir doch auch passieren können.

2 Слу́шайте диало́ги. Повторя́йте ка́ждую ре́плику за ди́ктором. *Hören Sie sich die Dialoge an. Sprechen Sie jede einzelne Replik nach.*

- Извини́те!
- Ничего́, ничего́!

- Прости́те!
- Ничего́ стра́шного! Быва́ет.

- Ой! Извини́те, пожа́луйста!
- Ничего́, не сто́ит!

- Извини́те, мне пора́!
- Ну что ж, до свида́ния!
- До свида́ния!

- Извини́те, пожа́луйста, за опозда́ние!
- Постара́йтесь бо́льше не опа́здывать!

Standarddialoge – Entschuldigung – 27

3 Слу́шайте диало́ги (2). Чита́йте ка́ждую ре́плику вме́сте с ди́ктором. Отраба́тывайте темп и интона́цию. *Hören Sie sich die benannten Dialoge nochmals an. Sprechen Sie jede einzelne Replik mit (Lesen Sie sie zusammen mit dem Sprecher). Üben Sie, bis Tempo und Intonation das Sprechermuster erreichen.*

4 Уча́ствуйте в диало́гах (2). *Übernehmen Sie die ausgesparten Gesprächsrepliken.*

- 🗣 Извини́те!
- 🗣 ▓▓▓▓!

- 🗣 Прости́те!
- 🗣 ▓▓▓▓! ▓▓▓▓!

- 🗣 Ой! Извини́те, пожа́луйста!
- 🗣 ▓▓▓▓, ▓▓▓▓!

- 🗣 Извини́те, мне пора́!
- 🗣 ▓▓▓▓, ▓▓▓▓!
- 🗣 До свида́ния!

- 🗣 Извини́те, пожа́луйста, за опозда́ние!
- 🗣 ▓▓▓▓!

5 Уча́ствуйте в диало́гах (2). *Übernehmen Sie die ausgesparten Gesprächsrepliken.*

- 🗣 ▓▓▓▓!
- 🗣 Ничего́, ничего́!

- 🗣 ▓▓▓▓!
- 🗣 Ничего́ стра́шного! Быва́ет.

- 🗣 ▓▓▓▓! ▓▓▓▓!
- 🗣 Ничего́, не сто́ит!

- 🗣 ▓▓▓▓, ▓▓▓▓!
- 🗣 Ну что ж, до свида́ния!
- 🗣 ▓▓▓▓!

- 🗣 ▓▓▓▓, ▓▓▓▓!
- 🗣 Постара́йтесь бо́льше не опа́здывать!

6 Владе́ете ли вы фо́рмулами речево́го этике́та? Прове́рьте себя́. *Beherrschen Sie die behandelten festen Wendungen? Testen Sie sich.*

а) Выходя́ из авто́буса, вы неча́янно толкну́ли пассажи́ра / пассажи́рку сре́дних лет. Как вы извини́тесь? *Beim Aussteigen aus dem Bus haben Sie versehentlich einen anderen Fahrgast mittleren Alters angerempelt. Wie entschuldigen Sie sich bei dem Herrn / der Dame?*

б) Вас неча́янно толкну́ли и извини́лись. Что ска́жете вы? *Sie sind versehentlich angestoßen worden, und man hat sich bei Ihnen entschuldigt. Was sagen Sie?*

в) Вам пора́ уходи́ть, а у ва́ших собесе́дников ещё есть вре́мя поговори́ть. Как вы прервёте разгово́р и попроща́етесь? *Für Sie wird es Zeit, an den Aufbruch zu denken, Ihre Gesprächspartner dagegen haben noch Zeit, sich weiter zu unterhalten. Wie unterbrechen Sie das laufende Gespräch, was sagen Sie zum Abschied?*

г) Вы договори́лись встре́титься с дру́гом / подру́гой и́ли с колле́гой в 6 вѐчера, а са́ми пришли́ в 6 часо̀в 10 мину́т. Что вы ска̀жете? *Sie hatten sich mit einem Freund / einer Freundin für 18.00 Uhr verabredet, kommen selber aber erst um zehn nach sechs. Was sagen Sie bei Ihrer Ankunft?*

д) Как вы прореаги́руете, е́сли вы при́шли на встре́чу во́время, а ваш друг опозда́л / ва́ша подру́га опозда́ла на 15 мину́т и извини́лся / извини́лась за опозда́ние? Что вы ска́жѐте? *Wie reagieren Sie, wenn Sie rechtzeitig zu einer Verabredung da sind, Ihr Freund / Ihre Freundin sich aber um eine Viertelstunde verspätet? Was sagen Sie?*

3.4. (D) Anrede / Ansprechen – Привлече́ние внима́ния и обраще́ние

1 Прослу́шайте ле́ксику. *Hören Sie die neue Lexik.*

Де́вушка!	Junge Frau! Fräulein!
Де́вушки!	Mädels! Wenn die jungen Damen ...
Молодо́й челове́к!	Junger Mann!
Молоды́е лю́ди!	Leute! Ihr da!
Ребя́та!	Leute!
Ма́льчик!	Kleiner! Na mein Kleiner!
Де́вочка!	Kleine! Na meine Kleine!
Извини́те, пожа́луйста!	Entschuldigen Sie bitte!
Прости́те, пожа́луйста!	Verzeihen Sie bitte!
Прошу̀ проще́ния!	Verzeihung! Ich bitte um Entschuldigung!
Да́мы и господа̀!	Meine Damen und Herren!
Уважа́емые да́мы и господа̀!	Meine sehr verehrten Damen und Herren!
Уважа́емые колле́ги!	Sehr verehrte Kolleginnen und Kollegen!
Дороги́е друзья̀!	Liebe Freunde!
Дороги́е го̀сти!	Liebe Gäste!
До̀ктор!	Frau Doktor! Herr Doktor!
Профѐссор!	Frau Professor! Herr Professor!

2 Слу́шайте диало́ги. Повторя́йте ка́ждую ре́плику за ди́ктором. *Hören Sie sich die Dialoge an. Sprechen Sie jede einzelne Replik nach.*

- Де́вушка! Извини́те, где здесь остано́вка авто́буса?
- Совсе́м ря́дом, за угло̀м.

- Молодо́й челове́к! Вы не ска̀жете, как дое́хать до стадио́на?
- На любо́м трамва́е. Вы́йдите на тре́тьей остано́вке.

- Извини́те, пожа́луйста! Мне сказа́ли, что на э́той у́лице есть сберка́сса.
- Есть. В сосе́днем до̀ме.

- Молоды́е лю́ди! Извини́те, у вас есть со́товый?
- Есть.
- Вы не разреши́те мне позвони́ть домо́й? Я, ка́жется, забы́ла вы́ключить утю̀г!
- Коне́чно, звони́те скоре́е!
- Большо́е спаси́бо!

3 Слу́шайте диало́ги (2). Чита́йте ка́ждую ре́плику вме́сте с ди́ктором. Отраба́тывайте темп и интона́цию. *Hören Sie sich die benannten Dialoge nochmals an. Sprechen Sie jede einzelne Replik mit (Lesen Sie sie zusammen mit dem Sprecher). Üben Sie, bis Tempo und Intonation das Sprechermuster erreichen.*

4 Уча́ствуйте в диало́гах (2). *Übernehmen Sie die ausgesparten Gesprächsrepliken.*

- Де́вушка! Извини́те, где здесь остано́вка авто́буса?
- ▨, ▨.

- Молодо́й челове́к! Вы не ска́жете, как дое́хать до стадио́на?
- ▨.

- Извини́те, пожа́луйста! Мне сказа́ли, что на э́той у́лице есть сберка́сса.
- ▨. ▨.

- Молоды́е лю́ди! Извини́те, у вас есть со́товый?
- ▨.
- Вы не разреши́те мне позвони́ть домо́й? Я, ка́жется, забы́ла вы́ключить утю́г!
- ▨!
- Большо́е спаси́бо!

5 Уча́ствуйте в диало́гах (2). *Übernehmen Sie die ausgesparten Gesprächsrepliken.*

- ▨! ▨, ▨?
- Совсе́м ря́дом, за угло́м.

- ▨! ▨, ▨?
- На любо́м трамва́е. Вы́йдите на тре́тьей остано́вке.

- ▨! ▨, ▨.
- Есть. В сосе́днем до́ме.

- ▨! ▨, ▨?
- Есть.
- ▨? ▨!
- Коне́чно, звони́те скоре́е!
- ▨.

6 Владе́ете ли вы фо́рмулами речево́го этике́та? Прове́рьте себя́. *Beherrschen Sie die Wendungen?*

а) Вы хоти́те узна́ть у молоде́нькой де́вушки, где нахо́дится ближа́йшая ста́нция метро́.
Sie fragen ein recht junges Mädchen nach der nächsten Metrostation.

б) Вы хоти́те узна́ть, на како́м трамва́е / авто́бусе / тролле́йбусе мо́жно дое́хать до вокза́ла. Спроси́те об э́том у пожило́го челове́ка, кото́рый, как и вы, стои́т на остано́вке.
Sie möchten gern wissen, mit welcher Bahn / mit welchem Autobus / mit welchem O-Bus Sie zum Bahnhof kommen. Erkundigen Sie sich danach bei einem älteren Herrn, der gemeinsam mit Ihnen an der Haltestelle steht.

в) Вы сиди́те в па́рке на ла́вке (на скаме́йке) и ви́дите, что ма́льчики, игра́вшие в мяч, ухо́дят, а чья-то ку́ртка остаётся лежа́ть на траве́. Что вы сде́лаете? *Sie sitzen im Park auf einer Bank und sehen, dass die Jungen, die eben noch Ball gespielt haben, weggehen, aber jemand seine Jacke hat im Gras liegen lassen. Was tun Sie?*

г) Вы забы́ли часы́. Спроси́те у прохо́жего, ско́лько сейча́с вре́мени. *Sie haben Ihre Uhr vergessen. Erkundigen Sie sich bei einem Passanten nach der Uhrzeit / Fragen Sie einen Passanten, wie spät es ist.*

3.5. (E) Bekanntmachen / Vorstellung – Знакómство

1 Прослу́шайте ле́ксику. *Hören Sie die neue Lexik.*

Дава́йте познако́мимся!	Machen wir uns bekannt!
Дава́йте знако́миться!	Machen wir uns doch bekannt!
Познако́мимся?	Wollen wir uns nicht bekannt machen?
Разреши́те предста́виться!	Darf ich mich vorstellen ...
Позво́льте предста́виться!	Darf ich mich vorstellen ...
Разреши́те с ва́ми познако́миться!	Ich würde Sie gern kennen lernen.
Знако́мьтесь!	Macht euch / Machen Sie sich miteinander bekannt!
Познако́мьтесь!	Macht euch / Machen Sie sich miteinander bekannt!
Познако́мьтесь, пожа́луйста!	Macht euch / Machen Sie sich bitte miteinander bekannt!
Разреши́те вас познако́мить.	Darf ich Sie miteinander bekannt machen!
Разреши́те предста́вить вам ...	Darf ich Ihnen vorstellen: ...

2 Слу́шайте диало́ги / полило́ги. Повторя́йте ка́ждую ре́плику за ди́ктором. *Hören Sie sich die Zweier- und Mehrpersonengespräche an. Sprechen Sie jede einzelne Replik nach.*

- Дава́йте познако́мимся! Меня́ зову́т Евге́ния Ники́тична. А вас как зову́т?
- Меня́ зову́т У́льрих.
- О́чень прия́тно. А вас?
- Мари́я.

- Меня́ зову́т То́мас. А тебя́?
- Илья́.

- Разреши́те предста́виться. Меня́ зову́т Ди́тмар Хо́фман.
- О́чень прия́тно. Семёнова Татья́на Я́ковлевна.

- Разреши́те вас познако́мить: до́ктор До́линин – профе́ссор Фле́йшман.
- О́чень прия́тно.
- О́чень рад с ва́ми познако́миться. Мно́го о вас слы́шал.

- Вы не знако́мы? В тако́м слу́чае позво́льте вас познако́мить: господи́н Э́мзель – господи́н Быстри́цкий.
- О́чень прия́тно.
- О́чень рад. Давно́ хоте́л с ва́ми познако́миться.

- Госпожа́ Акчу́рина, разреши́те предста́вить вам моего́ колле́гу: Курт Та́тцельт.
- О́чень ра́да.
- О́чень прия́тно.

- Вы ещё не познако́мились? Тогда́ знако́мьтесь!
- Еле́на.
- А́нтье.
- Андре́а.

3 Слу́шайте диало́ги / полило́ги (2). Чита́йте ка́ждую ре́плику вме́сте с ди́ктором. Отраба́тывайте темп и интона́цию. *Hören Sie sich die benannten Gespräche nochmals an. Sprechen Sie jede einzelne Replik mit (Lesen Sie sie zusammen mit dem Sprecher). Üben Sie, bis Tempo und Intonation das Sprechermuster erreichen.*

4 Уча́ствуйте в диало́гах / полило́гах (2). *Übernehmen Sie die ausgesparten Gesprächsrepliken.*

- Дава́йте познако́мимся! Меня́ зову́т Евге́ния Ники́тична. А вас как зову́т?
- ▓▓▓.
- Очень приятно. А вас?
- ▓▓▓.

- Меня́ зову́т То́мас. А тебя́?
- ▓▓▓.

- Разреши́те предста́виться. Меня́ зову́т Ди́тмар Хо́фман.
- ▓▓▓. ▓▓▓.

- Разреши́те вас познако́мить: до́ктор Доли́нин – профе́ссор Фле́йшман.
- ▓▓▓.
- ▓▓▓.

- Вы не знако́мы? В тако́м слу́чае позво́льте вас познако́мить: господи́н Эмзель – господи́н Быстри́цкий.
- ▓▓▓.
- ▓▓▓.

- Госпожа́ Акчу́рина, разреши́те предста́вить вам моего́ колле́гу: Курт Та́тцельт.
- ▓▓▓.
- ▓▓▓.

- Вы ещё не познако́мились? Тогда́ знако́мьтесь!
- ▓▓▓.
- ▓▓▓.

5 Уча́ствуйте в диало́гах / полило́гах (2). *Übernehmen Sie die ausgesparten Gesprächsrepliken.*

- ▓▓▓! ▓▓▓. ▓▓▓?
- Меня́ зову́т У́льрих.
- ▓▓▓. ▓▓▓?
- Мари́я.

- ▓▓▓. ▓▓▓?
- Илья́.

- ▓▓▓. ▓▓▓.
- Очень приятно. Семёнова Татья́на Я́ковлевна.

- ▓▓▓: ▓▓▓ – ▓▓▓.
- Очень приятно.
- Очень рад с ва́ми познако́миться. Мно́го о вас слы́шал.

● ▓▓▓? ▓▓▓: ▓▓▓ – ▓▓▓.
● Очень приятно.
● Очень рад. Давно хотел с вами познакомиться.

● ▓▓▓, ▓▓▓: ▓▓▓.
● Очень рада.
● Очень приятно.

● ▓▓▓? ▓▓▓!
● Елена.
● Антье.
● Андреа.

6 Владеете ли вы формулами речевого этикета? Проверьте себя. *Beherrschen Sie die behandelten festen Wendungen? Testen Sie sich.*

а) Вы едете в Россию на поезде. С вами в купе едут ещё два пассажира. Вы решили познакомиться с попутчиками. Как вы это сделаете, если
- они оба моложе вас
- вы моложе их.

Sie fahren mit dem Zug nach Russland. In Ihrem Abteil sind noch zwei andere Fahrgäste. Sie möchten sich mit diesen bekannt machen. Wie machen Sie das, wenn beide jünger sind als Sie/Sie jünger sind als die Mitreisenden?

б) Ваше предприятие участвует в торгово-промышленной выставке в Москве.
- Вам надо представиться руководительнице оргбюро, элегантной пожилой женщине. Как вы это сделаете?
- В выставочный отдел, где находитесь вы и ваш коллега, зашёл представитель российского предприятия-партнёра. Вы с ним знакомы, но не уверены, что ваш коллега его знает. Выясните это и, если они не знакомы, познакомьте их.

Ihr Unternehmen nimmt an einer Industrie- und Handelsmesse in Moskau teil. a) Sie müssen sich der Leiterin des Organisationsbüros, einer eleganten älteren Dame, vorstellen. Wie machen Sie das? b) Im Ausstellungsstand, an dem Ihr Kollege und Sie sich befinden, schaut gerade der Vertreter Ihres russischen Partnerbetriebes vorbei. Sie kennen ihn, sind sich aber nicht sicher, ob Ihr Kollege ihn kennt. Klären Sie das und machen Sie die beiden miteinander bekannt, sollte sich herausstellen, dass sie sich noch nicht kennen.

3.6. (F) Bitten, Danken – Просьба и благодарность

1 Прослушайте лексику. (Просьба) *Hören Sie die neue Lexik zu den Bitten.*

Будь добр, ...	Sei doch so gut / nett ... (an einen Mann)
Будь добра, ...	Sei doch so gut / nett ... (an eine Frau)
Будьте добры, ...	Seien Sie doch so gut / nett ...
Будьте любезны, ...	Seien Sie doch so lieb / nett / liebenswürdig ...
Не мог бы ты ...	Ob du vielleicht / Könntest du vielleicht ... (an einen Mann / an eine Frau)
Не могла бы ты ...	
Не могли бы вы ...	Ob Sie vielleicht / Könnten Sie vielleicht ...
Можно ...	Darf ich ... / Dürfte ich ...
Разрешите ... / Позвольте ...	Darf ich / Erlauben / Gestatten Sie ...
Посоветуй мне, пожалуйста, ...	Rate mir doch bitte / Hilf ...
Не могли бы вы мне посоветовать ...	Ob Sie mir vielleicht bei ... raten / helfen könnten?

Standarddialoge – Bitten und Danken – 33

2 Прослу́шайте ле́ксику. (Благода́рность) *Hören Sie die neue Lexik zum Danken.*

Спаси́бо.	Danke! Schönen Dank! Dankeschön!
Большо́е спаси́бо.	Dankeschön! Herzlichen Dank!
Большо́е вам спаси́бо.	Haben Sie herzlichen Dank! Seien Sie herzlich bedankt!
Спаси́бо за предложе́ние.	Danke für das Angebot.
Благодарю́.	Danke! Schönen Dank! Dankeschön! Ich bedanke mich.
Благодарю́ вас.	Ich danke Ihnen.
Благодарю́ вас за ...	Ich danke Ihnen für ...
О́чень вам благода́рен / благода́рна.	Ich bin Ihnen sehr dankbar / verbunden.
Бу́ду вам о́чень благода́рен / благода́рна.	Ich wäre Ihnen sehr dankbar / verbunden.
Зара́нее большо́е тебе́ спаси́бо за ...	Sei schon im Voraus herzlich bedankt für ...

3 Прослу́шайте ле́ксику. (Реа́кция на про́сьбу и на благода́рность) *Hören Sie die neue Lexik zum Reagieren auf eine Bitte oder einen Dank.*

Пожа́луйста!	Bitte! Bitteschön!
Пожа́луйста, пожа́луйста!	Bitte, bitte! Aber ich bitte Sie!
Не́ за что!	Keine Ursache!
Не сто́ит!	Keine Ursache!
Не сто́ит благода́рности.	Das ist nicht der Rede wert.
Что́ вы, что́ вы, не сто́ит!	Aber ich bitte Sie, da müssen Sie sich doch nicht bedanken!

В обще́ственном тра́нспорте

4 Слу́шайте диало́ги. Повторя́йте ка́ждую ре́плику за ди́ктором. *Hören Sie sich die Dialoge an. Sprechen Sie jede einzelne Replik nach.*

- Бу́дьте добры́, переда́йте на биле́т!
  получи́в биле́т Спаси́бо!
- Не́ за что.

- Бу́дьте любе́зны, прокомпости́руйте / пробе́йте, пожа́луйста, биле́т!
  получи́в прокомпости́рованный биле́т Благодарю́ вас.
- Не сто́ит!

- Вы выхо́дите на Садо́вой?
- Нет, не выхожу́.
- Тогда́ разреши́те, пожа́луйста, пройти́!
- Пожа́луйста, пожа́луйста!

- Молодо́й челове́к, закро́йте, пожа́луйста, окно́!
  окно́ закры́то Спаси́бо!
- Пожа́луйста.

34 – Standarddialoge – Bitten und Danken

5 Слу́шайте диало́ги (4). Чита́йте ка́ждую ре́плику вме́сте с ди́ктором. Отраба́тывайте темп и интона́цию. *Hören Sie sich die benannten Dialoge nochmals an. Sprechen Sie jede einzelne Replik mit (Lesen Sie sie zusammen mit dem Sprecher). Üben Sie, bis Tempo und Intonation das Sprechermuster erreichen.*

6 Уча́ствуйте в диало́гах (4). *Übernehmen Sie die ausgesparten Gesprächsrepliken.*

- Бу́дьте добры́, переда́йте на биле́т! *получи́в биле́т* Спаси́бо!
- ▓▓▓.

- Бу́дьте любе́зны, прокомпости́руйте / пробе́йте, пожа́луйста, биле́т! *получи́в прокомпости́рованный биле́т* Благодарю́ вас.
- ▓▓▓!

- Вы выхо́дите на Садо́вой?
- ▓▓▓.

- Тогда́ разреши́те, пожа́луйста, пройти́!
- ▓▓▓!

- Молодо́й челове́к, закро́йте, пожа́луйста, окно́! *окно́ закры́то* Спаси́бо!
- ▓▓▓.

7 Уча́ствуйте в диало́гах (4). *Übernehmen Sie die ausgesparten Gesprächsrepliken.*

- ▓▓▓, ▓▓▓! *получи́в биле́т* ▓▓▓!
- Не́ за что.

- ▓▓▓, ▓▓▓! *получи́в прокомпости́рованный биле́т* ▓▓▓.
- Не сто́ит!

- ▓▓▓?
- Нет, не выхожу́.
- ▓▓▓.
- Пожа́луйста, пожа́луйста!

- ▓▓▓, ▓▓▓! *окно́ закры́то* ▓▓▓!
- Пожа́луйста.

8 Замени́те в сле́дующих диало́гах вы́деленные предложе́ния синоними́чными. *Ersetzen Sie in den folgenden Dialogen die hervorgehobenen Sätze durch synonyme.*

- Разреши́те узна́ть ваш а́дрес.
- У́лица Комаро́ва, дом 17, кварти́ра 64.

- Мо́жно я позвоню́ вам ве́чером?
- Звони́те. Я бу́ду до́ма по́сле семи́.
- Спаси́бо!

- Разреши́те узна́ть но́мер ва́шего телефо́на!
- Запи́сывайте: 337 - 154.
- Спаси́бо!

Standarddialoge – Bitten und Danken – 35

4 Слу́шайте диало́г. Повторя́йте ка́ждую ре́плику за ди́ктором. *Hören Sie sich den Dialog mehrfach an. Sprechen Sie jede einzelne Replik nach.*

Телефо́н

- Аня, где мо́жно купи́ть откры́тки с ви́дами Москвы́?
- В любо́м газе́тном кио́ске. Но са́мые краси́вые продаю́тся на Главпочта́мте.
- Прекра́сно! Сего́дня же съе́зжу туда́ за откры́тками и заодно́ позвоню́ домо́й.
- У тебя́ уже́ есть междунаро́дная телефо́нная ка́рта?
- Ещё нет. Мне ну́жно купи́ть и междунаро́дную телефо́нную ка́рту, и городску́ю. Тогда́ я смогу́ звони́ть, куда́ хочу́ и кому́ хочу́.

10 Чита́йте диало́г (9) вме́сте с ди́ктором. Отраба́тывайте темп и интона́цию. *Lesen Sie den benannten Dialog gemeinsam mit den Sprechern. Üben Sie, bis Tempo und Intonation das Sprechermuster erreichen.*

11 Вста́вьте про́пущенные бу́квы (9). *Ergänzen Sie die ausgelassenen Buchstaben.*

- Аня, где можно ▮упить ▮крытки с вид▮ Москв▮?
- В люб▮ газет▮ киос▮. Но сам▮ краси▮ продаю▮ на Главпочтам▮.
- Пр▮красно! Сегодня я ▮езжу туда за открыт▮ и ▮одно ▮звоню дом▮.
- У тебя уже есть международ▮ телефон▮ карта?
- Ещё нет. Мне нужно ▮упить и международ▮ телефон▮ карт▮, и город▮. Тогда я ▮могу звонить, ку▮ хочу и ко▮ хочу.

12 Вста́вьте про́пущенные слова́ (9). *Ergänzen Sie die ausgelassenen Wörter.*

- Аня, где можно купить открытки ▮ Москвы?
- В ▮ киоске. Но самые красивые ▮ на Главпочтамте.
- Прекрасно! Сегодня я ▮ туда ▮ открытками и ▮ домой.
- У тебя уже есть ▮ телефонная карта?
- Ещё нет. Мне нужно ▮ и ▮ телефонную карту, и ▮. Тогда я смогу ▮, куда хочу и ▮ хочу.

13 Уча́ствуйте в диало́ге (9). *Übernehmen Sie die ausgesparten Gesprächsrepliken.*

- Аня, где мо́жно купи́ть откры́тки с ви́дами Москвы́?
- ▮. ▮.
- Прекра́сно! Сего́дня же съе́зжу туда́ за откры́тками и заодно́ позвоню́ домо́й.
- ▮?
- Ещё нет. Мне ну́жно купи́ть и междунаро́дную телефо́нную ка́рту, и городску́ю. Тогда́ я смогу́ звони́ть, куда́ хочу́ и кому́ хочу́.

14 Уча́ствуйте в диало́ге (9). *Übernehmen Sie die ausgesparten Gesprächsrepliken.*

- ▮, ▮?
- В любо́м газе́тном кио́ске. Но са́мые краси́вые продаю́тся на Главпочта́мте.
- ▮! ▮.
- У тебя́ уже́ есть междунаро́дная телефо́нная ка́рта?
- ▮, ▮. ▮.

15 Слу́шайте диало́г. Повторя́йте ка́ждую ре́плику за ди́ктором. *Hören Sie sich den Dialog an. Sprechen Sie jede einzelne Replik nach.*

Tischreservierung – Разгово́р с администра́тором

- Бу́дьте любе́зны! Не могли́ бы вы заказа́ть на 7 ве́чера сто́лик на четырёх челове́к в "Славя́нском база́ре"?
- Да, коне́чно. На сего́дня?
- Да.
- На чьё и́мя?
- Моя́ фами́лия Крю́гер.
- Сейча́с позвоню́.
- Большо́е спаси́бо!
- Пожа́луйста.

16 Слу́шайте диало́г (15). Чита́йте ка́ждую ре́плику вме́сте с ди́ктором. Отраба́тывайте темп и интона́цию. *Hören Sie sich den benannten Dialog nochmals an. Sprechen Sie jede einzelne Replik mit (Lesen Sie sie zusammen mit dem Sprecher). Üben Sie, bis Tempo und Intonation das Sprechermuster erreichen.*

17 Уча́ствуйте в диало́ге (15). *Übernehmen Sie die ausgesparten Gesprächsrepliken.*

- Бу́дьте любе́зны! Не могли́ бы вы заказа́ть на 7 ве́чера сто́лик на четырёх челове́к в "Славя́нском база́ре"?
- ▓▓. ▓▓?
- Да.
- ▓▓?
- Моя́ фами́лия Крю́гер.
- ▓▓.
- Большо́е спаси́бо!
- ▓▓.

18 Уча́ствуйте в диало́ге (15). *Übernehmen Sie die ausgesparten Gesprächsrepliken.*

- ▓▓, ▓▓ ▓▓ ▓▓ в "Славя́нском база́ре"?
- Да, коне́чно. На сего́дня?
- ▓▓.
- На чьё и́мя?
- ▓▓.
- Сейча́с позвоню́.
- ▓▓!
- Пожа́луйста.

19 Прочита́йте диало́г. Отме́тьте слова́, кото́рых нет в диало́ге (15). *Lesen Sie den Dialog. Markieren Sie die Wörter, die im benannten Dialog fehlten.*

- Бу́дьте добры́! Закажи́те, пожа́луйста, на 7 ве́чера сто́лик на четверы́х в "Славя́нском база́ре".
- Да, коне́чно. На сего́дняшний ве́чер?
- На сего́дняшний.
- На ва́ше и́мя?
- На моё. Моя́ фами́лия Крю́гер.
- Сейча́с позвоню́.
- Благодарю́ вас!
- Не сто́ит!

20 Замени́те вы́деленные ва́ми слова́ (19) ле́ксикой из диало́га (15). *Ersetzen Sie die von Ihnen hervorgehobenen Wörter des oben stehenden Dialogs durch Lexik aus dem Ursprungsdialog.*

21 Слу́шайте диало́г. Повторя́йте ка́ждую ре́плику за ди́ктором. *Hören Sie sich den Dialog an. Sprechen Sie jede einzelne Replik nach.*

- А́лла, посове́туй мне, что подари́ть И́нге на день рожде́ния.
- А что она́ лю́бит?
- Не зна́ю!
- Подари́ коро́бку хоро́ших конфе́т. Конфе́ты все лю́бят.
- Спаси́бо! Я, наве́рно, так и сде́лаю.

22 Слу́шайте диало́г (21). Чита́йте ка́ждую ре́плику вме́сте с ди́ктором. Отраба́тывайте темп и интона́цию. *Hören Sie sich den benannten Dialog nochmals an. Sprechen Sie jede einzelne Replik mit (Lesen Sie sie zusammen mit dem Sprecher). Üben Sie, bis Tempo und Intonation das Sprechermuster erreichen.*

23 Уча́ствуйте в диало́ге (21). *Übernehmen Sie die ausgesparten Gesprächsrepliken.*

- А́лла, посове́туй мне, что подари́ть И́нге на день рожде́ния.
- ▓▓▓?
- Не зна́ю!
- ▓▓▓. ▓▓▓.
- Спаси́бо! Я, наве́рно, так и сде́лаю.

24 Уча́ствуйте в диало́ге (21). *Übernehmen Sie die ausgesparten Gesprächsrepliken.*

- ▓▓▓, ▓▓▓, ▓▓▓.
- А что она́ лю́бит?
- ▓▓▓!
- Подари́ коро́бку хоро́ших конфе́т. Конфе́ты все лю́бят.
- ▓▓▓! ▓▓▓.

25 Прочита́йте диало́г. Отме́тьте слова́, кото́рых нет в диало́ге (21). *Lesen Sie den Dialog. Markieren Sie die Wörter, die im benannten Dialog fehlten.*

- А́лла, скажи́ мне, что купи́ть И́нге на день рожде́ния.
- А что она́ предпочита́ет?
- Не име́ю представле́ния!
- Купи́ коро́бку шокола́дных конфе́т. Шокола́д все лю́бят.
- Спаси́бо! Я, коне́чно, так и поступлю́.

38 – Standarddialoge – Bitten und Danken

26 Замени́те вы́деленные ва́ми слова́ (25) ле́ксикой из диало́га (21). *Ersetzen Sie die von Ihnen hervorgehobenen Wörter des oben stehenden Dialogs durch Lexik aus dem Ursprungsdialog.*

27 Слу́шайте диало́г. Повторя́йте ка́ждую ре́плику за ди́ктором. *Hören Sie sich den Dialog an. Sprechen Sie jede einzelne Replik nach.*

- Даниэ́ль, мне сказа́ли, что вы улета́ете на Рождество́ в Ле́йпциг.
- Да.
- Не могли́ бы вы переда́ть фра́у Умбрайт фильм о Пятиго́рске? Я ду́маю, она́ бу́дет ра́да.
- Коне́чно, переда́м.
- Большо́е спаси́бо!
- Что вы, Еле́на Никола́евна, не сто́ит благода́рности.

28 Слу́шайте диало́г (27). Чита́йте ка́ждую ре́плику вме́сте с ди́ктором. Отраба́тывайте темп и интона́цию. *Hören Sie sich den benannten Dialog nochmals an. Sprechen Sie jede einzelne Replik mit (Lesen Sie sie zusammen mit dem Sprecher). Üben Sie, bis Tempo und Intonation das Sprechermuster erreichen.*

29 Уча́ствуйте в диало́ге (27). *Übernehmen Sie die ausgesparten Gesprächsrepliken.*

- Даниэ́ль, мне сказа́ли, что вы улета́ете на Рождество́ в Ле́йпциг.
- ▇.
- Не могли́ бы вы переда́ть фра́у Умбрайт фильм о Пятиго́рске? Я ду́маю, она́ бу́дет ра́да.
- ▇.
- Большо́е спаси́бо!
- ▇, ▇.

30 Уча́ствуйте в диало́ге (27). *Übernehmen Sie die ausgesparten Gesprächsrepliken.*

- ▇, ▇, ▇.
- Да.
- ▇ ▇? ▇, ▇.
- Коне́чно, переда́м.
- ▇!
- Что вы, Еле́на Никола́евна, не сто́ит благода́рности.

31 Прочита́йте диало́г. Отме́тьте слова́, кото́рых нет в диало́ге (27). *Lesen Sie den Dialog. Markieren Sie die Wörter, die im benannten Dialog fehlten.*

- Да́ниэль, я слы́шала, что вы уезжа́ете на Рождество́ в Ле́йпциг.
- Да.
- Бу́дьте добры́, переда́йте, пожа́луйста, фра́у Умбрайт фильм о Пятиго́рске. Я уве́рена, она́ бу́дет ра́да.
- С удово́льствием переда́м.
- Очень вам благода́рна!
- Что вы, Еле́на Никола́евна, не за что.

32 Замени́те вы́деленные ва́ми слова́ (31) ле́ксикой из диало́га (27). *Ersetzen Sie die von Ihnen hervorgehobenen Wörter des oben stehenden Dialogs durch Lexik aus dem Ursprungsdialog.*

3.7. (G) Einladung (Annahme und Ablehnung) – Приглашéние / предложéние (соглáсие и откáз)

1 Прослýшайте лéксику. (Приглашéние и предложéние) *Hören Sie die neue Lexik zu den Einladungen oder Aufforderungen.*

Разрешите пригласить вас ...	Darf ich Sie einladen ...
Мóжно пригласить вас ...	Darf ich / Dürfen wir / Darf man Sie einladen ...
Приглашáем всех ...	Wir laden alle ein ... / Wir fordern alle auf ...
Я хотéл/а бы пригласить вас ...	Ich würde Sie gern einladen ...
Я хочý пригласить тебя ...	Ich möchte dich einladen ...
Инга, приходите к нам зáвтра.	Inga, besuchen Sie uns doch morgen mal.
Володя, приходи к нам в суббóту.	Wolodja, besuch uns doch am Samstag mal.
Давáй / Давáйте ...	Lass uns doch / Lasst uns doch ...

2 Прослýшайте лéксику. (Соглáсие на приглашéние или предложéние) *Hören Sie die neue Lexik zu Zusagen auf Einladungen oder Aufforderungen.*

С удовóльствием!	Sehr gern!
Чудéсно!	Wunderbar! Prima! Klasse!
Прекрáсно!	Ausgezeichnet! Hervorragend! Super!
Хорошó!	Gut!
Лáдно!	Geht klar! Gemacht! Okay!
Договорились!	Abgemacht! / Okay!
Я не прóтив.	Ich habe nichts dagegen.
Я не возражáю.	Ich habe nichts einzuwenden.

3 Прослýшайте лéксику. (Откáз от приглашéния или предложéния) *Hören Sie die neue Lexik zur Ablehnung einer Einladung oder Aufforderung*

К сожалéнию, ...	Zu meinem Bedauern ... / Unglücklicherweise ...
Óчень жаль, но ...	Es tut mir sehr leid, aber ...
... я не могý.	... ich kann nicht. / ... ich bin verhindert.
... у меня нет врéмени.	... ich habe keine Zeit.
... я зáнят / занятá.	... ich habe zu tun.
... мне нéкогда.	... ich habe keine Zeit.

4 Слýшайте диалóги. Повторяйте кáждую рéплику за диктором. *Hören Sie sich die Dialoge an. Sprechen Sie jede einzelne Replik nach.*

- Разрешите пригласить вас зáвтра вéчером в ресторáн.
- Большóе спасибо!

- Я хочý пригласить тебя к нам на дáчу.
- Чудéсно! С удовóльствием поéду.
- Тогдá давáй встрéтимся зáвтра в 9 утрá вóзле седьмóй кáссы.
- Договорились!
- Тóлько не опáздывай!
- Ну что ты!

40 – Standarddialoge – Einladung (Absage und Zusage)

- Давайте пить чай!
- Прекрасно, давайте!

- Давай завтра пойдём на футбол!
- Я не против. Можно пойти.

- Приходи ко мне завтра вечером! Послушаем новые диски, поговорим ...
- Ладно, а когда?
- Часам к семи.
- Договорились!

- Линда, пойдём завтра на дискотеку!
- К сожалению, не могу.

5 Слушайте диалоги (4). Читайте каждую реплику вместе с диктором. Отрабатывайте темп и интонацию. *Hören Sie sich die benannten Dialoge nochmals an. Sprechen Sie jede einzelne Replik mit (Lesen Sie sie zusammen mit dem Sprecher). Üben Sie, bis Tempo und Intonation das Sprechermuster erreichen.*

6 Участвуйте в диалогах (4). *Übernehmen Sie die ausgesparten Gesprächsrepliken.*

- Разрешите пригласить вас завтра вечером в ресторан.
- ░░░!

- Я хочу пригласить тебя к нам на дачу.
- ░░░! ░░░.

- Тогда давай встретимся завтра в 9 утра возле седьмой кассы.
- ░░░!
- Только не опаздывай!
- ░░░!

- Давайте пить чай!
- ░░░!

- Давай завтра пойдём на футбол!
- ░░░. ░░░.

- Приходи ко мне завтра вечером! Послушаем новые диски, поговорим ...
- ░░░?
- Часам к семи.
- ░░░!

- Линда, пойдём завтра на дискотеку!
- ░░░.

Standarddialoge – Einladung (Absage und Zusage) – 41

7 Участвуйте в диало́гах (4). *Übernehmen Sie die ausgesparten Gesprächsrepliken.*

- ▣ ▓▓ ▓▓.
- ▣ Большо́е спаси́бо!

- ▣ ▓▓ ▓▓.
- ▣ Чуде́сно! С удово́льствием пое́ду.

- ▣ ▓▓ ▓▓ ▓▓.
- ▣ Договори́лись!

- ▣ ▓▓!
- ▣ Ну что́ ты!

- ▣ ▓▓!
- ▣ Прекра́сно, дава́йте!

- ▣ ▓▓!
- ▣ Я не про́тив. Мо́жно пойти́.

- ▣ ▓▓! ▓▓, ▓▓ ...
- ▣ Ла́дно, а когда́?

- ▣ ▓▓.
- ▣ Договори́лись!

- ▣ ▓▓, ▓▓!
- ▣ К сожале́нию, не могу́.

8 Допо́лните диало́ги ре́пликами, выража́ющими приглаше́ние, положи́тельную реа́кцию на приглаше́ние и / и́ли благода́рность. *Ergänzen Sie die Dialoge durch Repliken, die eine Aufforderung / Einladung, eine Zustimmung zu einer solchen Aufforderung / Einladung und / oder den Dank dafür zum Ausdruck bringen.*

- ▣ Еле́на Ви́кторовна, мне говори́ли, что вы лю́бите опере́тту.
- ▣ Очень люблю́!
- ▣ ▓▓ на "Прекра́сную Еле́ну" в воскресе́нье ве́чером.
- ▣ ▓▓! ▓▓! ▓▓!

- ▣ Илья́, ▓▓. В пя́тницу в семь ве́чера у нас собира́ются ста́рые друзья́. ▓▓. Я хочу́ познако́мить тебя́ с ни́ми.
- ▣ ▓▓! ▓▓. ▓▓.

- ▣ В це́нтре ря́дом с Ра́тушей есть отли́чная дискоте́ка. ▓▓ схо́дим, потанцу́ем, му́зыку послу́шаем!
- ▣ ▓▓! Когда́ и где встре́тимся?
- ▣ В де́сять у Ра́туши.

9 Откажи́тесь от приглаше́ния и вы́разите своё сожале́ние. *Lehnen Sie eine Einladung ab und bringen Sie Ihr Bedauern darüber zum Ausdruck, dass Sie sie nicht wahrnehmen können.*

- ▣ В воскресе́нье у́тром в конце́ртном за́ле выступа́ет ирла́ндская рок-гру́ппа. Дава́й схо́дим!
- ▣ ▓▓. Я обеща́л И́нге пое́хать с ней на да́чу.

- ▣ Хо́чешь сего́дня ве́чером посмотре́ть прекра́сный фильм?
- ▣ ▓▓, но сего́дня ▓▓.

3.8. (H) Glückwünsche – Поздравле́ния и пожела́ния

1 Прослу́шайте ле́ксику. *Hören Sie die neue Lexik.*

Разреши́те поздра́вить вас с днём рожде́ния.	Herzlichen Glückwunsch zum Geburtstag!
От всего́ се́рдца поздравля́ем вас с днём рожде́ния.	Von ganzem Herzen gratulieren wir Ihnen zum Geburtstag.
От всей души́ поздравля́ем вас с днём рожде́ния.	Aus tiefstem Herzen gratulieren wir Ihnen zum Geburtstag.
Серде́чно поздравля́ем вас с днём рожде́ния.	Herzlich gratulieren wir Ihnen zum Geburtstag.
Жела́ем вам ...	Wir wünschen Ihnen ...
Жела́ю тебе́ ...	Ich wünsche dir ...
От всей души́ жела́ем вам ...	Von ganzem Herzen wünschen wir Ihnen ...
Пусть ...	Möge / Mögen / Auf dass ...
С пра́здником!	Herzlichen Glückwunsch zum Feiertag!
С наступа́ющим пра́здником!	Frohes Fest! / Frohe Festtage!
С Но́вым го́дом!	Glückliches Neues Jahr!
С Но́вым го́дом! С но́вым сча́стьем!	Viel Glück im Neuen Jahr! Prosit Neujahr!
С наступа́ющим Но́вым го́дом!	Alles Gute im Neuen Jahr! Guten Rutsch!

2 Слу́шайте диало́ги. Повторя́йте ка́ждую ре́плику за ди́ктором. *Hören Sie sich die Dialoge an. Sprechen Sie jede einzelne Replik nach.*

- Разреши́те поздра́вить вас с юбиле́ем!
- Спаси́бо!
- Жела́ю вам сча́стья, здоро́вья, успе́хов в рабо́те!
- Большо́е спаси́бо!

- Ната́шенька! Поздравля́ю тебя́ с днём рожде́ния! Пусть тебе́ всегда́ и во всём везёт!
- Спаси́бо, Ка́рин! Большо́е спаси́бо!

- С наступа́ющим Но́вым го́дом!
- Спаси́бо, и вас!

- С пра́здником!
- И вас с пра́здником!

3 Слу́шайте диало́ги (2). Чита́йте ка́ждую ре́плику вме́сте с ди́ктором. Отраба́тывайте темп и интона́цию. *Hören Sie sich die benannten Dialoge nochmals an. Sprechen Sie jede einzelne Replik mit (Lesen Sie sie zusammen mit dem Sprecher). Üben Sie, bis Tempo und Intonation das Sprechermuster erreichen.*

Standarddialoge – Glückwünsche – 43

4 Уча́ствуйте в диало́гах (2). *Übernehmen Sie die ausgesparten Gesprächsrepliken.*

— Разреши́те поздра́вить вас с юбиле́ем!
— ▓!
— Жела́ю вам сча́стья, здоро́вья, успе́хов в рабо́те!
— ▓!

— Ната́шенька! Поздравля́ю тебя́ с днём рожде́ния! Пусть тебе́ всегда́ и во всём везёт!
— ▓! ▓!

— С наступа́ющим Но́вым го́дом!
— ▓!

— С пра́здником!
— ▓!

5 Уча́ствуйте в диало́гах (2). *Übernehmen Sie die ausgesparten Gesprächsrepliken.*

— ▓ ▓!
— Спаси́бо!
— ▓, ▓, ▓!
— Большо́е спаси́бо!

— ▓! ▓! ▓!
— Спаси́бо, Ка́рин! Большо́е спаси́бо!

— ▓!
— Спаси́бо, и вас!

— ▓!
— И вас с пра́здником!

6 Поздра́вьте колле́гу, знако́мого, кото́рый / знако́мую, кото́рая значи́тельно ста́рше вас,
  а) с днём рожде́ния
  б) с награ́дой
  в) с рожде́нием вну́ка / вну́чки
  г) с наступа́ющим пра́здником *Gratulieren Sie einem Kollegen / einer Kollegin / einem / einer Bekannten, der / die deutlich älter ist als Sie, zum Geburtstag; zur Auszeichnung; zur Geburt eines Enkelkindes; zum bevorstehenden Feiertag (wie das in Russland üblich ist)*
и пожела́йте ему́ / ей того́, чего́ при́нято жела́ть по тако́му слу́чаю (всего́ са́мого хоро́шего, сча́стья, здоро́вья, до́лгих лет жи́зни, успе́ха, успе́хов в рабо́те, дальне́йших успе́хов в рабо́те). Испо́льзуйте сле́дующие обраще́ния: уважа́емый / уважа́емая ..., дорого́й / дорога́я ... . *und wünschen Sie ihm oder ihr all das, was aus solchem Anlass gewünscht wird: alles Gute, Glück, Gesundheit, ein langes Leben, Erfolg / Erfolge in der Arbeit, weiter viel Erfolg in der Arbeit. Nutzen Sie die folgenden Anredeformen: verehrter / verehrte, lieber / liebe ...*

3.9. (I) Trinksprüche – Тосты

1 Прослу́шайте ле́ксику. *Hören Sie die neue Lexik.*

Разреши́те предложи́ть тост за вас.	Ich erhebe mein Glas auf ... / Ich bitte Sie, mit mir zu trinken auf Sie.
Предлага́ю тост за вас.	Ich erhebe mein Glas auf ... / Ich bitte Sie, mit mir zu trinken auf Sie.
Я хоте́л/а бы предложи́ть тост за вас.	Ich bitte Sie, mit mir das Glas zu erheben auf Sie.
Я хочу́ предложи́ть тост за вас.	Bitte stoßen Sie mit mir an auf Sie.
Дава́йте подни́мем бока́лы за нас.	Erheben wir das Glas auf uns.
Дава́йте вы́пьем за нас.	Trinken wir auf uns.

2 Слу́шайте то́сты. Повторя́йте их за ди́ктором. *Hören Sie sich die Trinksprüche an. Sprechen Sie jeden Toast nach.*

- Да́мы и господа́! Разреши́те предложи́ть тост за успе́х на́шего совме́стного предприя́тия.

- Дороги́е друзья́! Предлага́ю тост за молодожёнов. Пусть в их жи́зни бу́дет мно́го ра́дости и сча́стья!

- Дороги́е мои́! Дава́йте вы́пьем за на́шу Ве́ру Ива́новну! За её золоты́е ру́ки и золото́е се́рдце!

- Дава́йте подни́мем бока́лы и вы́пьем за Но́вый год! Пусть он бу́дет счастли́вым для нас всех! С Но́вым го́дом! С но́вым сча́стьем!

3 Слу́шайте то́сты (2). Чита́йте ка́ждый из них вме́сте с ди́ктором. Отраба́тывайте темп и интона́цию. *Hören Sie sich die benannten Trinksprüche nochmals an. Sprechen Sie jeden Trinkspruch einzeln mit (Lesen Sie jeden einzelnen zusammen mit dem Sprecher. Üben Sie, bis Tempo und Intonation das Sprechermuster erreichen.*

4 Замени́те вы́деленные выраже́ния синоними́чными. *Ersetzen Sie die hervorgehobenen Ausdrücke durch synonyme.*

- Да́мы и господа́! Разреши́те предложи́ть тост за успе́х на́шего совме́стного предприя́тия.

- Дороги́е друзья́! Предлага́ю тост за молодожёнов. Пусть в их жи́зни бу́дет мно́го ра́дости и сча́стья!

- Дороги́е мои́! Дава́йте вы́пьем за на́шу Ве́ру Ива́новну! За её золоты́е ру́ки и золото́е се́рдце!

4. Dialogmodul – komplexe Anwendung

4.1. In der Stadt – В го́роде

4.1.1. (A) Erkundigungen nach dem Weg – Ориента́ция в го́роде

1 Слу́шайте диало́г не́сколько раз. Повторя́йте ка́ждую ре́плику за ди́ктором. *Hören Sie sich den Dialog mehrfach an. Sprechen Sie jede einzelne Replik nach.*
- Извини́те, где здесь метро́?
- А куда́ вам на́до?
- В Лужники́.
- В Лужники́ действи́тельно лу́чше е́хать на метро́. Ви́дите остано́вку напро́тив?
- Где? Спра́ва? Ви́жу.
- Сади́тесь на любо́й авто́бус и́ли тролле́йбус. До метро́ на́до е́хать три и́ли да́же четы́ре остано́вки... Где лу́чше вы́йти? ... Е́сли на тре́тьей, на́до пройти́ немно́го вперёд, е́сли на четвёртой, – верну́ться наза́д.
- Большо́е спаси́бо. А где перехо́д?
- Ря́дом! Ви́дите на́дпись "Подзе́мный перехо́д"?
- Ах, там? Ещё раз большо́е спаси́бо.

2 Чита́йте диало́г (1) вме́сте с ди́ктором. Отраба́тывайте темп и интона́цию. *Lesen Sie den benannten Dialog gemeinsam mit den Sprechern. Üben Sie, bis Tempo und Intonation das Sprechermuster erreichen.*

3 Вста́вьте пропу́щенные слова́ (1). *Ergänzen Sie die ausgelassenen Wörter.*
- Извини́те, ▨ здесь метро́?
- А ▨ вам ▨?
- ▨ Лужники́.
- В Лужники́ действи́тельно ▨ на метро́. Ви́дите остано́вку ▨?
- Где? ▨? Ви́жу.
- ▨ любо́й авто́бус и́ли тролле́йбус. ▨ на́до ▨ три и́ли да́же четы́ре остано́вки ... ▨ лу́чше ▨? ... Е́сли на тре́тьей, на́до ▨ немно́го ▨, е́сли на четвёртой, – ▨.
- Большо́е спаси́бо. А где ▨?
- ▨! Ви́дите на́дпись "▨"?
- Ах, ▨? Ещё раз большо́е спаси́бо.

4 Уча́ствуйте в диало́ге (1). *Übernehmen Sie die ausgesparten Gesprächsrepliken.*
- Извини́те, где здесь метро́?
- ▨?
- В Лужники́.
- ▨ ▨?
- Где? Спра́ва? Ви́жу.
- ▨. ▨ ... ▨? ... ▨, ▨, – ▨.
- Большо́е спаси́бо. А где перехо́д?
- ▨! "▨"?
- Ах, там? Ещё раз большо́е спаси́бо.

46 – Komplexdialoge – Orientierung in der Stadt

5 Участвуйте в диалоге (**1**). *Übernehmen Sie die ausgesparten Gesprächsrepliken.*

- ▪ ▨▨, ▨▨?
- ▪ А куда вам надо?
- ▪ ▨▨.
- ▪ В Лужники действительно лучше ехать на метро. Видите остановку напротив?
- ▪ ▨▨? ▨▨? ▨▨.
- ▪ Садитесь на любой автобус или троллейбус. До метро надо ехать три или даже четыре остановки... Где лучше выйти? ... Если на третьей, надо пройти немного вперёд, если на четвёртой, – вернуться назад.
- ▪ ▨▨. ▨▨?
- ▪ Рядом! Видите надпись "Подземный переход"?
- ▪ ▨▨? ▨▨ ▨▨.

6 Выучите диалог (**1**) наизусть. *Lernen Sie den benannten Dialog auswendig.*

7 Слушайте диалог несколько раз. Повторяйте каждую реплику за диктором. *Hören Sie sich den Dialog mehrfach an. Sprechen Sie jede einzelne Replik nach.*

- ▪ Извините, пожалуйста! Я, кажется, немного заблудился. Вы не подскажете, где здесь ближайшая станция метро?
- ▪ О, это довольно далеко ... А куда вам надо?
- ▪ В Лужники.
- ▪ В Лужники действительно лучше ехать на метро. Видите остановку на той стороне?
- ▪ Где? Справа? Вижу.
- ▪ Садитесь на любой автобус или троллейбус. До метро вам надо проехать три остановки, можно даже четыре ... Где лучше выйти? ... Точно не могу сказать ... Если выйдете на третьей, придётся пройти немного вперёд, если на четвёртой, – вернуться назад.
- ▪ Большое спасибо. А где здесь переход?
- ▪ Да вот же, рядом! Видите надпись "Подземный переход"?
- ▪ Ах, там? Я и не заметил! Ещё раз большое спасибо.

8 Читайте диалог (**7**) вместе с диктором. Отрабатывайте темп и интонацию. *Lesen Sie den benannten Dialog gemeinsam mit den Sprechern. Üben Sie, bis Tempo und Intonation das Sprechermuster erreichen.*

9 Вставьте пропущенные буквы (**7**). *Ergänzen Sie die ausgelassenen Buchstaben.*

- ▪ Извин▨, пожал▨!Я, каж▨, ▨много заблуд▨. Вы ▨ скажете, где здесь ближ▨ стан▨ метро?
- ▪ О, это довол▨ дал▨ ... А куда вам над▨?
- ▪ В Лу▨ ники.
- ▪ В Лужник▨ действите▨ лу▨е ехать на метро. Вид▨ ▨становку на той сторо▨?
- ▪ Где? Справ▨ ?? Виж▨
- ▪ Сади▨ на л▨бой автобус или тро▨ейбус. До метр▨ вам над▨ ехать три остано▨, можн▨ да▨ чет▨ре ... Где лу▨е ▨йти? ... Точ▨ ▨ могу ска▨ать ... Если вый▨ на тре▨, ▨дётся ▨йти ▨много ▨перёд, если на четвёрт▨, – верн▨ наза▨.
- ▪ Бо▨ое ▨асибо. А где зде▨ ▨ход?
- ▪ Да вот же, ряд▨! Види▨ надпись "▨емный ▨ход"?
- ▪ Ах, там? Я и ▨ заметил! Е▨ё раз бо▨шое спасибо.

Komplexdialoge – Orientierung in der Stadt – 47

10 Вставьте пропущенные слова (7). Если нужна помощь, слушайте звучащий текст. *Ergänzen Sie die ausgelassenen Wörter. Sollten Sie Hilfe benötigen, hören Sie sich den Text noch einmal an.*

- Извините, ▓! Я, ▓, немного ▓. Вы ▓, где здесь ▓ станция метро?
- О, это довольно ▓ ... А ▓ вам надо?
- В Лужники́.
- В Лужники ▓ ехать ▓ метро. Видите ▓ на той стороне?
- Где? ▓? Вижу.
- Садитесь ▓ ▓ автобус или троллейбус. ▓ метро ▓ надо проехать три ▓, можно даже четыре ... Где лучше ▓? ... ▓ не могу ▓ ... Если ▓ третьей, ▓ пройти немного ▓, если ▓ четвёртой, – вернуться ▓.
- Большое спасибо. А где здесь ▓?
- Да вот же, ▓! Видите надпись "▓"?
- Ах, там? Я и не ▓! ▓ большое спасибо.

11 Отме́тьте слова́, словосочета́ния и́ли предложе́ния, кото́рых не́ было в диало́ге (**1**). Е́сли вы пло́хо по́мните диало́г (**1**), то снача́ла прослу́шайте его́. *Markieren Sie die Wörter, Wortverbindungen oder Sätze, die im benannten Dialog fehlten. Wenn Sie sich an den benannten Dialog nicht mehr genau erinnern, hören Sie ihn sich vorher noch einmal an.*

- Извини́те, пожа́луйста! Я, ка́жется, немно́го заблуди́лся. Вы не подска́жете, где здесь ближа́йшая ста́нция метро́?
- О, э́то дово́льно далеко́ ... А куда́ вам на́до?
- В Лужники́.
- В Лужники́ действи́тельно лу́чше е́хать на метро́. Ви́дите остано́вку на той стороне́?
- Где? Спра́ва? Ви́жу.
- Сади́тесь на любо́й авто́бус и́ли тролле́йбус. До метро́ вам на́до прое́хать три остано́вки, мо́жно да́же четы́ре ... Где лу́чше вы́йти? ... То́чно не могу́ сказа́ть ... Е́сли вы́йдете на тре́тьей, придётся пройти́ немно́го вперёд, е́сли на четвёртой, – верну́ться наза́д.
- Большо́е спаси́бо. А где здесь перехо́д?
- Да вот же, ря́дом! Ви́дите на́дпись "Подзе́мный перехо́д"?
- Ах, там? Я и не заме́тил! Ещё раз большо́е спаси́бо.

12 Участвуйте в диалоге (7). *Übernehmen Sie die ausgesparten Gesprächsrepliken.*

- Извините, пожалуйста! Я, кажется, немного заблудился. Вы не подскажете, где здесь ближайшая станция метро?
- ▓, ▓ ... ▓?
- В Лужники.
- ▓ ▓ ▓ ▓ ▓. ▓?
- Где? Справа? Вижу.
- ▓ ▓ ▓. ▓ ▓, ▓ ... ? ... ▓ ... ▓, ▓, ▓, – ▓.
- Большое спасибо. А где здесь переход?
- ▓, ▓! ▓ "▓"?
- Ах, там? Я и не заметил! Ещё раз большое спасибо.

48 – Komplexdialoge – Orientierung in der Stadt

13 Участвуйте в диалоге (**7**). *Übernehmen Sie die ausgesparten Gesprächsrepliken.*

– ▨, ▨! ▨, ▨, ▨. ▨, ▨?
– О, это довольно далеко ... А куда вам надо?
– ▨.
– В Лужники действительно лучше ехать на метро. Видите остановку на той стороне?
– ▨? ▨? ▨.
– Садитесь на любой автобус или троллейбус. До метро вам надо проехать три остановки, можно даже четыре ... Где лучше выйти? ... Точно не могу сказать ... Если выйдете на третьей, придётся пройти немного вперёд, если на четвёртой, – вернуться назад.
– ▨. ▨?
– Да вот же, рядом! Видите надпись "Подземный переход"?
– ▨? ▨! ▨.

14 Слушайте диалог несколько раз. Повторяйте каждую реплику за диктором. *Hören Sie sich den Dialog mehrfach an. Sprechen Sie jede einzelne Replik nach.*

– Простите, пожалуйста! Мне кажется, что я немного заблудился. Будьте добры, скажите, пожалуйста, где здесь ближайшая станция метро?
– О, это достаточно далеко ... А куда вы хотите?
– В Лужники.
– Туда на самом деле быстрее всего можно доехать на метро. Видите остановку на противоположной стороне?
– Где? Справа? Вижу.
– Чтобы добраться до метро, вам надо сесть на любой автобус или троллейбус и ехать три остановки, можно даже четыре ... Где лучше сойти? ... Точно не скажу ... Если сойдёте на третьей, надо будет пройти немного вперёд, если на четвёртой, – вернуться назад.
– Благодарю вас! А где здесь переход?
– Да вот же, в двух шагах от нас! Видите, там написано "Подземный переход"?
– Ах, там? Я не обратил внимания! Очень вам благодарен!

15 Читайте диалог (**14**) вместе с диктором. Отрабатывайте темп и интонацию. *Lesen Sie den Dialog gemeinsam mit den Sprechern. Üben Sie so lange, bis Tempo und Intonation das Sprechermuster erreichen.*

16 Вставьте пропущенные буквы (**14**). *Ergänzen Sie die ausgelassenen Buchstaben.*

– Пр▨стите, п▨жалуйста! Мне каж▨тся, что я н▨много з▨блудился. Бу▨е д▨бры, скаж▨те, пожал▨ста, где ▨есь бли▨шая станц▨я метро?
– О, эт▨ д▨статочно дал▨ко ... А куда вы хоти▨?
– В Лу▨ники.
– Туда на сам▨м деле б▨стрее вс▨го можн▨ д▨ехать на метро. Види▨ ▨становку на противополо▨ной ст▨роне?
– Где? Справ▨? Ви▨у.
– ▨тобы д▨браться до метро, вам надо ▨есть на люб▨▨ а▨тобус или тр▨ллейбус и ехать три ▨становки, мож▨ даже ч▨тыре ... Где лу▨е ▨ойти? ... Точн▨ не скаж▨ ... Если с▨йдёте на трет▨, надо будет пр▨йти н▨много ▨перёд, если на ч▨твёртой, – в▨рнуться на▨ад.
– Бл▨дарю вас! А где ▨десь п▨ход?
– Да вот же, в дв▨ ▨шаг▨ от на▨! Види▨, там напис▨▨ "П▨емный п▨ход"?
– Ах, там? Я не ▨братил ▨нимания! Оч▨нь ва▨ благ▨дарен!

17 Вставьте пропущенные слова (**14**). *Ergänzen Sie die ausgelassenen Wörter.*

— ....., пожалуйста! ..... кажется, что я ..... заблудился. ....., скажите, пожалуйста, где здесь ближайшая .....?
— О, это ..... далеко ... А куда вы .....?
— В Лужники.
— Туда ..... можно ..... на метро. Видите ..... на противоположной стороне?
— Где? Справа? ......
— Чтобы ..... до метро, ... надо ..... любой автобус или ..... и ..... три ....., можно даже четыре ... Где лучше .....? ... Точно не .... Если ..... на третьей, надо будет ..... немного вперёд, если на четвёртой, — ..... назад.
— Благодарю .....! ..... где здесь переход?
— Да вот же, ... от нас! Видите, там ..... "Подземный переход"?
— Ах, там? Я не .....! Очень ..... благодарен!

18 Замените выделенные слова и предложения (**14**) синонимичными из диалога (**7**). *Ersetzen Sie die hervorgehobenen Wörter und Sätze durch synonyme aus dem benannten Dialog.*

— Простите, пожалуйста! Мне кажется, что я немного заблудился. Будьте добры, скажите, пожалуйста, где здесь ближайшая станция метро?
— О, это достаточно далеко ... А куда вы хотите?
— В Лужники.
— Туда на самом деле быстрее всего можно доехать на метро. Видите остановку на противоположной стороне?
— Где? Справа? Вижу.
— Чтобы добраться до метро, вам надо сесть на любой автобус или троллейбус и ехать три остановки, можно даже четыре ... Где лучше сойти? ... Точно не скажу ... Если сойдёте на третьей, надо будет пройти немного вперёд, если на четвёртой, — вернуться назад.
— Благодарю вас. А где здесь переход?
— Да вот же, в двух шагах от нас! Видите надпись "Подземный переход"?
— Ах, там? Я не обратил внимания! Очень вам благодарен.

19 Прослушайте следующие диалоги и скажите, чем они отличаются. *Hören Sie sich die folgenden Dialoge an und stellen Sie fest, worin sie sich unterscheiden.*

— Извините, где здесь аптека?
— Аптека? На углу есть аптечный киоск.
— Спасибо.
— Не за что.

— Извините, вы не знаете, где здесь поблизости аптека?
— Аптека? Нет, не знаю. *показывает* Вот там на углу есть аптечный киоск.
— Спасибо.
— Не за что.

20 Прослу́шайте сле́дующие диало́ги. Сравни́те отве́ты на за́данный вопро́с. *Hören Sie die folgenden Dialoge. Vergleichen Sie, wie die jeweils gestellte Frage beantwortet wird.*

- Вы не ска́жете, как пройти́ к Центра́льной театра́льной ка́ссе?
- По э́той стороне́ до перекрёстка, там нале́во, и че́рез два кварта́ла вы её са́ми уви́дите.
- Спаси́бо.
- Пожа́луйста.

- Скажи́те, пожа́луйста, как пройти́ к Центра́льной театра́льной ка́ссе?
- Иди́те по э́той стороне́ пря́мо до перекрёстка, пото́м поверни́те нале́во, пройди́те два кварта́ла, а там вы её са́ми уви́дите.
- Спаси́бо.
- Пожа́луйста.

21 Запо́мните. Обрати́те внима́ние на употребле́ние соверше́нного ви́да. *Merken Sie sich nachfolgende Regel. Achten Sie auf den Gebrauch des perfektiven Aspekts.*

На вопро́сы **как пройти́ к...?, как дойти́ до...?, как дое́хать до...?, как добра́ться до...?** мо́жно отве́тить и так:

Вам / Тебе́ на́до дойти́ до перекрёстка, *там* поверну́ть нале́во, пройти́ два кварта́ла, сесть на ..., прое́хать три остано́вки, перейти́ на другу́ю сто́рону и ...

22 В ка́ждом го́роде есть вокза́л, по́чта, банк, сберка́сса, стадио́н, музе́й, библиоте́ка, теа́тр, кинотеа́тр, парк, рестора́н, кафе́-моро́женое, кни́жный магази́н, универма́г, суперма́ркет. Предста́вьте себе́, что, наприме́р, во́зле по́чты к вам обрати́лся прохо́жий и спроси́л: *Скажи́те, пожа́луйста, как пройти́ к музе́ю / как дойти́ до музе́я?* Объясни́те ему́, как туда́ добра́ться. *Bahnhof, Post, Bank, Sparkasse, Stadion, Museum, Bücherei, Theater, Kino, Park, Restaurant, Milchbar, Buchladen, Kaufhaus und Supermarkt finden sich in jeder Stadt. Stellen Sie sich vor, dass Sie beispielsweise an der Post ein Passant anspricht und fragt: "Wie komme ich zum Museum?" Erklären Sie ihm, wie er dorthin gelangt.*

ле́ксика:	дойти́	до угла́, до перекрёстка, до сле́дующей у́лицы, до подзе́много перехо́да, до авто́бусной остано́вки
	перейти́	(че́рез) у́лицу, на другу́ю сто́рону
	сесть	на трамва́й, на тролле́йбус, на авто́бус
	прое́хать две, три, ... остано́вки	
	дое́хать до ... и пересе́сть на ...	
	вы́йти на тре́тьей, четвёртой ... остано́вке	
	пройти́ вперёд / верну́ться наза́д	
	поверну́ть	нале́во, напра́во
маршру́ты:	вокза́л	- универма́г
	универма́г	- банк
	теа́тр	- суперма́ркет
	кни́жный магази́н	- стадио́н
	парк	- музе́й
	по́чта	- кни́жный магази́н
	библиоте́ка	- кафе́-моро́женое
	кинотеа́тр	- сберка́сса

4.1.2. (B) Am Zeitungsstand – У газе́тного кио́ска

1 Слу́шайте диало́г не́сколько раз. Повторя́йте ка́ждую ре́плику за ди́ктором. *Hören Sie sich den Dialog mehrfach an. Sprechen Sie jede einzelne Replik nach.*

– У вас есть неме́цкие газе́ты?
– Нет, у нас зарубе́жной пре́ссы нет, то́лько росси́йская.
– А где мо́жно купи́ть газе́ты и журна́лы на иностра́нных языка́х?
– В гости́ницах, в больши́х кни́жных магази́нах. В газе́тных кио́сках в це́нтре. На ру́сском ничего́ не возьмёте? Вы же прекра́сно говори́те по-ру́сски!
– Да? Спаси́бо за комплиме́нт! Что вы мне порекоменду́ете из росси́йских газе́т?
– Возьми́те "Аргуме́нты и фа́кты". Вот сего́дняшняя "Комсомо́льская пра́вда". Её сейча́с все чита́ют. Очень интере́сная газе́та!
– Хорошо́. Да́йте мне, пожа́луйста, о́бе газе́ты. Ско́лько с меня́?
– 13 рубле́й.
– Спаси́бо .
– И вам спаси́бо.

2 Чита́йте диало́г (**1**) вме́сте с ди́ктором. Отраба́тывайте темп и интона́цию. *Lesen Sie den benannten Dialog gemeinsam mit den Sprechern. Üben Sie, bis Tempo und Intonation das Sprechermuster erreichen.*

3 Вста́вьте пропу́щенные бу́квы (**1**). *Ergänzen Sie die ausgelassenen Buchstaben.*

– У вас есть немецк▓ газет▓?
– Нет, у нас зарубежн▓ пресс▓ нет, только рос▓ая.
– А где можно купить газет▓ и журнал▓ на иностранн▓ язык▓?
– В гостиниц▓, в больш▓ книжн▓ магазин▓. В газетн▓ киоск▓ в цент▓. На рус▓ ничего не во▓мёте? Вы же ▓красно говорите по-ру▓!
– Да? Спасибо за комплимент! Что вы мне порекомен▓те из российск▓ газ▓?
– Во▓ите "Аргументы и факты". Вот сегодня▓ "Комсом▓ская правда". Её сейчас все читают. Очень интерес▓ газета!
– Хорошо. Д▓те мне, пожал▓та, обе газеты. Скольк▓ с меня?
– 13 рубл▓.
– ▓асибо.
– И ва▓ спасибо.

4 Вста́вьте пропу́щенные предло́ги (**1**). *Ergänzen Sie die ausgelassenen Präpositionen.*

– У вас есть немецкие газеты?
– Нет, у нас зарубежной прессы нет, только российская.
– А где можно купить газеты и журналы ▓ иностранных языках?
– ▓ гостиницах, ▓ больших книжных магазинах. ▓ газетных киосках ▓ центре. ▓ русском языке ничего не возьмёте? Вы же прекрасно говорите по-русски!
– Да? Спасибо ▓ комплимент! Что вы мне порекомендуете ▓ российских газет?
– Возьмите "Аргументы и факты". Вот сегодняшняя "Комсомольская правда". Её сейчас все читают. Очень интересная газета!
– Хорошо. Дайте мне, пожалуйста, обе газеты. Сколько ▓ меня?
– 13 рублей.
– Спасибо .
– И вам спасибо.

5 В гости́нице, где живу́т тури́сты из ра́зных стран, есть газе́тный кио́ск. К кио́ску подошёл **не́мец** (австри́ец, англича́нин, болга́рин, испа́нец, италья́нец, поля́к, португа́лец, чех), и ка́ждый купи́л газе́ту той страны́, из кото́рой он прие́хал. Тури́ст из **Герма́нии** спроси́л:

❑ У вас есть **неме́цкие** газе́ты?

❑ У вас есть газе́ты на **неме́цком** языке́?

Како́й вопро́с / Каки́е вопро́сы за́дал тури́ст *In einem Hotel, das Touristen aus aller Herren Länder beherbergt, gibt es auch einen Zeitungskiosk. Zu diesem Kiosk kommt nun ein Deutscher (ein Österreicher, Engländer, Bulgare, Spanier, Italiener, Pole, Portugiese und Tscheche), und jeder kauft die Zeitung seines Herkunftslandes. (wörtlich: ... kam ... und kaufte ...). Der Tourist aus Deutschland fragte: "Haben Sie deutsche Zeitungen? Haben Sie Zeitungen in / auf Deutsch?" Welche Frage stellte nun ein Tourist ...* из **А́встрии**, из **А́нглии**, из **Болга́рии**, из **Испа́нии**, из **Ита́лии**, из **По́льши**, из **Португа́лии**, из **Че́хии**?

6 Не́мцы говоря́т, пи́шут и чита́ют **по-неме́цки**. **Неме́цкий** – их родно́й язы́к. Сде́лайте аналоги́чное сообще́ние об австри́йцах, англича́нах, болга́рах, испа́нцах, италья́нцах, поля́ках, че́хах, португа́льцах. *Die Deutschen sprechen, schreiben und lesen deutsch. Deutsch ist ihre Muttersprache. Treffen Sie analoge Feststellungen zu den Österreichern, Engländern, Bulgaren, Spaniern, Italienern, Polen, Tschechen und Portugiesen.*

7 Зна́ете ли вы росси́йскую перио́дику? Пе́ред ва́ми спи́сок росси́йских газе́т и журна́лов. Отме́тьте назва́ния газе́т. *Kennen Sie sich auf dem russischen Zeitungs- und Zeitschriftenmarkt aus? Sie sehen eine Liste in Russland erscheinender Zeitungen und Zeitschriften vor sich. Markieren Sie alle Zeitungen.*

"Аргуме́нты и фа́кты", "Изве́стия", "Коммерса́нтъ", "Комсомо́льская пра́вда", "Крокоди́л", "Моско́вский комсомо́лец", "Но́вый мир", "Огонёк", "Пра́вда", "Санкт-Петербу́ргские ве́домости".

8 Каки́е предме́ты нельзя́ купи́ть в газе́тном кио́ске? *Welche Sachen finden sich nicht im Angebot eines (russischen) Zeitungskiosks ("kann man dort nicht kaufen")?*

авто́бусный биле́т, железнодоро́жный биле́т, кни́ги, конве́рты, крем для о́буви, крем для рук, ме́сячный проездно́й биле́т, одеколо́н, откры́тки, план го́рода, почто́вые ма́рки, сигаре́ты, сувени́ры, трамва́йный биле́т, футбо́льный мяч, шампу́нь.

9 Вы купи́ли в газе́тном кио́ске газе́ту и хоти́те узна́ть у киоскёра, в како́м кни́жном магази́не мо́жно купи́ть юриди́ческую (медици́нскую, худо́жественную) литерату́ру и как туда́ добра́ться. Проведи́те бесе́ду вдвоём. *Sie haben an einem Zeitungskiosk eine Zeitung gekauft und erkundigen sich beim Verkäufer, in welcher Buchhandlung Sie Fachliteratur zur Rechtswissenschaft bzw. zur Medizin oder aber Belletristik erwerben können und wie Sie dorthin gelangen. Führen Sie ein Zweiergespräch.*

4.1.3. (C) Schilder und Tafeln als optische Wegweiser – На́дписи

1 Слу́шайте и чита́йте на́дписи не́сколько раз. Повторя́йте ка́ждую на́дпись за ди́ктором. *Hören Sie sich mehrfach an, was Sie in Russland auf Schildern lesen können, und lesen Sie diese Tafelinschriften selbst. Sprechen Sie jede einzelne Tafelbeschriftung nach.*

Береги́сь автомоби́ля	Осторо́жно, окра́шено
Береги́сь по́езда	От себя́
Ветера́ны Вели́кой Оте́чественной войны́ (и инвали́ды) обслу́живаются вне о́череди	Переры́в на обе́д
Вход	Переучёт
Вход запрещён	По газо́нам не ходи́ть
Вход воспрещён	Посторо́нним вход воспрещён
Вход ря́дом	При пожа́ре звони́ть 01
Вы́ход	Прое́зд
Для служе́бного тра́нспорта	Прое́зд вре́менно закры́т
За безбиле́тный прое́зд штраф ... рубле́й	Прое́зд запрещён
Закры́то	Про́сим закрыва́ть за собо́й две́рь
Закры́то на переучёт	Про́сьба не хло́пать две́рью
Ко́мната ма́тери и ребёнка	Прохо́д
К себе́	Прохо́д вре́менно закры́т
Места́ для инвали́дов	Прохо́д запрещён
Места́ для пассажи́ров с детьми́	Санита́рный де́нь
Не высо́вывайтесь из окна́	Соблюда́йте тишину́
Не кури́ть	Соблюда́йте чистоту́
Не открыва́йте две́рь до по́лной остано́вки по́езда	Сто́п-кра́н
Не сори́ть	Стоя́нка автомоби́лей запрещена́
Объе́зд	У нас самообслу́живание
Опа́сно для жи́зни	Уча́стники Вели́кой Оте́чественной войны́ обслу́живаются вне о́череди

2 Каки́е из на́дписей (1) адресо́ваны пешехо́дам; води́телям; пассажи́рам железнодоро́жного тра́нспорта и метро́; пассажи́рам авто́буса, тролле́йбуса и трамва́я? *Welche der vorstehenden Aufschriften und Schrifttafeln richten sich an Fußgänger, an Kraftfahrer, an Fahrgäste von Eisenbahn und Metro bzw. an Fahrgäste von Bus, O-Bus und Straßenbahn?*

3 Каки́е из на́дписей (1) мо́жно уви́деть в па́рках и скве́рах; на вокза́ле; на дверя́х магази́нов и учрежде́ний; в поликли́никах и учрежде́ниях? *Welche der vorstehenden Aufschriften und Schrifttafeln kommen in Parks und Grünanlagen, auf einem Bahnhof, auf Türen von Geschäften und Behörden bzw. in Polikliniken und Behörden vor?*

4 Кака́я на́дпись (1) не име́ет эквивале́нта в неме́цком языке́? *Welches der Schilder hat im Deutschen kein Äquivalent?*

54 – Komplexdialoge – Zimmerbestellung im Hotel

4.2. Im Hotel – В гостинице

4.2.1. (D) Zimmerbestellung – Заказ номера

1 Слушайте диалог несколько раз. Повторяйте каждую реплику за диктором. *Hören Sie sich den Dialog mehrfach an. Sprechen Sie jede einzelne Replik nach.*

- Гостиница "Столичная". Администратор. Слушаю вас.
- Добрый день. У вас можно снять номер на трое суток: с пятого по восьмое апреля?
- Можно. Какой номер вам нужен?
- Двухместный, но обязательно с ванной или с душем.
- В нашей гостинице все номера с ванной.
- Прекрасно! Что ещё есть в номере?
- У нас в каждом номере есть телефон, телевизор и мини-бар.
- Очень хорошо. Это то, что нам нужно.
- Назовите, пожалуйста, свою фамилию.
- Моя фамилия Верман.
- Ждём вас, господин Верман. Вы можете занять свой номер пятого апреля с тринадцати часов. До свидания.

2 Читайте диалог (1) вместе с диктором. Отрабатывайте темп и интонацию. *Lesen Sie den benannten Dialog gemeinsam mit den Sprechern. Üben Sie, bis Tempo und Intonation das Sprechermuster erreichen.*

3 Вставьте пропущенные буквы (1). *Ergänzen Sie die ausgelassenen Buchstaben.*

- Гост▮ "Стол▮". Админи▮ор. Слушаю ва▮.
- Доб▮ де▮. У вас можно ▮нять ном▮ на тр▮ сут▮: с пят▮ по восьм▮ апре▮?
- Можно. Как▮ номе▮ вам нуж▮?
- Дв▮местный, но обязате▮но с ван▮ или с душ▮.
- В наш▮ гости▮ все номера с ванн▮.
- Прекрасно! Что ещё есть в номе▮?
- У нас в кажд▮ номе▮ есть телеф▮, телевизор и ми▮р.
- Очень хорошо. Это то, что на▮ нуж▮.
- ▮зовите, пожалуйста, сво▮ фамил▮.
- Мо▮ фамил▮ Верман.
- Ждём ва▮, господин Верман. Вы можете занять сво▮ ном▮ пят▮ апре▮ с тринадц▮ час▮. До ▮идания.

4 Вставьте пропущенные слова (1). Если нужна помощь, слушайте звучащий текст. *Ergänzen Sie die ausgelassenen Wörter. Sollten Sie Hilfe benötigen, hören Sie sich den Text noch einmal an.*

- ▮ "Столичная". ▮. Слушаю ▮.
- Добрый ▮. У вас можно ▮ номер ▮ суток: ▮ пятого ▮ восьмое апреля?
- Можно. Какой номер ▮?
- ▮, но обязательно ▮ или ▮.
- ▮ гостинице все номера ▮.
- Прекрасно! Что ещё есть ▮?

Komplexdialoge – Zimmerbestellung im Hotel – 55

- У нас ▢ есть телефон, телевизор и ▢.
- Очень хорошо. Это то, что ▢.
- ▢, пожалуйста, ▢ фамилию.
- Моя фамилия Верман.
- Ждём ▢, господин Верман. Вы можете занять ▢ номер пятого апреля ▢ тринадцати часов. До свидания.

5 Исправьте текст. *Korrigieren Sie den Text.*

*Немецкий турист *по фамилии Фёрсман *позвонил в гостиницу "Отличная".
*Трубку поднял директор *и сказал, что слышит.
*Фёрсман спросил, *можно ли снять комнату *на неделю.
*Директор спросил, *какая комната ему надо.
*Вёрмут ответил, *что четырёхместный *и не обязательно с водой.
*Директор сказал, что в этой гостиной *все комнаты с водой, *телеграфом, *телеграммой *и мини-бра.
*Турист решил снять комнату *и прожить там неделю.

6 Господин Верман снял двухместный номер на трое суток с пятого по восьмое апреля. Скажите, какой номер и на какой срок хотят снять *Herr Wehrmann hatte ein Doppelzimmer für drei Tage, vom fünften bis zum achten April, gebucht. Sagen Sie, was für Zimmer und für welchen Zeitraum die im Folgenden genannten Personen buchen wollen:*

Эльке Бауман	одноместный	одни сутки	с 15 по 16 мая
Курт Швабе	одноместный	четверо суток	с 1 по 5 июля
Сандра Нойман	однокомнатный трёхместный	пять суток	с 24 по 29 сентября
Нина Кольхазе	двухкомнатный четырёхместный	семь суток	с 31 января по 7 февраля

7 Вы были в командировке / в отпуске и жили в гостинице. Опишите свой номер. *Sie waren auf Dienstreise oder im Urlaub und hatten dort ein Hotelzimmer. Beschreiben Sie Ihr Hotelzimmer.*

дополнительная лексика:

на ... этаже;

одноместный номер,
однокомнатный двухместный,
двухкомнатный одноместный,
двухкомнатный двухместный;

с ванной, с душем, с телефоном, с телевизором;

с мини-баром, с холодильником, с мягкой мебелью;

с выходом в интернет;

со стоянкой;

с окнами во двор, с видом на море.

56 – Komplexdialoge – Anreise im Hotel

4.2.2. (E) Ankunft – Прибы́тие

1 Слу́шайте диало́г не́сколько раз. Повторя́йте ка́ждую ре́плику за ди́ктором. *Hören Sie sich den Dialog mehrfach an. Sprechen Sie jede einzelne Replik nach.*

- Здра́вствуйте! Моя́ фами́лия Ва́гнер. Я из Герма́нии. На моё и́мя заброни́рован но́мер.
- Здра́вствуйте, господи́н Ва́гнер. С прие́здом! Одну́ мину́точку. Сейча́с я уточню́. *проверя́ет по компью́теру* Всё пра́вильно. Ваш но́мер 97. Четвёртый эта́ж, сле́ва по коридо́ру. Вот ключ. Бу́дьте добры́, запо́лните анке́ту для приезжа́ющих.
- *берёт анке́ту и заполня́ет* Гото́во. Всё пра́вильно?
- Вот здесь, в э́той графе́, вы не указа́ли срок пребыва́ния: с како́го числа́ по како́е.
- *пи́шет* Тепе́рь всё в поря́дке?
- Да, спаси́бо.
- Где у вас лифт?
- В конце́ коридо́ра, спра́ва.
- Спаси́бо.
- Пожа́луйста.

2 Чита́йте диало́г (1) вме́сте с ди́ктором. Отраба́тывайте темп и интона́цию. *Lesen Sie den benannten Dialog gemeinsam mit den Sprechern. Üben Sie, bis Tempo und Intonation das Sprechermuster erreichen.*

3 Вста́вьте про́пущенные бу́квы (1). *Ergänzen Sie die ausgelassenen Buchstaben.*

- Здра▇уйте! Мо▇ фамил▇ Вагнер. Я из Герм▇. На мо▇ им▇ забронир▇ ном▇.
- Здра▇уйте, господ▇ Вагнер. С прие▇! Одн▇ минут▇. С▇час я уточ▇ю. *проверяет по компьютеру* Всё прав▇. Ваш н▇мер 97. Четвёрт▇ эта▇, слев▇ по ко▇идору. Вот ключ. Буд▇е добр▇, ▇полните анкет▇ для приез▇ающих.
- *берёт анкету и заполняет* Гото▇. Всё правил▇?
- Вот здесь, в это▇ граф▇, вы не ▇казали срок ▇бывания: с како▇ числ▇ по како▇.
- *пишет* Тепе▇ вс▇ в порядк▇?
- Да, спасибо.
- Где у ва▇ лифт?
- В конц▇ коридор▇, ▇права.
- Спасибо.
- Пожал▇ста.

4 Вста́вьте про́пущенные слова́ (1). *Ergänzen Sie die ausgelassenen Wörter.*

- Здравствуйте! ▇ Вагнер. Я ▇. ▇ забронирован номер.
- ▇, господин Вагнер. ▇! Одну ▇. Сейчас я ▇. *проверяет по компьютеру* ▇ правильно. Ваш ▇ 97. Четвёртый этаж, ▇. ▇ ключ. Будьте добры, ▇ анкету ▇.
- *берёт анкету и заполняет* Готово. ▇ правильно?
- Вот здесь, в ▇ графе, вы не указали ▇: ▇ какого числа ▇ какое.
- *пишет* ▇ всё в порядке?
- Да, спасибо.
- Где ▇ лифт?
- ▇, справа.
- Спасибо.
- Пожалуйста.

5 Замени́те вы́деленные слова́ ле́ксикой из диало́га (**1**). *Ersetzen Sie die hervorgehobenen Wörter des nachstehenden Dialogs durch Lexik aus dem Ursprungsdialog.*

– До́брый де́нь! Моё и́мя Курт Ва́гнер. Я из Герма́нии. Для меня́ заброни́рован но́мер.
– До́брый де́нь, господи́н Ва́гнер. С прие́здом! Подожди́те, пожа́луйста. Сейча́с я прове́рю. *проверя́ет по компью́теру* Всё в поря́дке. Ваш но́мер 97. На четвёртом этаже́, сле́ва по коридо́ру. Возьми́те, пожа́луйста, ключ. Бу́дьте любе́зны, запо́лните анке́ту для приезжа́ющих.
– *берёт анке́ту и заполня́ет* Гото́во. Всё в поря́дке?
– Вот здесь, в э́той графе́, вы не написа́ли вре́мя прожива́ния: с како́го числа́ по како́е.
– *пи́шет* Тепе́рь всё пра́вильно?
– Да, благодарю́ вас.
– Где нахо́дится у вас лифт?
– В конце́ коридо́ра, спра́ва.
– Спаси́бо.
– Пожа́луйста.

6 Прочита́йте **пе́речень** услу́г, предоставля́емых в гости́нице, в кото́рой вы останови́лись. *Lesen Sie das Service-Angebot Ihres Hotels.*
К ва́шим услу́гам рестора́н, пивно́й бар, кафете́рий, фи́тнесс-це́нтр, са́уна, парикма́херская, сало́н красоты́, пункт обме́на валю́ты, бюро́ обслу́живания, экскурсио́нное бюро́.

7 Куда́ вы обрати́тесь (**6**), е́сли вы хоти́те *Wohin wenden Sie sich, wenn Sie folgende Absichten verfolgen:* вы́звать такси́, заказа́ть биле́ты в цирк, заказа́ть за́втрак / у́жин в но́мер, заказа́ть сто́лик в гости́ничном рестора́не, заказа́ть сто́лик в друго́м рестора́не, обменя́ть е́вро на рубли́, обрати́ться к врачу́, побри́ться, погла́дить брю́ки, постри́чься, сдать бельё в сти́рку, сде́лать масса́ж, сде́лать укла́дку.

8 Вы живёте в гости́нице. У́тром / ве́чером вы ждёте ва́жный звоно́к и не мо́жете спусти́ться в рестора́н. Позвони́те администра́тору рестора́на и попроси́те принести́ за́втрак / у́жин в но́мер. Сообщи́те, что вы хоти́те на за́втрак / на у́жин, в како́м но́мере вы живёте и когда́ вы хоти́те за́втракать / у́жинать. *Sie wohnen in einem Hotel. Am Morgen oder am Abend erwarten Sie einen wichtigen Anruf und können deswegen nicht ins Restaurant hinuntergehen. Rufen Sie in der Rezeption an und bitten Sie darum, Ihnen das Frühstück resp. Abendbrot ins Zimmer zu bringen. Legen Sie dar, was Sie gern zum Frühstück / zum Abendbrot hätten, nennen Sie Ihre Zimmernummer und geben Sie eine Uhrzeit fürs Frühstück resp. Abendbrot vor.*

9 Сего́дня ве́чером / за́втра у́тром вам на́до е́хать в аэропо́рт. Позвони́те в бюро́ обслу́живания и́ли администра́тору и закажи́те такси́ к ну́жному вам вре́мени. *Heute Abend oder morgen Früh müssen Sie auf den Flughafen. Rufen Sie im Service-Center oder bei der Rezeption an und bestellen Sie ein Taxi für die gewünschte Uhrzeit.*

58 – Komplexdialoge – Geldumtausch

4.2.3. (F) Zahlungsmittel – Платёжные средства

1 Слушайте диалог несколько раз. Повторяйте каждую реплику за диктором. *Hören Sie sich den Dialog mehrfach an. Sprechen Sie jede einzelne Replik nach.*

- Госпожа́ Смирни́цкая, не могли́ бы вы мне помо́чь?
- Да, коне́чно, господи́н Ве́рнер! В чём пробле́ма?
- У меня́ с собо́й то́лько е́вро и "Ви́за". И́ми мо́жно плати́ть?
- Бою́сь, что нет. У нас пла́тят то́лько рубля́ми. Я сове́тую вам обменя́ть е́вро на рубли́. Это мо́жно сде́лать в любо́м обме́нном пу́нкте. Их у нас мно́го.
- И "Ви́зой" нельзя́ плати́ть?
- Я зна́ю, наприме́р, что креди́тной ка́рточкой мо́жно плати́ть в рестора́нах пятизвёздочных оте́лей. И, по-мо́ему, э́то пока́ всё.
- Поня́тно! Тогда́ скажи́те мне, пожа́луйста, где здесь ближа́йший обме́нный пункт.

2 Читайте диалог (1) вместе с диктором. Отрабатывайте темп и интонацию. *Lesen Sie den benannten Dialog gemeinsam mit den Sprechern. Üben Sie, bis Tempo und Intonation das Sprechermuster erreichen.*

3 Вставьте пропущенные слова (1). *Ergänzen Sie die ausgelassenen Wörter.*

- Госпожа Смирницкая, не могли бы вы мне ▢?
- Да, ▢, господин Вернер! В чём ▢?
- У меня ▢ только евро и "Виза". ▢ можно платить?
- Боюсь, что ▢. У нас платят только ▢. Я советую вам ▢ евро ▢ рубли. Это можно сделать в ▢ пункте. ▢ у нас много.
- И "Визой" ▢ платить?
- Я знаю, например, что ▢ можно платить в ресторанах ▢ отелей. И, ▢, это ▢ всё.
- Понятно! ▢ скажите мне, пожалуйста, где здесь ▢ пункт.

4 Замените выделенные слова лексикой из диалога (1). *Ersetze Sie die hervorgehobenen Wörter des nachstehenden Dialogs durch Lexik aus dem Ursprungsdialog.*

- Госпожа́ Смирни́цкая, помоги́те мне, пожа́луйста!
- Да, с удово́льствием, господи́н Ве́рнер! В чём де́ло?
- У меня́ при себе́ то́лько е́вро и "Ви́за". И́ми мо́жно плати́ть?
- Бою́сь, что нельзя́. У нас рассчи́тываются то́лько рубля́ми. Я рекоменду́ю вам поменя́ть е́вро на рубли́. Это мо́жно сде́лать в любо́м пу́нкте обме́на валю́ты. Их у нас мно́го.
- И "Ви́зой" нельзя́ распла́чиваться?
- Я зна́ю, наприме́р, что креди́тной ка́рточкой мо́жно распла́чиваться в рестора́нах пятизвёздочных гости́ниц. И, наско́лько мне изве́стно, э́то пока́ всё.
- Я́сно! В тако́м слу́чае скажи́те мне, пожа́луйста, где здесь побли́зости пункт обме́на.

Komplexdialoge – Kartenkauf – 59

4.2.4. (G) Kartenbestellung – Билéты в теáтр

1 Слушайте диалог несколько раз. Повторяйте каждую реплику за диктором. *Hören Sie sich den Dialog mehrfach an. Sprechen Sie jede einzelne Replik nach.*

- Скажи́те, пожа́луйста, где мо́жно купи́ть биле́ты в о́перный теа́тр?
- Мо́жно в экскурсио́нном бюро́ у нас в гости́нице. Мо́жно в Центра́льной театра́льной ка́ссе, в о́перном пе́ред спекта́клем. Мо́жно да́же в метро́.
- В метро́? Где?
- Почти́ на ка́ждой ста́нции – в вестибю́ле и́ли в перехо́дах – есть театра́льные ка́ссы. Это таки́е кио́ски. Во́зле них всегда́ стои́т наро́д. Никогда́ не замеча́ли?
- Я как-то не обраща́л внима́ния.
- Вам, наве́рно, сто́ит обрати́ться в на́ше экскурсио́нное бюро́.
- Спаси́бо, я так и сде́лаю.

2 Читайте диалог (1) вместе с диктором. Отрабатывайте темп и интонацию. *Lesen Sie den benannten Dialog gemeinsam mit den Sprechern. Üben Sie, bis Tempo und Intonation das Sprechermuster erreichen.*

3 Вставьте пропущенные буквы (1). *Ergänzen Sie die ausgelassenen Buchstaben.*

- Скажите, пожалуйста, где можно купить билеты в оперн▓ теат▓?
- Можно в экскурсион▓ бюр▓ у нас в гостини▓. Можно в Централ▓ театрал▓ касс▓, в оперн▓ перед спектакл▓. Можно даже в метр▓.
- В метр▓? Где?
- Почти на кажд▓ стан▓ – в вестиб▓ или в переход▓ – есть театрал▓ кассы. Это такие ки▓ски. Возле ни▓ всегда стоит народ. Никогда не заме▓ли?
- Я как-▓ не обращал внима▓.
- Вам, наверно, стоит обрати▓ в наш▓ экскурсион▓ бюр▓.
- Спасибо, я так и сделаю.

4 Вставьте пропущенные слова (1). *Ergänzen Sie die ausgelassenen Wörter.*

- Скажите, пожалуйста, где можно купить ▓?
- Можно в ▓ у нас в ▓. Можно в ▓ кассе, в ▓ перед спектаклем. Можно даже ▓.
- В метро? Где?
- Почти ▓ станции – в вестибюле или в ▓ – есть театральные кассы. Это такие киоски. Возле ▓ всегда ▓ народ. ▓?
- Я как-то не ▓ внимания.
- Вам, наверно, ▓ в наше экскурсионное бюро.
- Спасибо, я так и ▓.

5 Скажи́те / Напиши́те, где в ва́шем го́роде мо́жно купи́ть биле́ты в теа́тр, на конце́рт, на футбо́л. *Sagen Sie, wo man in Ihrer Stadt Theater-, Konzert- oder Fußballkarten kaufen kann.*

театрáль<u>ная</u> кáсс<u>а</u>   ⇨   <u>в</u> театрáль<u>ной</u> кáсс<u>е</u>

бюро́ информáции для тури́стов, вокзáл, газéтный кио́ск, кни́жный магази́н, магази́н музыкáльных инструмéнтов, магази́н музыкáльной литератýры, турбюро́, универмáг, универсáм, Центрáльная кáсса, экскурсио́нное бюро́

А как вы понимáете "купи́ть биле́ты с рук у стадио́на"?

60 – Komplexdialoge – Kartenkauf

В Центра́льной ка́ссе

6 Слу́шайте диало́г. Повторя́йте ка́ждую ре́плику за ди́ктором. *Hören Sie sich den Dialog an. Sprechen Sie jede einzelne Replik nach.*

– Скажи́те, пожа́луйста, у вас есть биле́ты в о́перный теа́тр на суббо́ту?
– К сожале́нию, нет. На суббо́ту все биле́ты про́даны.
– А на воскресе́нье?
– Есть, но то́лько на у́тренний спекта́кль. На "Лебеди́ное о́зеро".
– Прекра́сно! А каки́е места́?
– Хоро́шие. Партер, седьмо́й ряд.
– Мне два биле́та, пожа́луйста. Ско́лько с меня́?
– 80 рубле́й.

7 Чита́йте диало́г (6) вме́сте с ди́ктором. Отраба́тывайте темп и интона́цию. *Lesen Sie den benannten Dialog gemeinsam mit den Sprechern. Üben Sie, bis Tempo und Intonation das Sprechermuster erreichen.*

8 Вста́вьте пропу́щенные слова́ (6). *Ergänzen Sie die ausgelassenen Wörter.*

– Скажи́те, пожа́луйста, у вас есть биле́ты ▓▓ на суббо́ту?
– К сожале́нию, нет. На суббо́ту ▓▓.
– А на воскресе́нье?
– Есть, но то́лько ▓▓. ▓▓ "Лебеди́ное о́зеро".
– Прекра́сно! А каки́е ▓▓?
– Хоро́шие. Партер, ▓▓.
– ▓▓ два биле́та, пожа́луйста. Ско́лько ▓▓?
– 80 рубле́й.

9 Уча́ствуйте в диало́ге (6). *Übernehmen Sie die ausgesparten Gesprächsrepliken.*

– Скажи́те, пожа́луйста, у вас есть биле́ты в о́перный теа́тр на суббо́ту?
– ▓▓. ▓▓ ▓▓.
– А на воскресе́нье?
– ▓▓, ▓▓. ▓▓ "▓▓".
– Прекра́сно! А каки́е места́?
– ▓▓. ▓▓, ▓▓.
– Мне два биле́та, пожа́луйста. Ско́лько с меня́?
– ▓▓.

10 Уча́ствуйте в диало́ге (6). *Übernehmen Sie die ausgesparten Gesprächsrepliken.*

– ▓▓, ▓▓ ▓▓?
– К сожале́нию, нет. На суббо́ту все биле́ты про́даны.
– ▓▓?
– Есть, но то́лько на у́тренний спекта́кль. На "Лебеди́ное о́зеро".
– ▓▓! ▓▓?
– Хоро́шие. Партер, седьмо́й ряд.
– ▓▓ ▓▓. ▓▓?
– 80 рубле́й.

11 Вы купили два билета в театр на субботу. Позвоните знакомой / знакомому, пригласите её / его пойти вместе с вами. Используйте следующую лексику: *Sie haben für Samstag zwei Theaterkarten gekauft. Rufen Sie eine Bekannte / einen Bekannten an und laden Sie sie / ihn ein, mit Ihnen gemeinsam ins Theater zu gehen. Nutzen Sie die folgende Lexik:*

театр, оперный театр;
опера, балет, оперетта, комедия;
партер, балкон;
хорошие места, десятый ряд середина.

12 Ваша знакомая приглашает вас пойти в театр в среду вечером. Поблагодарите её и откажитесь. Обоснуйте свой отказ. *Eine Bekannte von Ihnen lädt Sie ein, am Mittwoch Abend mit ins Theater zu kommen. Danken Sie ihr für die Einladung und lehnen Sie gleichzeitig die Einladung ab. Begründen Sie, warum Sie nicht mitgehen können oder wollen. ("Begründen Sie Ihren Verzicht / Ihre Weigerung.")*

13 Расскажите своей знакомой / своему знакомому, какие театры есть в вашем городе, какие спектакли там можно посмотреть, где вы предпочитаете сидеть, где обычно покупаете билеты, с кем ходите в театр. *Erzählen Sie Ihrer / Ihrem Bekannten, was für Theater es in Ihrer Stadt gibt, was dort aufgeführt wird, wo Sie am liebsten sitzen, wo Sie meist Ihre Theaterkarten holen und wer Sie ins Theater begleitet.*

Мне два билета на футбол

14 Слушайте диалог. Повторяйте каждую реплику за диктором. *Hören Sie sich den Dialog an. Sprechen Sie jede einzelne Replik nach.*

- Мне два билета на футбол в "Лужники" на воскресенье.
- На какую трибуну?
- На западную. Если можно, поближе, пожалуйста!
- Есть только двадцать восьмой ряд. Места 105 и 106. Берёте?
- Хорошо. Сколько с меня?
- С вас 80 рублей.

15 Читайте диалог (**14**) вместе с диктором. Отрабатывайте темп и интонацию. *Lesen Sie den benannten Dialog gemeinsam mit den Sprechern. Üben Sie, bis Tempo und Intonation das Sprechermuster erreichen.*

16 Участвуйте в диалоге (**14**). *Übernehmen Sie die ausgesparten Gesprächsrepliken.*

- Мне два билета на футбол в "Лужники" на воскресенье.
- ▓ ?
- На западную. Если можно, поближе, пожалуйста!
- ▓ . ▓ . ▓ ?
- Хорошо. Сколько с меня?
- ▓ .

17 Участвуйте в диалоге (**14**). *Übernehmen Sie die ausgesparten Gesprächsrepliken.*

- ▓ ▓ в "Лужники" ▓ .
- На какую трибуну?
- ▓ . ▓ , ▓ !
- Есть только двадцать восьмой ряд. Места 105 и 106. Берёте?
- ▓ . ▓ ?
- С вас 80 рублей.

18 На ва́ше предприя́тие в командиро́вку прие́хали россия́не. Оди́н из них о́чень лю́бит футбо́л. Пригласи́те его́ на интере́сный матч. Скажи́те, что вы уже́ купи́ли биле́ты. Объясни́те, на како́й трибу́не вы бу́дете сиде́ть, каки́е у вас места́, кто игра́ет. Договори́тесь встре́титься во́зле стадио́на. Расскажи́те, где нахо́дится стадио́н и как туда́ добра́ться. *Ihr Betrieb hat dienstlichen Besuch aus Russland erhalten. Einer der russischen Gäste ist begeisterter Fußballfan. Laden Sie ihn zu einem interessanten Spiel ein. Sagen Sie ihm, dass Sie die Karten schon gekauft haben. Machen Sie mit Ihrem Gast aus Russland aus, dass Sie sich am Stadion treffen. Erzählen Sie ihm, wo das Stadion liegt und wie man dorthin kommt.*

19 Прими́те приглаше́ние, поблагодари́те и скажи́те, почему́ вы хоти́те посмотре́ть игру́ и́менно э́тих кома́нд. *Nehmen Sie eine entsprechende Einladung an, bedanken Sie sich und legen Sie dar, warum Sie sich das Spiel gerade dieser beiden Mannschaften anschauen wollen.*

20 Испо́льзуйте ситуа́цию (18) и соста́вьте диало́г. *Nutzen Sie die oben beschriebene Situation und führen Sie ein entsprechendes Zweiergespräch.*

4.3. Im Dienstleistungssektor – В сфе́ре услу́г

4.3.1. (H) Beim Arzt – У терапе́вта

1 Слу́шайте диало́г. Повторя́йте ка́ждую ре́плику за ди́ктором. *Hören Sie sich den Dialog mehrfach an. Sprechen Sie jede einzelne Replik nach.*

🔊 Здра́вствуйте!

🔊 Здра́вствуйте! Проходи́те, пожа́луйста, сади́тесь. На что жа́луетесь?

🔊 У меня́ голова́ боли́т ... и кру́жится, всё вре́мя спать хо́чется ... Дыша́ть тру́дно, глота́ть то́же.

🔊 Температу́ру ме́рили?

🔊 Да. 38 и 7.

🔊 При тако́й высо́кой температу́ре на́до вызыва́ть врача́ на́ дом!

🔊 Я как-то об э́том не поду́мал.

🔊 Так. Дава́йте я вас снача́ла прослу́шаю. Разде́ньтесь до по́яса. Дыши́те ... Вдохни́те, задержи́те дыха́ние, вы́дохните. Хорошо́ ... лёгкие чи́стые. Откро́йте рот. Минда́лины воспалены́ ... и си́льно. У вас, похо́же, начина́ется анги́на. Одева́йтесь. Сейча́с я вам вы́пишу реце́пт и направле́ние на ана́лиз кро́ви.

🔊 До́ктор, я не переношу́ антибио́тики! У меня́ на них аллерги́я.

🔊 Не волну́йтесь, я вам прописа́ла не антибио́тик. Принима́йте лека́рство три ра́за в день по́сле еды́, полощи́те го́рло насто́ем рома́шки и обяза́тельно соблюда́йте посте́льный режи́м. Вам ну́жен больни́чный?

🔊 Да, ну́жен. Для больни́чной ка́ссы.

🔊 Приходи́те в пя́тницу на приём. Е́сли бу́дет ху́же, вызыва́йте врача́ на́ дом. До свида́ния. Выздора́вливайте!

🔊 Спаси́бо, до́ктор! До свида́ния.

2 Чита́йте диало́г (1) вме́сте с ди́ктором. Отраба́тывайте темп и интона́цию. *Lesen Sie den benannten Dialog gemeinsam mit den Sprechern. Üben Sie, bis Tempo und Intonation das Sprechermuster erreichen.*

3 Как сказа́ть наоборо́т? *Wie muss eine gegenteilige Aussage formuliert sein?*

Вдохни́те! Закро́йте рот. Мне легко́ дыша́ть. Мне не хо́чется спать. Не дыши́те! Оде́ньтесь! Принима́йте лека́рство до еды́. Раздева́йтесь! Обяза́тельно гуля́йте.

Komplexdialoge – Beim Arzt – 63

4 Вставьте пропущенные буквы (1). *Ergänzen Sie die ausgelassenen Buchstaben.*

- Здравствуйте!
- Здравствуйте! ▒ходите, пожалуйста, садитесь. На что жалу▒? Что у ва▒ болит?
- У меня голова болит ... и круж▒, всё время спать хочется ... ▒шать трудно, ▒отать тоже.
- Температу▒ мер▒и?
- Да. 38 и 7.
- При так▒ высок▒ температу▒ надо выз▒ать врач▒ на до▒!
- Я как-то об эт▒ не ▒думал.
- Так. Дава▒ я ва▒ сначал▒ ▒слушаю. ▒деньтесь до поя▒. Дыш▒ ... В▒охните, держите дыха▒, ▒дохните. Хорошо ... лёгк▒ чист▒. ▒кройте рот. Миндал▒ воспал▒ ... и сильно. У вас, похоже, начинается ангина. ▒девайтесь. Сейчас я ва▒ ▒пишу рецепт и ▒правление на анали▒ кро▒.
- Доктор, я не ▒ношу антибиоти▒! У меня на ▒их аллерг▒.
- Не волн▒тесь, я вам ▒писала не антибиот▒. При▒айте лекар▒ три раз▒ в день после ед▒, поло▒те горло насто▒ ромаш▒ и обязательно ▒блюдайте п▒стельный режим. Вам нуж▒ больни▒?
- Да, нуж▒. Для больни▒ касс▒.
- ▒ходите в пятни▒ на при▒. Если будет хуже, ▒зывайте врач▒ на до▒. До свидания. ▒здоравливайте!
- Спасибо, доктор! До свидания.

5 Вставьте пропущенные слова (1). *Ergänzen Sie die ausgelassenen Wörter.*

- Здравствуйте!
- Здравствуйте! ▒, пожалуйста, садитесь. ▒?
- ▒ голова болит ... и кружится, ▒ время спать ▒ ... Дышать трудно, ▒ тоже.
- ▒ мерили?
- Да. 38 и 7.
- ▒ такой ▒ температуре надо ▒!
- Я как-то ▒ не подумал.
- Так. Давайте я ▒ сначала ▒. Разденьтесь ▒. Дышите ... ▒, задержите дыхание, ▒. Хорошо ... ▒ чистые. Откройте ▒. Миндалины ▒ ... и сильно. У вас, похоже, ▒ ангина. ▒. Сейчас я ▒ рецепт и ▒ на анализ крови.
- Доктор, я не ▒ антибиотики! У меня ▒ аллергия.
- Не волнуйтесь, я ▒ не антибиотик. ▒ лекарство три раза в день после ▒, ▒ настоем ромашки и обязательно ▒. Вам нужен ▒?
- Да, нужен. Для ▒ кассы.
- ▒ в пятницу на приём. Если будет хуже, ▒. До свидания. ▒!
- Спасибо, доктор! До свидания.

64 – Komplexdialoge – Beim Arzt

6 Участвуйте в диалоге (**1**). *Übernehmen Sie die ausgesparten Gesprächsrepliken.*

– ▓▓!
– Здравствуйте! Проходите, пожалуйста, садитесь. На что жалуетесь? Что у вас болит?
– ▓▓ ... ▓▓, ▓▓ ... ▓▓, ▓▓.
– Температуру мерили?
– ▓▓. ▓▓.
– При такой высокой температуре надо вызывать врача на дом!
– ▓▓.
– Так. Давайте я вас сначала прослушаю. Разденьтесь до пояса. Дышите ... Вдохните, задержите дыхание, выдохните. Хорошо ... лёгкие чистые. Откройте рот. Миндалины воспалены ... и сильно. У вас, похоже, начинается ангина. Одевайтесь. Сейчас я вам выпишу рецепт и направление на анализ крови.
– ▓▓, ▓▓! ▓▓.
– Не волнуйтесь, я вам прописала не антибиотик. Принимайте лекарство три раза в день после еды, полощите горло настоем ромашки и обязательно соблюдайте постельный режим. Вам нужен больничный?
– ▓▓. ▓▓.
– Приходите в пятницу на приём. Если будет хуже, вызывайте врача на дом. До свидания. Выздоравливайте!
– ▓▓. ▓▓.

7 Вы пришли́ на приём к врачу́. Опиши́те своё состоя́ние. Испо́льзуйте сле́дующие констру́кции: *Sie haben einen Arzt aufgesucht. Sagen Sie, was Ihnen fehlt. ("Beschreiben Sie Ihr Befinden") Nutzen Sie die folgenden Konstruktionen:*

Я пло́хо	себя́ чу́вствую слы́шу	ви́жу сплю.
Мне тру́дно	глота́ть дыша́ть ходи́ть	лежа́ть сиде́ть говори́ть.
У меня́	кру́жится голова̀ боли́т голова̀ боли́т го́рло боли́т желу́док боли́т живо́т	боли́т у́хо / боля́т у́ши боли́т глаз / боля́т глаза̀.
У меня́	высо́кая температу́ра высо́кое давле́ние	ни́зкое давле́ние плохо́й аппети́т.
Я пло́хо переношу̀	антибио́тики э́то лека́рство	жару́ моро́з.

8 Вы бы́ли на приёме у терапе́вта. Расскажи́те / Напиши́те, что говори́л и де́лал врач. Испо́льзуйте сле́дующую ле́ксику: *Sie waren beim praktischen Arzt / Allgemeinmediziner. Berichten Sie / Schreiben Sie auf, was der Arzt gesagt und getan hat. Benutzen Sie folgende Lexik:* поздоро́ваться (с кем?), предложи́ть (кому́?) сесть, спроси́ть (что?), узна́ть, кака́я (у кого́?) температу́ра, осмотре́ть (кого́?), послу́шать (кого́?), вы́писать (кому́?) реце́пт и направле́ние на (что?), прописа́ть (кому́?) лека́рство, посове́товать (кому́?) соблюда́ть (что?), вы́звать (кого́?) на́ дом.

4.3.2. (I) In der Apotheke – В аптеке

1 Слушайте диалог несколько раз. Повторяйте каждую реплику за диктором. *Hören Sie sich den Dialog mehrfach an. Sprechen Sie jede einzelne Replik nach.*

- Скажи́те, пожа́луйста, у вас есть парацетамо́л?
- Есть.
- А бромгекси́н?
- То́же есть. Вам бромгекси́н-8 или бромгекси́н-16?
- Бромгекси́н-8, одну́ упако́вку, пожа́луйста.
- С вас 25 рубле́й.

2 Читайте диалог (1) вместе с диктором. Отрабатывайте темп и интонацию. *Lesen Sie den benannten Dialog gemeinsam mit den Sprechern. Üben Sie, bis Tempo und Intonation das Sprechermuster erreichen.*

3 Участвуйте в диалоге (1). *Übernehmen Sie die ausgesparten Gesprächsrepliken.*

- Скажи́те, пожа́луйста, у вас есть парацетамол?
- ▓.
- А бромгексин?
- ▓. ▓?
- Бромгексин-8, одну упаковку, пожалуйста.
- ▓.

4 Участвуйте в диалоге (1). *Übernehmen Sie die ausgesparten Gesprächsrepliken.*

- ▓, ▓?
- Есть.
- ▓?
- Тоже есть. Вам бромгексин-8 или бромгексин-16?
- ▓, ▓, ▓.
- С вас 25 рублей.

5 Узна́йте, есть ли в апте́ке сле́дующие лека́рства: аспири́н, анальги́н, парацетамо́л, бромгекси́н, стрептоци́д. *Bringen Sie in Erfahrung, ob es Aspirin, Analgin, Paracetamol, Bromhexin und Streptocid in einer / Ihrer Apotheke gibt.*

6 Слушайте диалог несколько раз. Повторяйте каждую реплику за диктором. *Hören Sie sich den Dialog mehrfach an. Sprechen Sie jede einzelne Replik nach.*

- Что у вас есть от головно́й бо́ли?
- Возьми́те цитрамо́н.
- Цитрамо́н мне не помога́ет.
- Тогда́ возьми́те анальги́н. Прими́те сра́зу две табле́тки.
- Куда́ плати́ть? Вам?
- Нет, в ка́ссу.

7 Читайте диалог (6) вместе с диктором. Отрабатывайте темп и интонацию. *Lesen Sie den benannten Dialog gemeinsam mit den Sprechern. Üben Sie, bis Tempo und Intonation das Sprechermuster erreichen.*

66 – Komplexdialoge – In der Apotheke

8 Участвуйте в диалоге (**6**). *Übernehmen Sie die ausgesparten Gesprächsrepliken.*

- Что у вас есть от головной боли?
- ▓▓▓.
- Цитрамон мне не помогает.
- ▓▓▓. ▓▓▓.
- Куда платить? Вам?
- ▓▓▓.

9 Участвуйте в диалоге (**6**). *Übernehmen Sie die ausgesparten Gesprächsrepliken.*

- ▓▓▓?
- Возьмите цитрамон.
- ▓▓▓.
- Тогда возьмите анальгин. Примите сразу две таблетки.
- ▓▓▓? ▓▓▓?
- Нет, в кассу.

10 Узнайте, есть ли в аптеке лекарство от головной боли, от боли в желудке, от повышенного давления, от ангины, от простуды, от бессонницы, от переутомления, от кашля, от насморка. *Erkundigen Sie sich, ob es in einer / in Ihrer Apotheke Medikamente gegen Kopfschmerzen, Magenbeschwerden, Bluthochdruck, Angina, Erkältung, Schlaflosigkeit, Erschöpfungszustände, Husten und Schnupfen gibt.*

11 Прослушайте / Прочитайте следующий диалог. Скажите, что бы предпочли вы. *Hören Sie sich den nachstehenden Dialog an oder lesen Sie ihn sich durch. Sagen Sie, was Sie vorziehen würden.*

- Посоветуйте, пожалуйста, что мне купить от простуды?
- Можно парацетамол, если есть температура – аспирин. А лучше всего – старое народное средство: чай с малиновым вареньем.

12 Слушайте диалог несколько раз. Повторяйте каждую реплику за диктором. *Hören Sie sich den Dialog mehrfach an. Sprechen Sie jede einzelne Replik nach.*

- У вас можно заказать лекарство по этому рецепту?
- Можно. Зайдите через три часа, к этому времени будет готово.
- А что у вас есть от головной боли?
- Возьмите цитрамон.
- Я не знаю этого лекарства, у нас в Германии такого нет.
- Тогда возьмите анальгин.
- Анальгин! Без рецепта?! У нас на анальгин нужен рецепт.
- У нас нет.
- У вас есть аспирин?
- Есть. Есть наш российский, есть импортный немецкий, с витамином "С".
- Тогда я возьму немецкий.
- Хорошо. Платите в кассу.

13 Читайте диалог (**12**) вместе с диктором. Отрабатывайте темп и интонацию. *Lesen Sie den benannten Dialog gemeinsam mit den Sprechern. Üben Sie, bis Tempo und Intonation das Sprechermuster erreichen.*

Komplexdialoge – In der Apotheke – 67

14 Вставьте пропущенные буквы (12). *Ergänzen Sie die ausgelassenen Buchstaben.*
- У вас можно ▊казать лекар▊ по это▊ рецеп▊?
- Можно. ▊йдите через три час▊, к это▊ врем▊ будет гото▊.
- А что у вас есть от головн▊ бол▊?
- Воз▊те цитрамон.
- Я не знаю это▊ лекар▊, у нас в Герман▊ тако▊ н▊.
- Тогда воз▊те ана▊гин.
- Ана▊гин! Без рецеп▊?! У нас на ана▊гин нуж▊ рецепт.
- У нас н▊.
- У вас есть аспирин?
- Есть. Есть наш рос▊кий, есть импорт▊ немец▊, с витамин▊ "С".
- Тогда я возьму немец▊.
- Хорошо. ▊латите в кас▊.

15 Вставьте пропущенные слова (12). *Ergänzen Sie die ausgelassenen Wörter.*
- У вас можно заказать лекарство ▊?
- Можно. Зайдите ▊ три часа, к этому ▊ будет готово.
- А что у вас есть ▊?
- ▊ цитрамон.
- Я не знаю ▊, у нас в Германии ▊.
- ▊ возьмите анальгин.
- Анальгин! ▊ рецепта?! У нас ▊ анальгин ▊ рецепт.
- У нас нет.
- У вас есть аспирин?
- Есть. Есть наш ▊, есть ▊ немецкий, с ▊ "С".
- ▊ я возьму немецкий.
- Хорошо. Платите в ▊.

16 Участвуйте в диалоге (12). *Übernehmen Sie die ausgesparten Gesprächsrepliken.*
- ▊ ▊?
- Можно. Зайдите через три часа, к этому времени будет готово.
- ▊ ?
- Возьмите цитрамон.
- ▊, ▊.
- Тогда возьмите анальгин.
- ▊! ▊?! ▊.
- У нас нет.
- ▊?
- Есть. Есть наш российский, есть импортный немецкий, с витамином "С".
- ▊.
- Хорошо. Платите в кассу.

17 Расскажите / Напишите, что в немецких аптеках продаётся (что можно купить) без рецепта, а что только по рецепту. *Benennen Sie oder vermerken Sie, was in den Apotheken in Deutschland rezeptfrei verkauft und was nur auf Rezept erhältlich ist.*

В аптеке без рецепта продаются ... // Только по рецепту можно купить ...

анальгин, антибиотики, аспирин, валериана, витамины, детский крем, зубная паста, капли от насморка, морфий, травяные чаи.

4.3.3. (K) Beim Zahnarzt – У зубно́го

1 Слу́шайте диало́г не́сколько раз. Повторя́йте ка́ждую ре́плику за ди́ктором. *Hören Sie sich den Dialog mehrfach an. Sprechen Sie jede einzelne Replik nach.*

- Здра́вствуйте!
- Здра́вствуйте. Сади́тесь сюда́, пожа́луйста. *пока́зывает на кре́сло* Слу́шаю вас.
- До́ктор, у меня́ боля́т два ве́рхних зу́ба: зуб му́дрости и зуб ря́дом с ним.
- Дава́йте посмо́трим ... Так, зуб му́дрости удаля́ть не бу́дем. Он у вас в по́лном поря́дке. А вот сосе́дний мне не нра́вится. *стучи́т по зу́бу* Бо́льно?
- Бо́льно! О́чень!
- У вас здесь была́ пло́мба.
- Была́, но она́ вы́пала неде́лю наза́д.
- Придётся сего́дня прочи́стить зуб, положи́ть лека́рство и поста́вить вре́менную пло́мбу. Бу́дем де́лать под нарко́зом?
- Дава́йте попро́буем без нарко́за. Я пло́хо переношу́ нарко́з.
- *зако́нчив рабо́ту* Так. Зуб я вам запломбирова́ла. Прошу́ два часа́ ничего́ не есть. Е́сли зуб не бу́дет боле́ть, приходи́те че́рез неде́лю. Всего́ хоро́шего.
- Большо́е спаси́бо, до́ктор. До свида́ния.

2 Чита́йте диало́г (1) вме́сте с ди́ктором. Отраба́тывайте темп и интона́цию. *Lesen Sie den benannten Dialog gemeinsam mit den Sprechern. Üben Sie, bis Tempo und Intonation das Sprechermuster erreichen.*

3 Вста́вьте пропу́щенные бу́квы (1). *Ergänzen Sie die ausgelassenen Buchstaben.*

- Здравствуйте!
- Здра▒уйте. Сади▒ сюда, пожал▒ста. *показывает на кресло* Слушаю ва▒.
- Доктор, у меня бол▒т два верх▒ зуба: зуб муд▒ти и зуб ряд▒ с ни▒.
- Давайте ▒смотрим ... Так, зуб муд▒ти удал▒ не будем.. Он у ва▒ в полн▒ поряд▒. А вот соседн▒ мне не нра▒. *стучит по зубу* Бо▒но?
- Б▒но! Очень!
- У вас здесь бы▒ ▒ломба.
- Бы▒, но она ▒пала неде▒ назад.
- ▒дётся сегодня ▒чистить зуб, ▒ложить лекарство и ▒ставить време▒ пломб▒. Будем делать под нарко▒?
- Давайте ▒пробуем без нарко▒. Я плохо ▒ношу наркоз.
- *закончив работу* Так. Зуб я ва▒ ▒пломбировала. Прошу два час▒ ничего не есть. Если зуб не будет болеть, ▒ходите через неде▒. Всего хоро▒.
- Больш▒ спаси▒, доктор. До свида▒.

4 Вста́вьте пропу́щенные слова́ (1). *Ergänzen Sie die ausgelassenen Wörter.*

- Здравствуйте!
- Здравствуйте. ▒ сюда, пожалуйста. *показывает на кресло* Слушаю ▒.
- Доктор, у меня болят два ▒: ▒ и зуб рядом с ▒.
- Давайте ▒ ... Так, зуб мудрости ▒ не будем. Он у вас в ▒ порядке. А вот ▒ мне не нравится. *стучит по зубу* Больно?
- Больно! Очень!
- У вас здесь была ▒.
- Была, но она ▒ неделю назад.

- ▮ сегодня прочистить зуб, положить ▮ и поставить ▮ пломбу. Будем делать ▮?
- ▮ Давайте попробуем ▮. Я плохо ▮ наркоз.
- ▮ *закончив работу* Так. Зуб я вам ▮. Прошу два часа ▮. Если зуб не будет болеть, приходите ▮. Всего ▮.
- ▮ Большое спасибо, доктор. До свидания.

5 Участвуйте в диалоге (1). *Übernehmen Sie die ausgesparten Gesprächsrepliken.*

- ▮ ▮!
- ▮ Здравствуйте. Садитесь сюда, пожалуйста. *показывает на кресло* Слушаю вас.
- ▮ ▮, ▮ ▮: ▮.
- ▮ Давайте посмотрим ... Так, зуб мудрости удалять не будем. Он у вас в полном порядке. А вот соседний мне не нравится. *стучит по зубу* Больно?
- ▮ ▮! ▮!
- ▮ У вас здесь была пломба.
- ▮ ▮, ▮ ▮.
- ▮ Придётся сегодня прочистить зуб, положить лекарство и поставить временную пломбу. Будем делать под наркозом?
- ▮ ▮. ▮.
- ▮ *закончив работу* Так. Зуб я вам запломбировала. Прошу два часа ничего не есть. Если зуб не будет болеть, приходите через неделю. Всего хорошего.
- ▮ ▮, ▮. ▮.

6 Расскажите / Напишите, что делал или сделал зубной врач. Обратите внимание на употребление видов. *Berichten Sie / Schreiben Sie auf, was der Zahnarzt getan hat. Achten Sie auf den Aspektgebrauch.*

Врач *смотрел / посмотрел* зубы и *говорил / сказал*, что зуб мудрости *удалять не будет / не удалит*, потому что он здоровый. Соседний зуб ему не *нравился / понравился*, поэтому он *прочищал / прочистил* его, *клал / положил* лекарство и *ставил / поставил* временную пломбу. Врач *делал / сделал* всё без наркоза, потому что пациент плохо *переносит / перенесёт* наркоз. Он *просил / попросил* пациента ничего не *есть / съесть* два часа и *приходить / прийти* к нему через две недели.

Lösung:
Врач посмотрел зубы и сказал, что зуб мудрости удалять не будет, потому что он здоровый. Соседний зуб ему не понравился, поэтому он прочистил его, положил лекарство и поставил временную пломбу. Врач делал (сделал) всё без наркоза, потому что пациент плохо переносит наркоз. Он попросил пациента ничего не есть два часа и прийти к нему через две недели.

4.3.4. (L) Beim Friseur – Парикма́херская

1 Слу́шайте диало́г не́сколько раз. Повторя́йте ка́ждую ре́плику за ди́ктором.
- Сало́н "Имидж". Слу́шаю вас!
- Здра́вствуйте! К вам на причёску мо́жно записа́ться?
- На како́й де́нь?
- На за́втра, на 10.
- К како́му ма́стеру?
- Мо́жно к любо́му.
- Мину́точку ... В 10 все за́няты. В 10.45 не хоти́те?
- Нет, это по́здно.
- А в 9.30?
- Мо́жно.
- Ваш ма́стер – Светло́ва Ле́на.
- Спаси́бо. До свида́ния.
- До свида́ния.

2 Чита́йте диало́г (1) вме́сте с ди́ктором. Отраба́тывайте темп и интона́цию.

3 Вста́вьте про́пущенные предло́ги (1). *Ergänzen Sie die ausgelassenen Präpositionen.*
- Сало́н "Имидж". Слу́шаю вас!
- Здра́вствуйте! ▮ вам ▮ причёску мо́жно записа́ться?
- ▮ како́й день?
- ▮ за́втра, ▮ 10.
- ▮ како́му мастеру?
- Мо́жно ▮ любо́му.
- Мину́точку ... ▮ 10 все за́няты. ▮ 10.45 не хоти́те?
- Нет, это поздно.
- А ▮ 9.30?
- Мо́жно.
- Ваш ма́стер – Светло́ва Ле́на.
- Спаси́бо. ▮ свида́ния.
- ▮ свида́ния.

4 Вста́вьте про́пущенные бу́квы (1). *Ergänzen Sie die ausgelassenen Buchstaben.*
- Сало́н "Имидж". Слуш▮ ва▮!
- Здра▮уйте! К ва▮ на причёс▮ мо́жно записа́▮?
- На как▮ день?
- На завт▮, на 10.
- К как▮ масте▮?
- Мо́жно к любо▮.
- Минут▮ ... В 10 все заня▮. В 10.45 не хоти▮?
- Нет, это по▮о.
- А в 9.30?
- Мо́жно.
- Ваш ма́стер – ▮ветлова Лена.
- Спаси́бо. До свидан▮.
- До свидан▮.

5 Участвуйте в диалоге (1).

- Салон "Имидж". Слушаю вас!
- ▓▓▓! ▓▓▓?
- На какой день?
- ▓▓▓, ▓▓▓.
- К какому мастеру?
- ▓▓▓.
- Минуточку ... В 10 все заняты. В 10.45 не хотите?
- ▓▓▓.
- А в 9.30?
- ▓▓▓.
- Ваш мастер – Светлова Лена.
- ▓▓▓. ▓▓▓.
- До свидания.

6 Слушайте диалог несколько раз. Повторяйте каждую реплику за диктором.

- Салон "Имидж". Слушаю вас!
- Здравствуйте! Скажите, пожалуйста, к вам можно записаться на причёску?
- Да, пожалуйста! На какой день вас записать?
- На завтра, часов на 10.
- К какому мастеру?
- В принципе, мне всё равно.
- Минуточку ... Сейчас посмотрю. В 10 все мастера заняты. В 10.45 вас не устраивает?
- Нет, к сожалению, это поздновато.
- А в 9.30?
- В 9.30 подходит.
- Прекрасно! Ждём вас завтра в 9.30. Ваш мастер – Светлова Лена.
- Спасибо. До свидания.
- До свидания. Всего хорошего.

7 Читайте диалог (6) вместе с диктором. Отрабатывайте темп и интонацию.

8 Отметьте во втором диалоге (6) слова, которых не было в первом диалоге (1). *Markieren Sie im Dialog (6) diejenigen Wörter, die im vorn behandelten Dialog (1) fehlten.*

9 Сравните диалоги (1), (6) между собой. Чем они отличаются? *Vergleichen Sie die benannten Dialoge untereinander. Wodurch unterscheiden Sie sich?*

10 Слушайте диалог несколько раз. Повторяйте каждую реплику за диктором.

- Здравствуйте! У вас можно постричься и сделать укладку феном?
- Да, пожалуйста. Подойдите часам к трём.
- А сейчас нельзя?
- Сейчас все мастера заняты. Если хотите, подождите. Но перед вами ещё два человека. Будете ждать?
- Долго ждать?
- Где-то около часа. А вы не хотите сделать маникюр?
- Сейчас?

72 – Komplexdialoge – Beim Friseur

🔊 Да, сейча́с. Пока́ подойдёт ва́ша о̀чередь на причёску, вам успе́ют сде́лать маникю́р. У нас прекра́сный ма̀стер! К ней тру́дно попа́сть. Счита́йте, что вам повезло́! Мину́т дѐсять наза́д позвони́ла клие́нтка и сказа́ла, что попа́ла в про́бку.

🔊 Я, пра́вда, не собира́лась де́лать маникю́р, но раз так – воспо́льзуюсь возмо́жностью. Спаси́бо за предложе́ние!

11 Читайте диалог (**10**) вместе с диктором. Отрабатывайте темп и интонацию.

12 Вставьте пропущенные буквы (**10**). 🔊🔊

🔊 Здравствуйте! У вас можно постри▮ и сделать уклад▮ фен▮?
🔊 Да, пожал▮ста. ▮дойдите час▮ к трё▮.
🔊 А се▮ас не▮зя?
🔊 Се▮ас все масте▮ заня▮. Если хотите, ▮ждите. Но перед ва▮ ещё два челове▮. Будете ▮дать?
🔊 Долго ▮дать?
🔊 Где-▮ около час▮. А вы не хотите ▮делать маник▮?
🔊 Се▮ас?
🔊 Да, се▮ас. Пока ▮дойдёт ваша оч▮редь на причё▮, ва▮ успе▮ ▮делать маник▮. У нас прекрасн▮ мастер! К не▮ трудно ▮пасть. ▮итайте, что ва▮ повез▮! Мин▮ десять назад ▮звонила кли▮ка и ▮казала, что ▮пала в пробк▮.
🔊 Я, правда, не собирал▮ делать маник▮, но раз так – ▮пользуюсь ▮можностью. Спасибо за предложе▮!

13 Вставьте пропущенные слова (**10**). 🔊🔊

🔊 Здравствуйте! У ▮ можно ▮ и сделать ▮?
🔊 Да, пожалуйста. ▮ часам к ▮.
🔊 А сейчас ▮?
🔊 Сейчас все ▮ заняты. Если хотите, ▮. Но перед ▮ ещё ▮. ▮ ждать?
🔊 ▮ ждать?
🔊 Где-то около ▮. А вы не хотите ▮?
🔊 Сейчас?
🔊 Да, сейчас. ▮ подойдёт ваша очередь ▮ причёску, ▮ сделать маникюр. У нас ▮ мастер! К ▮ трудно ▮. ▮, что вам повезло! Минут десять ▮ позвонила ▮ и сказала, что ▮.

14 Участвуйте в диалоге (**10**). 🔊🔊

🔊 ▮! ▮?
🔊 Да, пожалуйста. Подойдите часам к трём.
🔊 ▮?
🔊 Сейчас все мастера заняты. Если хотите, подождите. Но перед вами ещё два человека. Будете ждать?
🔊 ▮?
🔊 Где-то около часа. А вы не хотите сделать маникюр?
🔊 ▮?
🔊 Да, сейчас. Пока подойдёт ваша очередь на причёску, вам успеют сделать маникюр. У нас прекрасный мастер! К ней трудно попасть. Считайте, что вам повезло! Минут десять назад позвонила клиентка и сказала, что попала в пробку.
🔊 ▮, ▮, ▮ – ▮. ▮!

15 Замените выделенные слова лексикой из диалога (**10**). *Ersetzen Sie die hervorgehobenen Wörter des nachstehenden Dialogs durch Lexik aus dem Ursprungsdialog.*

- Добрый день! У вас можно сделать стрижку и уложить волосы фёном?
- Да, пожалуйста. Зайдите около трёх.
- А сейчас нельзя?
- Сейчас нет свободных мастеров. Если хотите, подождите. Но до вас ещё два человека. Подождёте?
- Долго ждать?
- Приблизительно час. А вы не желаете сделать маникюр?
- Сейчас?
- Да, сейчас. Пока подойдёт ваша очередь на причёску, вам успеют сделать маникюр. У нас отличный мастер! К ней всегда большая очередь. Считайте, что вам улыбнулась удача! Где-то около десяти минут назад позвонила клиентка и сказала, что попала в пробку.
- Я, правда, не думала делать маникюр, но если так – воспользуюсь случаем. Спасибо за предложение!

4.4. Besuche dienstlich und privat – В гостях у русских
4.4.1. (M) In dienstlichem Auftrag – Деловая встреча

1 Слушайте диалог несколько раз. Повторяйте каждую реплику за диктором.

- Секретариат фирмы "Ортекс". Елена Смирницкая. Слушаю вас.
- Здравствуйте. Моя фамилия Вернер. Я представитель немецкой фирмы "Заксенштольц". На завтра у меня назначена встреча с господином Авдеевым. Я хотел бы уточнить время встречи.
- Здравствуйте, господин Вернер. С приездом! Мы ждём вас завтра в 10 часов. Это время вам подходит?
- Да, вполне.
- Где вы остановились?
- В гостинице "Столичная".
- Завтра в 9.30 за вами заедет машина. Запишите, пожалуйста, номер: К 263 УЕ.
- Так, готово. Большое спасибо. До свидания.
- До свидания, господин Вернер. До завтра.

2 Читайте диалог (**1**) вместе с диктором. Отрабатывайте темп и интонацию.

3 Вставьте пропущенные буквы (**1**).

- кретариат фирм "Ортекс". лена Смирниая. Слшаю ва.
- Здрауйте. Мо фамил Вернер. Я ставитель немецк фир "Заксенштольц". На завтра у меня значена встре с господи Авдее. Я хотел бы уточн вре встре.
- Здрауйте, господин Вернер. С ездом! Мы ждём ва завтра в 10 час. Это время ва ходит?
- Да, полне.
- Где вы остансь?
- В гостиниц "Столи".
- Завтра в 9.30 за ва едет машина. пишите, пожалуйста, номер: К 263 УЕ.
- Так, гото. Большое спабо. До свидания.
- До свидания, господин Вернер. До зав.

74 – Komplexdialoge – Besuche

4 Вставьте пропущенные слова (1).

— Секретариат ▓ "Ортекс". Елена ▓. ▓.
— Здравствуйте. Моя фамилия Вернер. Я ▓ немецкой ▓ "Заксенштольц". ▓ завтра у меня назначена ▓ с господином Авдеевым. Я хотел бы ▓ время ▓.
— Здравствуйте, господин Вернер. ▓! Мы ▓ завтра в 10 часов. Это время вам ▓?
— Да, вполне́.
— Где вы ▓?
— В ▓ "Столичная".
— Завтра в 9.30 за вами ▓ машина. ▓, пожалуйста, номер: К 263 УЕ.
— Так, ▓. ▓ спасибо. До свидания.
— До свидания, господин Вернер. ▓.

5 Участвуйте в диалоге (1).

— Секретариат фирмы "Ортекс". Елена Смирницкая. Слушаю вас.
— ▓. ▓. ▓ "▓". ▓ ▓ ▓ ▓.
— Здравствуйте, господин Вернер. С приездом! Мы ждём вас завтра в 10 часов. Это время вам подходит?
— ▓.
— Где вы остановились?
— ▓ "▓".
— Завтра в 9.30 за вами заедет машина. Запишите, пожалуйста, номер: К 263 УЕ.
— ▓. ▓. ▓.
— До свидания, господин Вернер. До завтра.

6 Внима́тельно прочита́йте диало́г и испра́вьте оши́бки. *Lesen Sie den Dialog aufmerksam durch und korrigieren Sie mögliche Fehler.*

— ==Секрета́рь совме́стного предприя́тия== "==Ортекс==". Еле́на Смирни́цкая. Слу́шаю вас.
— Здра́вствуйте. ==Моё и́мя Ве́рман==. Я репрезента́нт неме́цкой фи́рмы "==Заксенхо́льц==". На ==у́тро== у меня́ назна́чена встре́ча с ==госпожо́й Авде́евой==. Я хоте́л бы уточни́ть врѐмя ==свида́ния==.
— Здра́вствуйте, господи́н ==Ве́рман==. С ==прибы́тием==! Мы ждём вас ==послеза́втра== в ==19== часо̀в. Это врѐмя вам подхо̀дит?
— Да, вполне́.
— Где вы ==посели́лись==?
— В гости́нице "==Столо́вая==".
— За́втра в 9.30 за ва́ми зае́дет ==такси́==. Запиши́те, пожа́луйста, ==а̀дрес==: ==К 236 УЕ==.
— Так, гото́во. Большо́е спаси́бо. До свида́ния.
— До свида́ния, господи́н ==Ве́рман==. До ==встречи==.

4.4.2. (N) Einladung in die Wohnung – Приглашéние домóй

Приходи́те к нам в суббо́ту

1 Слу́шайте диало́г не́сколько раз. Повторя́йте ка́ждую ре́плику за ди́ктором.

- Андре́ас, что вы де́лаете в суббо́ту ве́чером?
- Я ещё не зна́ю. У меня́ нет никаки́х пла́нов.
- Тогда́ приходи́те к нам в го́сти. Мы с жено́й бу́дем о́чень ра́ды.
- Спаси́бо за приглаше́ние, с удово́льствием приду́.
- Ждём вас к семи́ ве́чера. Запиши́те наш а́дрес: Осто́женка 78, кварти́ра 44.
- Как к вам е́хать?
- Лу́чше всего́ на метро́. До ста́нции "Парк культу́ры", а да́льше два кварта́ла пешко́м.
- Я ещё совсе́м пло́хо зна́ю го́род ...
- Дава́йте тогда́ встре́тимся в 18.40 во́зле вы́хода из метро́. Договори́лись?
- Договори́лись!

2 Чита́йте диало́г (1) вме́сте с ди́ктором. Отраба́тывайте темп и интона́цию.

3 Вста́вьте пропу́щенные бу́квы (1).

- Андреас, что вы ▓лаете в су▓оту вече▓?
- Я ещё не знаю. У меня нет никак▓ план▓.
- Тогда ▓ходите к нам в гос▓. Мы с жен▓ будем очень ра▓.
- Спасибо за приглаше▓, с удовол▓ иду.
- Ждём вас к сем▓ вече▓. ▓пишите наш а̀дрес: Остоженка 78, квартира 44.
- Как к вам ▓хать?
- Лучше всего на метр▓. До стан▓ "Парк культуры", а дальше два квартала пешк▓.
- Я ещё совсем плохо знаю город ...
- Давайте тогда ▓стретимся в 18.40 возле выход▓ из метр▓. Договори▓?
- Договорил▓!

4 Вста́вьте пропу́щенные слова́ (1).

- Андреас, что вы делаете ▓?
- Я ▓ не знаю. У меня нет ▓.
- Тогда ▓ в гости. ▓ будем очень ▓.
- Спасибо ▓, с удовольствием ▓.
- Ждём вас ▓. ▓ наш а̀дрес: Остоженка 78, квартира 44.
- Как ▓ ехать?
- Лучше всего ▓. До ▓ "Парк культуры", а дальше два квартала ▓.
- Я ещё ▓ знаю город ...
- Давайте тогда ▓ в 18.40 ▓ из метро. Договорились?
- Договорились!

76 – Komplexdialoge – Besuche

5 Участвуйте в диалоге (1).

- Андреас, что вы делаете в субботу вечером?
- ▓▓. ▓▓.
- Тогда приходите к нам в гости. Мы с женой будем очень рады.
- ▓▓, ▓▓.
- Ждём вас к семи вечера. Запишите наш адрес: Остоженка 78, квартира 44.
- ▓▓?
- Лучше всего на метро. До станции "Парк культуры", а дальше два квартала пешком.
- ▓▓ ...
- Давайте тогда встретимся в 18.40 возле выхода из метро. Договорились?
- ▓▓!

6 Участвуйте в диалоге (1).

- ▓▓, ▓▓?
- Я ещё не знаю. У меня нет никаких планов.
- ▓▓. ▓▓.
- Спасибо за приглашение, с удовольствием приду.
- ▓▓ ▓▓: ▓▓, ▓▓.
- Как к вам ехать?
- ▓▓. ▓▓ "▓▓", ▓▓.
- Я ещё совсем плохо знаю город.
- ▓▓ ▓▓ ▓▓. ▓▓?
- Договорились!

7 Замените выделенные слова лексикой из диалога (1). *Ersetzen Sie die hervorgehobenen Wörter des nachstehenden Dialogs durch Lexik aus dem Ursprungsdialog.*

- Андреас, чем вы заняты в субботу вечером?
- Я ещё не знаю. У меня нет никакого представления.
- Тогда приезжайте к нам в гости. И я, и моя жена будем очень рады.
- Спасибо за приглашение, с удовольствием приеду.
- Будем ждать вас в семь вечера. Запишите, где мы живём: Остоженка 78, квартира 44.
- Как к вам ехать?
- Удобнее всего на метро. До станции "Парк культуры", а дальше два квартала пройти.
- Я ещё почти не знаю города ...
- Давайте тогда встретимся в 18.40 у выхода из метро. Договорились?
- Договорились!

Komplexdialoge – Besuche – 77

4.4.3. (O) Einladung zum Ausstellungsbesuch – Приглаше́ние в карти́нную галере́ю

Дава́й пойдём в Третьяко́вскую галере́ю.

1 Слу́шайте диало́г не́сколько раз. Повторя́йте ка́ждую ре́плику за ди́ктором.

- Пе́тра, ты уже́ была́ в Третьяко́вской галере́е?
- Нет, ещё не была́.
- Дава́й пойдём туда́ в воскресе́нье вме́сте?
- Я бы пошла́, но мне говори́ли, что входны́е биле́ты для иностра́нцев о́чень дороги́е.
- К сожале́нию, э́то так. Мы пла́тим 25 рубле́й, а иностра́нцы – 150.
- 150 рубле́й – э́то приблизи́тельно пять е́вро ... .
- Мо́жет быть, мне уда́стся купи́ть два биле́та по 25 рубле́й. Ведь мы одного́ во́зраста, о́бе студе́нтки ...
- Не беспоко́йся, А́ня, е́сли на́до, я заплачу́ 150 рубле́й. Я не могу́ верну́ться в Герма́нию и сказа́ть, что не была́ в Третьяко́вской галере́е.

2 Чита́йте диало́г (1) вме́сте с ди́ктором. Отраба́тывайте темп и интона́цию.

3 Вста́вьте пропу́щенные бу́квы (1).

- Петра, ты уже была в Тре́т▮ской галер▮?
- Нет, ещё не была.
- Давай ▮йдём туда в воскресе▮ вместе?
- Я бы ▮шла, но мне говори▮, что ▮одные билеты для иностран▮ очень дорог▮.
- К со▮алению, это так. Мы пл▮им 25 рубл▮, а иностра▮ – 150.
- 150 рубл▮ – это приблизител▮о пять евро ...
- Может быть, мне удаст▮ купить два биле▮ по 25 рубл▮. Ведь мы одно▮ ▮раста, об▮ студентк▮ ...
- Не ▮покойся, Аня, если надо, я ▮плачу 150 рубл▮. Я не могу верну▮ в Герман▮ и ▮казать, что не была в Трет▮ской галер▮.

4 Вста́вьте пропу́щенные слова́ (1).

- Петра, ты ▮ была в ▮?
- Нет, ▮ не была.
- Давай ▮ туда в воскресенье ▮?
- Я бы ▮, но мне говорили, что ▮ для иностранцев очень ▮.
- ▮, это так. Мы ▮ 25 рублей, а иностранцы – 150.
- 150 рублей – это ▮ пять евро...
- Может быть, ▮ купить два билета ▮ 25 рублей. Ведь мы ▮, обе студентки...
- Не ▮, Аня, если надо, я ▮ 150 рублей. Я не могу ▮ в Германию и сказать, что не была в ▮.

5 Участвуйте в диалоге (1).

- Петра, ты уже была в Третьяковской галерее?
- ▓▓▓, ▓▓▓.
- Давай пойдём туда в воскресенье вместе?
- ▓▓▓, ▓▓▓, ▓▓▓ ▓▓▓.
- К сожалению, это так. Мы платим 25 рублей, а иностранцы – 150.
- ▓▓▓ – ▓▓▓ ...
- Может быть, мне удастся купить два билета по 25 рублей. Ведь мы одного возраста, обе студентки ...
- ▓▓▓, ▓▓▓, ▓▓▓. ▓▓▓, ▓▓▓.

6 Участвуйте в диалоге (1).

- ▓▓▓, ▓▓▓?
- Нет, ещё не была.
- ▓▓▓?
- Я бы пошла, но мне говорили, что входные билеты для иностранцев очень дорогие.
- ▓▓▓. ▓▓▓, ▓▓▓.
- 150 рублей – это приблизительно пять евро ...
- ▓▓▓ ▓▓▓. ▓▓▓, ...
- Не беспокойся, Аня, если надо, я заплачу 150 рублей. Я не могу вернуться в Германию и сказать, что не была в Третьяковской галерее.

7 Замените выделенные слова лексикой из диалога (1). *Ersetzen Sie die hervorgehobenen Wörter des nachstehenden Dialogs durch Lexik aus dem Ursprungsdialog.*

- Пе́тра, ты ещё не была́ в Третья́ковской галере́е?
- Нет, ещё не ходи́ла.
- Дава́й схо́дим туда́ в воскресе́нье вме́сте?
- Я бы пошла́, но я слы́шала, что входны́е биле́ты для иностра́нцев сто́ят о́чень до́рого.
- О́чень жаль, но э́то так. Для нас биле́т сто́ит 25 рубле́й, а для иностра́нцев – 150.
- 150 рубле́й – э́то приблизи́тельно пять е́вро... .
- Мо́жет быть, я смогу́ купи́ть два биле́та по 25 рубле́й. Ведь мы рове́сницы, о́бе студе́нтки...
- Не волну́йся, А́ня, е́сли на́до, я заплачу́ 150 рубле́й. Я не могу́ возврати́ться в Герма́нию, не побыва́в в Третья́ковской галере́е.

5. Zusatzmaterialien

Die Zusatzmaterialien des Sprechtrainers umfassen in ihrem ersten Teil einige prototypisch ausgewählte Lieder und Gedichte. Hiermit wollen wir

- einerseits dem Lernenden entgegenkommen, der sich das Russische auf diese eher poetische Art aneignen will, denn eine Melodie kann ebenso wie ein exaktes Versmaß oder ein Reim die Aneignung nicht unwesentlich unterstützen, und wenn der Lerner in Kauf nimmt, dass er die eine oder andere ausgefallenere oder ältere Wendung mit präsentiert bekommt, kann er das Russische oder Teile davon auf eine eher spielerisch-lustbetonte Art und Weise erlernen;
- andererseits dem eher einem traditionellen Lernstil zugeneigten Nutzer zeigen, dass er sich in den vorangegangenen Übungskomplexen das Russische bereits so weit erschlossen hat, dass er in der Lage ist, sich auch mit anspruchsvolleren und hochstehenden künstlerischen bzw. sogar literarischen Texten auseinanderzusetzen, und
- zum Dritten einen ganz kleinen Ausschnitt an russischer Folklore präsentieren, die nicht nur einen Einblick in diese für den Russen äußerst wichtige Gedankenwelt liefert, sondern es dem Lerner auch ermöglicht, im Kreis von Russen auf diesem Gebiet etwas mitzuhalten.

In ihrem zweiten Teil listen die Zusatzmaterialien bisher behandelte, aber auch neue Lexik auf, die nach häufig benötigten Sach- und Themengruppen geordnet ist. Hauptzweck dieser Zusammenstellung ist das eigene Lexiktraining; die Gruppen entsprechen den "vorgefertigten Lexikübungen" aus dem Sprechenden Wörterbuch.

5.1. Russische Lieder

Die Auswahl russischer Lieder ist den Autoren nicht leicht gefallen – eine Entscheidung für ein Lied ist immer auch eine Entscheidung in eine bestimmte Richtung oder eine Entscheidung gegen andere Lieder. Ausschlaggebend für die Aufnahme in diesen Band war

- die Bekanntheit des Liedes im russischen, ja teilweise auch im deutschen Sprachraum;
- der ausgesprochene Volksliedcharakter, der eine Akzeptanz auch über den Tag hinaus sichert;
- die Verfügbarkeit einer qualitativ ausreichenden und nicht durch sonstige Rechte belasteten Aufzeichnung.

Die Autoren haben sich dabei dafür entschieden, es bei sieben Liedern in einer kompletten Darstellung bewenden zu lassen, also den Text zu präsentieren und gleichzeitig die abrufbare Soundversion mit Gesang und orchestraler Begleitung bereitzustellen; bei der russischen Nationalhymne stehen Text und orchestrale Fassung dagegen etwas nebeneinander. "Neue" Lexik kann mithilfe des Russischen Universalwörterbuchs erschlossen werden, ist aber nicht Gegenstand gezielter lexikalischer Übungen.

Die Autoren möchten sich bei Frau Weslogusowa und beim Ensemble Рождество́ für die bereitwillige und selbstlose Unterstützung bedanken.

5.1.1. Den weiten Weg wir fahr'n – Дорогой длинною

Стихи́ К. Подре́вского; Му́зыка Б. Фомина́ в обрабо́тке А. Верти́нского

Е́хали на тро́йке с бубенца́ми,
А вдали́ мелька́ли огоньки́.
Ох, да ка́бы мне тепе́рь за ва́ми
Ду́шу бы разве́ять от тоски́.

(*припе́в:*) Доро́гой дли́нною*[1] да но́чкой лу́нною,
Да с пе́сней той, что в даль лети́т звеня́,
Да с той стари́нною, да с семистру́нною,
Что по ноча́м так му́чила меня́...

Да, выхо́дит, пе́ли мы зада́ром,
Понапра́сну ночь за но́чью жгли.
Е́сли мы поко́нчили со ста́рым,
Так и но́чи э́ти отошли́!?

припе́в

В даль родну́ю но́выми путя́ми
Нам отны́не е́хать суждено́!
Е́хали на тро́йке с бубенца́ми,
То́лько путь прое́хали давно́!?

припе́в

5.1.2. Katjuscha – "Катюша"

Расцвета́ли я́блони и гру́ши,
Поплыли́ тума́ны над реко́й.
|: Выходи́ла на́ берег Катю́ша
На высо́кий бе́рег, на круто́й.   :|

Выходи́ла, пе́сню заводи́ла
Про степно́го си́зого орла́,
|: Про того́, кото́рого люби́ла,
Про того́, чьи пи́сьма берегла́.   :|

Ой ты, пе́сня, пе́сенка деви́чья,
Ты лети́ за я́сным со́лнцем вслед
И бойцу́ на да́льнем пограни́чье
От Катю́ши переда́й приве́т.

Пусть он вспо́мнит де́вушку просту́ю,
Пусть услы́шит, как она́ поёт,
Пусть он зе́млю бережёт родну́ю,
А любо́вь Катю́ша сбережёт.

Расцвета́ли я́блони и гру́ши,
Поплыли́ тума́ны над реко́й.
|: Выходи́ла на́ берег Катю́ша
На высо́кий бе́рег, на круто́й.   :|

---

[1] alter / poetischer / schriftgebundener Instrumental Singular des femininen Adjektivs, vgl. die entsprechende Anmerkung zu § 34

5.1.3. Oh du schöner Vogelbeerbaum – Уральская рябинушка

Вѐчер ти́хой пѐснею*¹⁾ на́д рекòй плывёт.
Да́льними зарни́цами свѐтится заво́д.
Где-то пòезд ка̀тится то́чками огня̀.
Где-то под ряби́нушкой па̀рни ждут меня̀.

припев:
Ой, ряби́на кудря́вая,
Бе́лые цветы́,
Ой, ряби́на, ряби́нушка,
Что взгрустну́ла ты?

Лишь гудки́ певу́чие смо́лкнут над водо̀й,
Я иду́ к ряби́нушке тро́пкою* круто́й.
Трѐплет под кудря́вою* вѐтер без конца̀
Спра́ва ку̀дри то́каря, слѐва – кузнеца̀.

припев:
Кто из них жела́ннее, ру̀ку сжать кому̀?
Сѐрдцем растрево́женным так и не пойму́ …
Хоть ничем не схо̀жие, о̀ба хороши́.
Ми́лая ряби́нушка, сѐрдцу подскажи́!

проигрыш
Ой, ряби́на кудря́вая,
О̀ба хороши́.
Ми́лая ряби́нушка,
Сѐрдцу подскажи́!

5.1.4. Schwarzer Augen Glut – Очи чёрные

О̀чи чёрные! О̀чи стра́стные!
О̀чи жгу́чие и прекра́сные!
Как люблю́ я вас! Как бою́сь я вас!
Знать, уви́дел вас я не в до́брый час!

Ска̀терть бе́лая залита́ вино̀м.
Спят гуса́ры все беспробу́дным сном.
Лишь оди́н не спит, пьёт шампа́нское
За любо̀вь свою̀, за цыга́нскую.

Подойди́ ко мне, ты мне нра́вишься,
Поцелу́й меня́, не отра̀вишься!
Поцелу́й меня́, пото́м я тебя́!
Пото́м вме́сте мы расцелу́емся!

Не люби́л бы я – не страда́л бы так,
Про̀жил б жизнь свою́ припева́ючи.
Вы сгуби́ли меня́, о̀чи чёрные,
Унесли́ наве́к моё сча́стье.

---

¹ alter / poetischer / schriftgebundener femininer Instrumental Singular

5.1.5. Moskauer Abende – Подмосковные вечера́

Слова́   М. Матусо́вского
Му́зыка   В. Соловьёва-Седо́го

Не слышны́ в саду́ да́же шо́рохи,
Всё здесь за́мерло до утра́.
|: Е́сли б зна́ли вы, как мне до́роги
Подмоско́вные вечера́. :|

Ре́чка дви́жется и не дви́жется,
Вся из лу́нного серебра́.
|: Пе́сня слы́шится и не слы́шится
В э́ти ти́хие вечера́. :|

Что ж ты, ми́лая, смо́тришь и́скоса,
Ни́зко го́лову наклоня́?
Тру́дно вы́сказать и не вы́сказать
Всё, что на́ сердце у меня́.

А рассве́т уже́ всё заме́тнее...
Так, пожа́луйста, будь добра́,
|: Не забу́дь и ты э́ти ле́тние
Подмоско́вные вечера́! :|

5.1.6. Abendglocken – Вече́рний звон

Вече́рний звон, вече́рний звон!
Как мно́го дум наво́дит он.

О ю́ных днях в краю́ родно́м,
Где я люби́л, где о́тчий до́м,

И мно́гих нет тепе́рь в живы́х
Тогда́ весёлых, молоды́х!

И как я, с ним наве́к простя́сь,
Там слу́шал звон в после́дний раз!

Вече́рний звон, вече́рний звон!
Как мно́го дум наво́дит он.

5.1.7. Kalinka – Кали́нка

|: *Кали́нка, кали́нка, кали́нка моя́!*
  В саду́ я́года мали́нка, мали́нка моя́! :|

  Ах, под сосно̀ю, под зелено̀ю,
  Спать положи́те вы меня́!
  Ай-люли́, люли́, ай-люли́, люли́,
  Спать положи́те вы меня́.

|: *Кали́нка, кали́нка, кали́нка моя́!*
  В саду́ я́года мали́нка, мали́нка моя́! :|

  Ах, краса́вица, душа̀-деви́ца,
  Полюби́ же ты меня́!
  Ай-люли́, люли́, ай-люли́, люли́,
  Полюби́ же ты меня́!

|: *Кали́нка, кали́нка, кали́нка моя́!*
  В саду́ я́года мали́нка, мали́нка моя́! :|

5.1.8. Nationalhymne der Russischen Föderation – Госуда́рственный гимн Росси́йской Федера́ции

(*слова̀ С.В. Михалкова, му́зыка А.В. Александрова*)

Росси́я – свяще́нная на́ша держа́ва,
Росси́я – люби́мая на́ша страна̀.
Могу́чая во́ля, вели́кая сла́ва –
Твоё достоя́нье на все времена̀!

(*припе́в*) Сла́вься, Оте́чество на́ше свобо́дное,
Бра́тских наро́дов сою́з веково́й,
Пре́дками да́нная му́дрость наро́дная!
Сла́вься, страна̀! Мы горди́мся тобо́й!

От ю́жных море́й до поля́рного кра́я
Раски́нулись на́ши леса̀ и поля̀.
Одна̀ ты на све́те! Одна̀ ты така́я –
Храни́мая Бо̀гом родна́я земля́!

(*припе́в*)

Широ́кий просто́р для мечты́ и для жи́зни
Гряду́щие нам открыва́ют года̀.
Нам си́лу даёт на́ша ве́рность Отчи́зне.
Так бы́ло, так есть и так бу́дет всегда́!

(*припе́в*)

5.2. Russische Gedichte

Auch bei den russischen Gedichten stellte sich die Frage der Auswahl; da es ohnehin unmöglich ist, die Breite des russischen poetischen Schaffens auch nur anzudeuten, musste es von vornherein um eine allenfalls exemplarische Präsentation gehen. So erklärt sich die Berücksichtigung von Majakowski mit einem – seinem vielleicht populärsten – Gedicht, dem natürlich die Zeitverbundenheit anhaftet, aber ohne die expressionistische Zügellosigkeit eines Majakowski ist die spätere russische Lyrik nur schwer vorstellbar. Ähnlich konnte diese Auswahl weder auf Bulat Okudshawa noch auf den gleich doppelt vertretenen Jewgeni Jewtuschenko verzichten, und ein Joseph Brodski erwies sich ebenso als ein Muss wie der – in Deutschland zu Unrecht kaum bekannte – Nikolai Sabolozki. Dass dabei unzählige andere Namen – ungerechterweise! – unter den Tisch fielen, sei dem mehr als fragmentarischen Charakter dieser Auswahl geschuldet und den Autoren nachgesehen.

Die textuelle Präsentation wurde durchgehend mit zwei Rezitationsfassungen ergänzt; dem aufmerksamen Hörer werden Unterschiede zwischen der konventionellen russischen Rezitationsweise und deutschen Hörmustern nicht entgehen. Mit ähnlicher Begründung wie bei den Liedern wurde auch bei den Gedichten auf eine Interlinearübersetzung oder das Anführen von Nachdichtungen verzichtet, Vokabelhilfen sind jedoch in der Computerfassung wieder enthalten.

5.2.1. Gut und schlecht (*Wladimir Majakowski*) – ЧТО ТАКОЕ ХОРОШО И ЧТО ТАКОЕ ПЛОХО!

Кро́шка сын
　　　к отцу́ пришёл,
и спроси́ла кро́ха:
– Что тако́е
　　　хорошо́
и что тако́е
　　　пло́хо? –
У меня́
　　　секре́тов нет, –
слу́шайте, дети́шки, –
па́пы э́того
　　　отве́т [1)]
помеща́ю
　　　в кни́жке.

– Е́сли ве́тер
　　　кры́ши рвёт,
е́сли
　　　град загро́хал, –
ка́ждый зна́ет –
　　　э́то вот
для прогу́лок
　　　пло́хо.

---

[1] = ответ этого папы: die Antwort dieses Vatis – das, was dieser Vati geantwortet hat

До́ждь пока́пал
        и прошёл.
Со́лнце
        в це́лом све́те.
Это –
        о́чень хорошо́
и больши́м
        и дѐтям.
Е́сли
        сы̀н
                черне́е но̀чи,
гря́зь лежи́т
        на ро́жице, –
я́сно,
        э́то
                пло́хо о́чень
для ребя́чьей ко́жицы.
Е́сли
        ма́льчик
                лю̀бит мы̀ло
и зубно́й порошо̀к,
э́тот ма́льчик
        о́чень ми́лый,
поступа́ет хорошо́.

Е́сли бьёт
        дрянно́й драчу̀н
сла́бого мальчи́шку,
я тако́го
        не хочу̀
да́же
        вста́вить в кни́жку.
Этот вот кричи́т:
        – Не трожь
тех,
        кто ме́ньше ро́стом! –
Этот ма́льчик
        так хоро́ш,
загляде́нье про́сто!
Е́сли ты
        порва́л подря́д
кни́жицу
        и мя́чик,
октября́та говоря́т:
плохова́тый ма́льчик.

Если мальчик
	любит труд,
тычет
	в книжку
		пальчик,
про такого
	пишут тут:
он
	хороший мальчик.

От вороны
		карапуз
убежал, заохав.
Мальчик этот
		просто трус.
Это
	очень плохо.

Этот,
	хоть и сам с вершок,[1)]
спорит
	с грозной птицей.
Храбрый мальчик,
		хорошо,
в жизни
	пригодится.

Этот
	в грязь полез
		и рад,
что грязна рубаха.
Про такого
	говорят:
он плохой,
	неряха.

Этот
	чистит валенки,
моет
	сам
		галоши.
Он
	хотя и маленький,
но вполне хороший.

---

[1] selbst noch winzig klein - с mit Akkusativ zum Größenvergleich (вершок: historisches russisches Längenmaß, 44,45 mm), analog konstruiert mit с plus Akkusativ zum Größenvergleich ist мальчик с пальчик – "Däumelinchen"

По́мни
      э́то
           ка́ждый сы̀н.[1]
Знай
      любо́й ребёнок:
вы́растет
      из сы̀на
           сви́н[2],
е́сли сы̀н –
          свинёнок.
Ма́льчик
      ра́достный пошёл;
и реши́ла кро́ха:
«Бу́ду
      де́лать *хорошо́*,
и не бу́ду –
          пло́хо».

1925

5.2.2. François Villon (*Bulat Okudshawa 1963*) – ФРАНСУА ВИЙОН

Пока́ Земля́ ещё вѐртится,
пока́ ещё я́рок свет,
го́споди, дай же ты ка́ждому,
чего̀ у него̀ нет:
му́дрому дай го̀лову,
трусли́вому дай коня̀,
дай счастли́вому дѐнег ...
И не забу́дь про меня́.

Пока́ Земля́ ещё вѐртится,
го́споди, твоя́ вла̀сть! –
дай рву́щемуся к вла́сти
навла́ствоваться[3] всласть,
дай переды́шку ще́дрому,
хоть до исхо́да дня́.
Ка́ину дай раска́яние ...
И не забу́дь про меня́.

---

[1] emphatischer Imperativ – Möge jeder Sohn = Junge immer daran denken
[2] eine Wortschöpfung von Majakowski, so russisch allgemeinsprachlich nicht belegbar
[3] eine expressive Wortschöpfung von Okudshawa analog zu anderen verbalen Bildungen in der Bedeutung "etwas zur Genüge tun"

Я зна́ю: ты всё уме́ешь,
я ве́рую в му́дрость твою́,
как ве́рит солда́т уби́тый,
что он прожива́ет в раю́,
как ве́рит ка́ждое у̀хо
ти́хим реча̀м твои́м,
как ве́руем и мы са́ми,
не ве́дая, что твори́м![1)]

Го́споди мой бо́же,
зеленогла́зый мой!
Пока́ Земля́ ещё ве́ртится,
и э́то ей стра́нно само́й,
пока́ ей ещё хвата́ет
врѐмени и огня́,
дай же ты всем понемно́гу ...
И не забу́дь про меня́.

5.2.3. *** (Jewgeni Jewtuschenko)

С. Преображе́нскому

Люде́й неинтере́сных в ми́ре нет.
Их су́дьбы – как исто́рии плане́т.
У ка́ждой всё осо́бое, своё,
и нет плане́т, похо́жих на неё.

А е́сли кто̀-то незаме́тно жил
и с э́той незаме́тностью дружи́л,
он интере́сен был сре́ди люде́й
са́мою незаме́тностью свое́й.

У ка́ждого – свой та́йный ли́чный мир.
Есть в ми́ре э́том са́мый лу́чший миг.
Есть в ми́ре э́том са́мый стра́шный ча̀с,
но э́то всё неве́домо для нас.

И е́сли умира́ет челове́к,
с ним умира́ет пе́рвый его́ снѐг,
и пе́рвый поцелу́й, и пе́рвый бо̀й ...
Всё э́то забира́ет он с собо́й.

Да, остаю́тся кни́ги и мосты́,
маши́ны и худо́жников холсты́,[2)]
да, мно́гому оста́ться суждено́,
но что̀-то ведь ухо̀дит всё равно́!

Тако̀в зако́н безжа́лостной игры́.
Не лю́ди умира́ют, а миры́.
Людѐй мы по́мним, грѐшных и земны́х.
А что мы зна́ли, в су́щности, о них?

---

[1] eine Anspielung auf die Bibel: не ве́дают, что творя́т – sie wissen nicht, was sie tun
[2] lies: холсты́ худо́жников

Что зна́ем мы про бра́тьев, про друзе́й,
что зна́ем о еди́нственной свое́й?
И про отца̀ родно́го своего̀
мы, зна́я всё, не зна́ем ничего̀.

Ухо̀дят лю̀ди ... Их не возврати́ть.
Их та́йные миры̀ не возроди́ть.
И ка́ждый раз мне хо́чется опя́ть
от э́той невозвра́тности крича́ть ...

5.2.4. Bis dass der Tod ... (*Nikolai Sabolozki 1957*) –
КЛЯЛА́СЬ ТЫ – ДО ГРО̀БА

Кляла̀сь ты – до гро̀ба
Быть ми́лой мое́й.
Опо́мнившись, о̀ба
Мы ста́ли умне́й.

Опо́мнившись, о̀ба
Мы по̀няли вдруг,
Что сча́стья до гро̀ба
Не бу́дет, мой друг.

Колѐблется лѐбедь
На пла̀мени вод.
Одна́ко к землѐ ведь
И он уплывёт.

И вновь одино́ко
Заблѐщет вода̀,
И гля́нет ей в о̀ко
Ночна́я звезда̀.

5.2.5. Mit dem Sohn unterwegs (*Jewgeni Jewtuschenko*) –
ПРОГУЛКА С СЫНОМ

Како́й искри́стый лёгкий скрип
сапо́жек де́тских по снежку̀,
како́й счастли́вый де́тский вскрик
о том, что бе́лка на суку̀.

Како́й пречи́стый бо́жий день,
когда́ с тобо́й ребёнок твой,
и голуба́я его̀ тѐнь
скользи́т по снѐгу за тобо́й.

Ребёнок взро́слым не чета́.
Он как упрёк приро́ды нам.
Жизнь без ребёнка – нищета́.
С ребёнком – ты ребёнок сам.

Глаза́ ребёнка так блестя́т,
как бу́дто в бу́дущем гостя́т.
Слова́ ребёнка так свежи́,
как бу́дто в ми́ре не́ту лжи.

В ребёнке дух бунтовщика́.
Он сло́вно жизнь – вся, целико́м,
и ды́шит де́тская щека̀
моро́зом, со́лнцем, молоко̀м.

Щека̀ ребёнка па́хнет так,
как па́хнет стру́жками верста̀к,
и как черёмуховый сад,
и как арбу́за а́лый взгляд,

и как пасту́ший ко́зий сыр, –
как весь прекра́сный ве́чный мир,
где так смеша́лись яд и мёд,
где тот, кто не ребёнок, – мёртв.

5.2.6. Stanzen (*Joseph Brodski 1962*)

СТАНСЫ

Ни страны́, ни пого́ста
не хочу̀ выбира́ть.
На Васи́льевский о̀стров
я приду́ умира́ть.

Твой фаса́д тёмноси́ний
я впотьма́х не найду́,
между вы́цветших ли́ний
на асфа́льт упаду́.

И душа̀, неуста́нно
поспеша́я во тьму,
промелькнёт над моста́ми
в петрогра́дском дыму̀,
и апре́льская мо́рось,
над заты́лком снежо̀к,
и услы́шу я го̀лос:
– До свида́нья, дружо̀к.

И уви́жу две жи́зни
далеко́ за реко̀й,
к равноду́шной отчи́зне
прижима́ясь щеко̀й,
– сло́вно де́вочки-сёстры
из непро́житых лет,
выбега́я на о̀стров,
ма́шут ма́льчику вслед.

5.3. Lexikgruppen themengeordnet

Treffen Sie Ihre Auswahl aus den nachfolgenden Rubriken:

5.3.1. Bekannte und Verwandte

Familienangehörige: мать – Mutter; отец – Vater; сестра – Schwester; брат – Bruder; дочь – Tochter; дочка – Tochter, Töchterchen; сын – Sohn; бабушка – Großmutter, Oma; дедушка – Großvater, Opa; внучка – Enkeltochter; внук – Enkelsohn; тётя – Tante; дядя – Onkel; двоюродная сестра – Kusine, Cousine, Base; двоюродный брат – Cousin, Vetter; племянница – Nichte; племянник – Neffe; свекровь / тёща – Schwiegermutter (Mutter des Ehemanns / Mutter der Ehefrau); свёкор / тесть – Schwiegervater (Vater des Ehemanns / Vater der Ehefrau)

Freunde und Bekannte: друг – Freund; подруга – Freundin; приятель – Freund; приятельница – Freundin; товарищ – Genosse, Kamerad, Freund, Kollege; знакомый – Bekannter; знакомая – die Bekannte; сосед – Nachbar; соседка – Nachbarin; парень – junger Mann, Bursche; mit Possessivum: Freund; девушка – junges Mädchen; Fräulein; mit Possessivum: Freundin

Europa - Länder und Bewohner (Австрия – Österreich; австриец – Österreicher; австрийка – Österreicherin; австрийский – österreichisch; Албания – Albanien; албанец, албанка, албанский ; Англия – England; англичанин, англичанка, английский ; Андорра – Andorra; андорец, андорка, андорский; Беларусь – (Republik) Weißrussland; белорус, белоруска, белорусский; Бельгия – Belgien; бельгиец, бельгийка, бельгийский; Болгария – Bulgarien; болгарин, болгарка, болгарский; Босния-Герцеговина – Bosnien-Herzegowina; босниец, боснийка, боснийский; Ватикан – Vatikan(stadt); житель Ватикана / ватиканец, жительница Ватикана, ватиканский; Венгрия – Ungarn; венгр, венгерка, венгерский; Германия – Deutschland; немец, немка, немецкий; Голландия – Holland (vgl. Нидерланды – Niederlande); голландец, голландка, голландский; Греция – Griechenland; грек, гречанка, греческий; Дания – Dänemark; датчанин, датчанка, датский; Ирландия – Irland; ирландец, ирландка, ирландский; Исландия – Island; исландец, исландка, исландский; Испания – Spanien; испанец, испанка, испанский; Италия – Italien; итальянец, итальянка, итальянский; Латвия – Lettland, Lettische Republik; латыш, латышка, латвийский; Литва – Litauen, Litauische Republik; литовец, литовка, литовский; Лихтенштейн – Liechtenstein; лихтенштейнец, лихтенштейнка, лихтенштейнский; Люксембург – Luxemburg; люксембуржец, жительница Люксембурга / люксембурженка, люксембургский; Македония – Mazedonien (Makedonien); македонец, македонка, македонский; Молдова / Молдавия – Moldawien, Moldowa; молдаванин, молдаванка, молдаванский / молдавский; Монако – Monaco; монегасок, монегаска, монегасский; Нидерланды – Niederlande (vgl. Holland); голландец, голландка, нидерландский; Норвегия – Norwegen; норвежец , норвежка, норвежский; Польша – Polen; поляк, полька / полячка, польский; Португалия – Portugal; португалец, португалка, португальский; Россия – Russland; русский / русская – Russe / Russin (als Angehöriger der Nationalität); россиянин / россиянка – Russe / Russin (als Staatsbürger); русский – russisch (auf den Menschenschlag bezogen); российский – russisch (auf den Staat bezogen), Russland-; selten: russländisch; Румыния – Rumänien; румын, румынка, румынский; Сан-Марино – San Marino; санмаринец, санмаринка, санмаринский; Словакия – Slowakei; словак, словачка, словацкий; Словения – Slowenien; словенец, словенка, словенский; Украина – Ukraine; украинец, украинка, украинский; Финляндия – Finnland; финн, финка, финский; Франция – Frankreich; француз, француженка, французский; Хорватия – Kroatien; хорват, хорватка, хорватский; Чехия – Tschechien; чех, чешка, чешский; Швейцария – Schweiz; швейцарец, швейцарка, швейцарский; Швеция – Schweden; швед, шведка, шведский; Эстония –

Estland, Estnische Republik; эсто́нец, эсто́нка, эсто́нский; Югосла́вия – Jugoslawien; серб, се́рбка, югосла́вский)

5.3.2. Essen und Trinken

Gaststätten: бар – Gaststätte; Bar; бистро́ – Bistro, Café; бли́нная – Plinsengaststätte; буфе́т – Schnellgaststätte; заку́сочная – Imbiss(stube); кафе́ – Café, Gaststätte, kleines Restaurant; кафете́рий – Cafeteria; кабачо́к – Bar, nettes kleines Restaurant; пельме́нная – Pelmeni-Gaststätte; пивна́я – Kneipe, Bierlokal; рестора́н – Gaststätte, Restaurant; столо́вая – Gaststätte, Speisegaststätte, Mensa, Kantine; ча́йная – Teestube; шашлы́чная – Schaschlyk-Gaststätte

russische Küche: суп – Suppe; щи – Schtschi; борщ – Borschtsch; рассо́льник – Rassolnik; соля́нка – Soljanka; уха́ – Fischsuppe; окро́шка – Okroschka; ка́ша – (Buchweizen-)Grütze; пельме́ни – Pelmeni; блины́ – Plinsen; варе́ники – Wareniki; голубцы́ – Kohlrouladen; сту́день / холоде́ц – Aspik, Sülze; кисе́ль – Kissel (säuerlicher Fruchtpudding); квас – Kwass

Müslis: геркуле́с – Haferflocken; гре́чка / гре́чневая крупа́ / крупа́ гре́чневая – Buchweizen(grütze); ма́нка / ма́нная крупа́ / крупа́ ма́нная – Grieß; овся́нка / овся́ная крупа́ – Hafer(grütze), Haferbrei; перло́вка / перло́вая крупа́ / крупа́ перло́вая – Perlgraupen, Graupen; пшено́ – Hirse; пшённая крупа́ / крупа́ пшённая – Hirsebrei; рис – Reis

Gewürze und Küchenkräuter: ванили́н – Vanillin; гвозди́ка – Nelke; кори́ца – Zimt; лавро́вый лист – Lorbeerblatt; мя́та – Minze; пе́рец – Paprika; Peperoni; пе́рец – Pfeffer; петру́шка – Petersilie; сельдере́й – Sellerie; соль – Salz; тмин – Kümmel; укро́п – Dill

Back- und Konditoreiwaren: баге́т – Baguette, Herrenbrot; бара́нки – Brezeln, Laugengebäck; бато́н – (ein Laib) Weißbrot; бе́лый хлеб – Weißbrot; бу́блик – Brezel; бу́лка / бу́лочка – Brötchen; бу́лочка с начи́нкой – Pastete, Gebäck mit Füllung; бу́лочка со взби́тыми сли́вками – Sahnegebäck, Windbeutel; пиро́жное – Pirogge; auch: Kuchen, Torte; слоёное пиро́жное – Blätterteig(gebäck), Plundergebäck; бискви́тное пиро́жное – Biskuitgebäck, Biskuitrolle; пиро́жное наполео́н – Petits Fours, Kremschnitte; пирожо́к с мя́сом – Fleischpirogge; пирожо́к с капу́стой – Kohlpirogge; пирожо́к с пови́длом – süße Pirogge (mit Konfitürefüllung); пирожо́к с ры́бой – Fischpirogge; пирожо́к с ри́сом, яйцо́м и лу́ком – Würzpastete (mit Füllung aus Reis, Ei und Zwiebel / Porree); по́нчик – Pfannkuchen, Berliner, Krapfen; птифу́р – Petits Fours, Kleingebäck, Kekse; руле́т бискви́тный – Biskuitrolle; сдо́ба – Kuchenbrötchen; су́шки – Brezeln, Laugengebäck; торт – Torte; хлеб – Brot; чёрный хлеб – Schwarzbrot

Obst und Gemüse: анана́с – Ananas; апельси́н – Apfelsine; арбу́з – Wassermelone; баклажа́н – Aubergine; бана́ны – Bananen; виногра́д – Wein; бе́лый виногра́д – Dattelwein; кисть виногра́да – Traube, Weintraube; чёрный виногра́д – roter Wein; ви́шня – Sauerkirsche; горо́х – Erbsen; гру́ша – Birne; зе́лень – Suppengrün; frische Kräuter; капу́ста – Kohl, Kraut; бе́лая капу́ста – Weißkraut; кра́сная капу́ста – Rotkraut, Blaukraut; коча́н капу́сты – Kohlkopf; карто́фель – Kartoffeln (Sammelbegriff); ки́ви – Kiwi; клубни́ка – (Garten-)Erdbeeren; лимо́н – Zitrone; лук – Zwiebel, Zwiebeln; свя́зка лу́ка – Bund Zwiebeln; морко́вь – Möhre, Möhren; огуре́ц – Gurke; пе́рсик – Pfirsich; петру́шка – Petersilie; пучо́к петру́шки – Strauß Petersilie; помидо́р – Tomate, Tomaten; поре́й – Porree; лук-поре́й – Porree; сала́т – Salat; свёкла – rote Rübe, rote Rüben, rote Bete; сли́ва – Pflaume; ты́ква – Kürbis; укро́п – Dill; пучо́к укро́па – Bund Dill; фасо́ль – Bohnen; цветна́я капу́ста – Blumenkohl; цуки́ни – Zucchini; чесно́к – Knoblauch; свя́зка чеснока́ – Bund Knoblauch; я́блоко – Apfel

Getränke: вода́ – Wasser; лимона́д – Limonade, Brause; сок – Saft; пи́во – Bier; квас – Kwass (schwach alkoholisches, bierähnliches Getränk); ко́ка-ко́ла – Coca-Cola, Coke; води́чка – Wässerchen; Wasser; Wodka; чай – Tee; ко́фе – Kaffee; кака́о – Kakao; вино́ – Wein; бе́лое вино́ – Weißwein; кра́сное вино́ – Rotwein; шампа́нское – Champagner, Sekt; коктейль – Cocktail; ликёр – Likör; вόдка – Wodka; коньяк – Kognak, Weinbrand; самогόн / самогόнка – Hausbranntwein, Selbstgebrannter; вѝски – Whisky; брéнди – Brandy

5.3.3. Flora und Fauna

Bäume: айвá – Quitte; акáция – Akazie; берёза – Birke; бук – Buche; вяз – Ulme; дуб – Eiche; ёлка – Tanne; ель – Tanne, auch: Fichte; ѝва – Weide; ильм – Ulme; каштáн – Kastanie; кедр – Zeder; клён – Ahorn; лѝпа – Linde; лѝственница – Lärche; миндáль – Mandelbaum; ольхá – Erle; осѝна – Espe; пѝхта – Tanne, Edeltanne, auch: Fichte; рябѝна – Eberesche; соснà – Kiefer; тис – Eibe; тòполь – Pappel; ясень – Esche

Gartenblumen: анютины глàзки – Stiefmütterchen; áстра – Aster; гвоздѝка – Nelke; георгѝн – Dahlie; гладиóлус – Gladiole; крóкус – Krokus; Safran; нарцѝсс – Narzisse; настýрция – Kresse; незабýдка – Vergissmeinnicht; пиóн – Pfingstrose, Päonie; подснéжник – Schneeglöckchen; рóза – Rose; сирéнь – Flieder; тюльпáн – Tulpe; фиáлка – Veilchen

Pilze: бéлый гриб / боровѝк – Steinpilz; зелёнка – Grünling; груздь – Milchpilz, Milchling; каштáновый моховѝк / пóльский гриб – Marone; лисѝчка – Pfifferling; маслёнок – Butterpilz; опёнок – Hallimasch; подберёзовик – Birkenpilz; подосѝновик – Rotkappe; рыжик – Reizker; шампиньóн – Champignon; блéдная погáнка – Knollenblätterpilz; мухомóр – Fliegenpilz; сатанѝнский гриб – Satanspilz

Tiere: аллигáтор – Alligator; антилóпа – Antilope; бегемóт – Nilpferd; бéлка – Eichhörnchen; бéлый медвéдь – Eisbär; бизóн – Bison; бобр – Biber; бýрый медвéдь – Braunbär; верблюд – Kamel; волк – Wolf; гиббóн – Gibbon; гиéна – Hyäne; горѝлла – Gorilla; дѝкий кабàн – Keiler, Wildschwein; дикобрáз – Stachelschwein; енóт – Waschbär; жирáф – Giraffe; зáяц – Hase; зéбра – Zebra; змея – Schlange; зубр – Wisent, Auerochse; кенгурý – Känguru; кит – Wal; косýля – Reh; крокодѝл – Krokodil; крóлик – Kaninchen; крыса – Ratte; кунѝца – Marder; лáма – Lama; лев – Löwe; леопáрд – Leopard; лисà – Fuchs; лось – Elch; макáка – Makak; медвéдь – Bär; морскóй лев – Seelöwe; мышь – Maus; носорóг – Nashorn; нýтрия – Nutria, Sumpfbiber; окáпи – Okapi; олéнь – Hirsch; Ren, Rentier; орангутáн – Orang-Utan; осёл – Esel; пантéра – Panter; рéзус-макáка – Rhesusaffe; рыба – Fisch; рысь – Luchs; слон – Elefant; сóболь – Zobel; тапѝр – Tapir; тигр – Tiger; тюлéнь – Robbe; удáв – (Riesen-)Schlange; хомяк – Hamster; хорёк – Iltis; черепáха – Schildkröte; шакáл – Schakal

Nutztiere und Tierkinder: кýрица – Huhn, Henne; петýх – Hahn; цыплёнок – Küken; гусь – Gans; гусыня – Gans (weibliches Tier); гусàк – Ganter; гусёнок – Gänseküken; индéйка / индюшка – Pute, Truthenne; индюк – Truthahn, Puter; индюшóнок – Putenküken, Truthahnküken; ýтка – Ente; сéлезень – Erpel, Enterich; утёнок – Entenküken; пáва – Pfau(enhenne); павлѝн – Pfau; корóва – Kuh; бык – Stier; вол – Ochse; телёнок – Kalb; свинья – Schwein; хрюшка – Schwein, Sau; кабáн – Wildschwein, Keiler, Eber; хряк – Eber; поросёнок – Ferkel; овцà – Schaf; барáн – Hammel; ягнёнок – Lamm; лòшадь – Pferd; конь – Pferd, Ross; кобыла – Stute; жеребéц – Hengst; жеребёнок – Fohlen; пчелà – Biene; трýтень – Drohne

Vögel: áист – Storch; воробéй – Spatz, Sperling; ворóна – Krähe; гáлка – Dohle; гóлубь – Taube; дрозд – Drossel; журáвль – Kranich; канарéйка – Kanarienvogel; кукýшка – Kuckuck; орёл – Adler; пеликáн – Pelikan; пингвѝн – Pinguin; попугáй – Papagei; синѝца – Meise; совà – Eule, Uhu; сóкол – Falke; соловéй – Nachtigall; сорóка – Elster; стрáус – Strauß; ýтка – Ente; фѝлин – Uhu; фламѝнго – Flamingo; цáпля – Reiher; ястреб – Habicht

Fische: акýла – Hai(fisch); голàвль – Döbel; ёрш – Kaulbarsch; карáсь – Karausche; карп – Karpfen; краснопёрка – Rotfeder; лещ – Blei, Brassen; линь – Schleie; лосóсь – Lachs; мéч-рыба – Schwertfisch; минóга – Neunauge; налѝм – Quappe; òкунь – Barsch; осётр – Stör;

плотва́ – Plötze; сельдь – Hering; ску́мбрия – Makrele; сом – Wels; суда́к – Zander; треска́ – Dorsch; Kabeljau; у́горь – Aal; уса́ч – Barbe; форе́ль – Forelle; щу́ка – Hecht

Insekten: ба́бочка – Schmetterling; бо́жья коро́вка – Marienkäfer; жук – Käfer; кома́р – Mücke; ма́йский жук – Maikäfer; мо́шка – Schnake, Stechfliege, Stechmücke, Kriebelmücke; мураве́й – Ameise; му́ха – Fliege; оса́ – Wespe; пау́к – Spinne; пчела́ – Biene; слепе́нь – Stechfliege, Bremse; стрекоза́ – Heuschrecke, Grille; ше́ршень – Hornisse; шмель – Hummel

5.3.4. Kunst und Kultur

literarische Genres: автобиогра́фия – Autobiografie; анекдо́т – Witz; (literaturwissenschaftlich) Anekdote; ба́сня – Fabel; биогра́фия – Biografie; детекти́в – Kriminalroman, -film, -stück = Krimi; дневни́к – Tagebuch; дра́ма – Drama, Schauspiel; коме́дия – Komödie; ко́микс – Comic; нове́лла – Novelle; о́черк – Skizze, Essay, Reportage; по́весть – Novelle; Powest; поэ́ма – Poem; пье́са – Stück (im Theater); расска́з – Erzählung; рома́н – Roman; соне́т – Sonett; стихотворе́ние – Gedicht; траге́дия – Tragödie; фельето́н – Feuilleton; эссе́ – Essay

Literaten: баснопи́сец – Fabeldichter; беллетри́ст – Belletrist, (Unterhaltungs-)Schriftsteller, Prosaiker; драмату́рг – Dramatiker; либретти́ст – Librettodichter, Librettist; новелли́ст – Novellist, Novellenschriftsteller; писа́тель – Schriftsteller; писа́тельница – Schriftstellerin; поэ́т – Dichter; поэте́сса – Dichterin; проза́ик – Prosaiker, Romancier; романи́ст – Epiker, Romanschriftsteller; сати́рик – Satiriker; фанта́ст – Science-Fiction-Autor; эссеи́ст – Essayist

Fabelwesen: Аму́р – Amor; бог – Gott; гра́ция – Grazie (römische Schönheitsgöttin); гриф – Vogel Greif; единоро́г – Einhorn; кента́вр – Zentaur; му́за – Muse; ни́мфа – Nymphe; полубо́г – Halbgott; сати́р – Satyr; сильфи́да – Sylphide, Sylphe, Fee, Elfe; сире́на – Sirene; сфинкс – Sphinx; тита́н – Titan; фавн – Faun; фе́никс – Phönix; химе́ра – Chimära, Chimäre; цента́вр – Zentaur, Kentaur; Це́рбер – Zerberus, Kerberos; цикло́п – Zyklop, (einäugiger) Riese; эльф – Elf (Naturgeist); эри́ния – Erinnye, Erinnys

Kultstätten: ки́рка / ки́рха – Kirche (v. a. in Westeuropa, i. e. S. evangelische Kirche); костёл – Kirche (oft auch: katholische Kirche in Polen); мече́ть – Moschee; монасты́рь – Kloster; мужско́й монасты́рь – Mönchskloster; же́нский монасты́рь – Nonnenkloster; па́года – Pagode; собо́р – Dom, Kathedrale, Münster; храм – Tempel, Gotteshaus, Kirche, Pagode, Gebetsstätte; це́рковь – Kirche; часо́вня – Kapelle

Kunststile / Baustile: абстракциони́зм – Abstraktionismus; авангарди́зм – Avantgardismus; ампи́р – Empire; баро́кко – Barock; го́тика / готи́ческий стиль – Gotik; дадаи́зм – Dadaismus; импрессиони́зм – Impressionismus; классици́зм – Klassizismus; конструктиви́зм – Konstruktivismus; куби́зм – Kubismus; маврита́нский стиль – maurischer Stil; моде́рн – Jugendstil; модерни́зм – Modernismus; натурали́зм – Naturalismus; реали́зм – Realismus; рококо́ – Rokoko; рома́нский стиль – Romanik; романти́зм – Romantismus, Romantik; сентиментали́зм – Sentimentalismus; символи́зм – Symbolismus; сюрреали́зм – Surrealismus; футури́зм – Futurismus; эклектици́зм – Eklektizismus; экспрессиони́зм – Expressionismus

Musikinstrumente: духово́й музыка́льный инструме́нт – Blasinstrument; кла́вишный музыка́льный инструме́нт – Tasteninstrument; смычко́вый музыка́льный инструме́нт – Streichinstrument; стру́нный музыка́льный инструме́нт – Saiteninstrument, Streichinstrument; уда́рный музыка́льный инструме́нт – Schlaginstrument, im Plural: Schlagzeug; аккордео́н – Akkordeon; альт – Bratsche; Streich- oder Blasinstrument in der Alt-Lage; а́рфа – Harfe; балала́йка – Balalaika; бараба́н – Trommel; бас-ту́ба – Basstuba; бая́н – Knopfharmonika, Bandoneon; валто́рна – Waldhorn, Englisch Horn, Horn; виолонче́ль – Cello; гармо́нь / гармо́шка – (Zieh-)Harmonika, Akkordeon, Schifferklavier; гита́ра – Gitarre; гобо́й – Oboe; гонг – Gong; губна́я гармо́ника – Mundharmonika; клавеси́н – Cembalo; кларне́т – Klarinette; колоко́льчики – Glockenspiel; контраба́с – Kontrabass; ли́ра – Lira (altes russisches Musikinstrument); Lyra, Leier, Bettlerleier; лита́вры – Pauke, Kesselpauke; лю́тня – Laute; мандоли́на – Mandoline; орга́н – Orgel; пиани́но – Klavier; ро̀г – Horn; рожо̀к – Horn, auch: Signalhorn; роя́ль – Flügel, Klavier; саксофо́н – Saxofon; скри́пка – Geige, Violine; спине́т – Spinett; таре́лки – Becken; треуго́льник – Triangel; тромбо́н – Posaune; труба́ – Trompete; фаго́т – Fagott; фле́йта – Flöte; электроорга́н – Elektronenorgel, Hammondorgel, Keyboard

Musiker: аккордеони́ст – Akkordeonspieler; балала́ечник – Balalaikaspieler; баяни́ст – Bajanspieler, Akkordeonspieler; виолончели́ст – Cellist; гармони́ст – Harmonikaspieler; гитари́ст – Gitarrist, Gitarrespieler; контрабаси́ст – Kontrabass-Spieler; органи́ст – Organist; пиани́ст – Pianist, Klaviervirtuose; саксофони́ст – Saxofonspieler, Saxophonist; скрипа́ч – Geiger, Violinist; труба́ч – Trompeter, Trompetenspieler / -bläser

5.3.5. Der Mensch und sein Leben

Äußeres: во́лосы – Haare; ло̀б – Stirn; у̀ши – Ohren; вискѝ – Schläfen; глаза̀ – Augen; голубы́е глаза̀ – blaue Augen; ка́рие глаза̀ – braune Augen; бро̀ви – (Augen-)Brauen; ресни́цы – Wimpern; щека̀ – Wange, Backe; бакенба́рды – Koteletten; я́мочка – Grübchen; но̀с – Nase; гу́бы – Lippen; ве́рхняя губа̀ – Oberlippe; усы̀ – Schnurrbart; ни́жняя губа̀ – Unterlippe; подборо́док – Kinn; борода̀ – Bart, Vollbart; ше́я – Hals; пле́чи – Schultern; рука̀ – Hand, Arm; па́льцы рук – Finger; большо́й па́лец – Daumen; große Zehe; указа́тельный па́лец – Zeigefinger; сре́дний па́лец – Mittelfinger; безымя́нный па́лец – Ringfinger; мизи́нец – kleiner Finger; kleine Zehe; ту́ловище – Körper, Rumpf; живо̀т – Bauch; Leib, Unterleib; Magen; седа́лище – Gesäß; за̀д – Gesäß, Hintern; нога̀ – Bein; Fuß; па́льцы ног – Zehen

Wohnung: коридо́р – Korridor, Flur; пере́дняя / прихо́жая – Vorraum, Diele, Flur; де́тская – Kinderzimmer; спа́льня – Schlafzimmer; ку́хня – Küche; кладо́вка – Abstell-, Speisekammer; кладова́я – Vorrats-, Speisekammer; столо́вая – Wohnzimmer, Esszimmer; гости́ная – Wohnzimmer, Gästezimmer; жила́я / о́бщая / больша́я ко́мната — Wohnzimmer; кабине́т – Arbeitszimmer; мастерска́я – Hobbyraum; ва́нная – Bad, Badezimmer; туале́т – Toilette; подва́л – Keller; черда̀к – Dachboden, Boden; мансáрда – Mansarde; балко́н – Balkon; ло́джия – Loggia; вера́нда – Veranda; терра́са – Terrasse, Veranda

Möbelstücke: сто̀л – Tisch; сто́лик – Tischchen; сту̀л – Stuhl; кре́сло – Sessel; пу́ф – (meist runder) Polsterhocker; пу́фик – kleiner Polsterhocker; дива́н – Couch, Sofa; дива́н-крова́ть – Bettcouch, Schlafsofa; тахта̀ – Liege, Couch; шка̀ф – Schrank; шка́фчик –Schränkchen; платяно́й шка̀ф – Kleiderschrank; буфе́т – Anrichte, Büfett; сте́нка – Schrankwand; по́лка – Regal; крова́ть – Bett, Bettgestell; двухэта́жная / двухъя́русная крова́ть – Doppelstockbett, Etagenbett; посте́ль – Bett, Lagerstatt; ту́мбочка – Nachttisch; зе́ркало – Spiegel; пи́сьменный сто̀л – Schreibtisch; ла́мпа – Lampe; насто́льная ла́мпа – Tischlampe; торше́р – Stehlampe; лю́стра – Deckenleuchte, Kronleuchter; бра̀ – Wandleuchter, Wandlampe; ковёр – Teppich; ко́врик – Läufer; Matte, Fußmatte; доро́жка – Läufer, kleiner schmaler Teppich

Anziehsachen: блу́зка – Bluse; босоно́жки – Sandalen; боти́нки – Schuhe (etwas gröberer Machart), hohe Schuhe; брю́ки – Hose, Hosen; бюстга́льтер / ли́фчик – BH, Büstenhalter; ва́режки – Fausthandschuhe; го́льфы – Kniestrümpfe; джи́нсы – Jeans; колго́тки – Strumpfhose(n); комбина́ция – Unterrock, Unterkleid; костю́м – Anzug, Kostüm; ку́ртка – Blouson, Kutte, Parka; ма́йка – Trikot, Sporthemd, Unterhemd; Shirt, T-Shirt; носкѝ – Socken; пальто́ – Mantel; перча́тки – (Finger-)Handschuhe; пиджа̀к – Jackett; пла́тье – Kleid; пла̀щ – Regen-, Sommermantel; пуло́вер / сви́тер – Pullover; руба́шка – Hemd; соро́чка – Hemd, Oberhemd; сапогѝ – Stiefel; трусы̀ – Sporthose, Turnhose; Badehose; auch: Schlüpfer, Slip, Unterhose; ту́фли – Schuhe (feinerer Machart, elegante) Halbschuhe; чулкѝ – (lange) Strümpfe; ша́пка – Kappe, Mütze; ша̀рф – Schal, Schärpe; шля́па – Hut; шо́рты – Shorts; ю́бка – Rock

Phono- und Videotechnik: телефо́н – Telefon; автоотве́тчик – Anrufbeantworter; моби́льный телефо́н / моби́льник / со́товый телефо́н / со́товый – Mobiltelefon, Handy; факс – Fax; Faxgerät; ра́дио / радиоприёмник / приёмник – Radio, Rundfunkempfänger, Empfänger; радиобуди́льник – Weckradio; Funkwecker; радиотелефо́н – Funktelefon; стереоаппарату́ра / стереоустано́вка / стереоко́мплекс / музыка́льный центр – Stereoanlage, Stereogerät, Kassetten-CD-Radiokombination, Phonokombination; кассе́тный магнитофо́н / кассе́тник – Kassettenrecorder; видеомагнитофо́н / ви́дик – Videorecorder; прои́грыватель компа́кт-ди́сков – CD-Player; прои́грыватель – Plattenspieler; auch: CD-Player

Technik im Haushalt: вы́тяжка – (Dunst-)Abzugshaube; иррига́тор по́лости рта́ – Munddusche; кипяти́льник – Wasserkocher; Tauchsieder; гриль – Grill, Elektrogrill; кофева́рка – Kaffeemaschine; кофева́рочный автома́т – Kaffeeautomat, Espressomaschine; кофемо́лка – Kaffeemühle; электри́ческая кофемо́лка – elektrische Kaffeemühle; ку́хонный комба́йн – Küchenmaschine; микроволно́вая печь / микроволно́вка / СВЧ-печь – Mikrowelle; ми́ксер – Mixer; мясору́бка – Fleischwolf; электри́ческая мясору́бка – elektrischer Fleischwolf, Hacker, Häcksler; соковыжима́лка – Saftpresse; электри́ческая соковыжима́лка – Saftpresse, elektrische Saftpresse; то́стер – Toaster; плита́ – Platte; Herd; плита́ из стеклокера́мики – Ceran-Feld, Glas-Keramik-Herd; электри́ческая плита́ – Elektroherd; электроплита́ – Elektroherd; посудомо́ечная маши́на / посудомо́ечный автома́т – Geschirrspüler, Geschirrspülmaschine; фен – Föhn; электри́ческая зубна́я щётка – elektrische Zahnbürste, Elektrozahnbürste; электробри́тва – elektrischer Rasierapparat, Elektrorasierer

Freizeit, Urlaub, Ausflüge: турба́за – Herberge, Touristenstation; Jugendherberge; ке́мпинг – Camping, Campingplatz; Motel; жило́й прице́п – Wohnwagen, Wohnwagenanhänger; пала́тка – Zelt; бунга́ло – Bungalow; до́мик – Häuschen; спа́льный мешо́к – Schlafsack; раскладу́шка – Klappbett, Campingliege; складно́й стул – Faltstuhl, Klappstuhl, Campingstuhl; складно́й стол – Campingtisch, Klapptisch; су́мка-холоди́льник – Kühltasche; кани́стра – Kanister; лопа́та – Spaten, Schaufel; костёр – Lagerfeuer; ло́дка – Boot; надувна́я ло́дка – Schlauchboot; па́русная ло́дка – Segelboot; весло́ – Ruder, Riemen, Paddel; спаса́тельный жиле́т – Schwimmweste, Rettungsweste; спаса́тельный круг – Rettungsring; доска́ для сёрфинга – Surfbrett; надувно́й матра́с – Luftmatratze; пляж – Strand; купа́льник – Badeanzug; бики́ни – Bikini; пла́вки – Badehose; auch: kurze Sporthose; аквала́нг – (Druckluft-)Tauchgerät; ла́сты – Flossen, Schwimmflossen

Feiertage: день свято́го Никола́я – Nikolaus, Nikolaustag; предрожде́ственское вре́мя – Advent, Adventszeit; Рождество́ – Weihnachten; соче́льник – Heiligabend; auch: Dreikönigsabend; Креще́ние – Heilige Drei Könige (6. / 19. Januar); Страстна́я пя́тница – Karfreitag; Па́сха – Ostern; Вознесе́ние – Himmelfahrt; Тро́ица – Pfingsten; Успе́ние Богоро́дицы – Mariä Entschlafung; Спас – Feiertag / Feiertage des Herrn (drei christliche Feiertage im August)

Bildungseinrichtungen: я́сли / де́тские я́сли – Kinderkrippe; са́дик / де́тский сад – Kindergarten; я́сли-сад / де́тский комбина́т / дошко́льный комбина́т – Kinderkombination (Kinderkrippe + Kindergarten); шко́ла – Schule; нача́льная шко́ла – Grundschule, Grundstufe; сре́дняя шко́ла – Mittelschule; Oberschule; гимна́зия – Gymnasium; ко́лледж – College; Fachhochschule; Berufsschule, Fachschule; лице́й – Gymnasium; auch: generell Oberschule, die zum Abitur führt; профессиона́льно-техни́ческое учи́лище / профтехучи́лище / ПТУ – Berufsschule; вы́сшее уче́бное заведе́ние / вуз – Hochschule; вы́сшее техни́ческое уче́бное заведе́ние / втуз – Technische Hochschule; институ́т – Institut, Hochschule, Forschungsinstitut; те́хникум – Fachschule, Fachhochschule; университе́т – Universität

5.3.6. Stadt und Land

Gewässer: океа́н – Ozean; мо́ре – Meer; die See; о́зеро – See; река́ – Fluss; руче́й – Quelle, Bach, Fluss, Fließ; водохрани́лище – Stausee; пру́д – Teich

Wohnstätten: до́м – Haus; особня́к – Einfamilienhaus, Eigenheim; Villa; котте́дж – Einfamilienhaus, Einzelhaus, Eigenheim; ви́лла – Villa; изба́ – Hütte; бара́к – Baracke; время́нка – Bude, Baracke; шала́ш – Laubhütte, Hütte; пала́тка – Zelt; небоскрёб – Wolkenkratzer

Ortschaften: столи́ца – Hauptstadt; го́род – Stadt; посёлок – Siedlung; дере́вня – Dorf; село́ – Dorf; стани́ца – (größeres) Kosakendorf, Staniza; ху́тор – Vorwerk, Gehöft, Einzelhof

Objekte in der Stadt: райо́н – Kreis, Stadtteil, Stadtbezirk; кварта́л – Stadtviertel, Häuserblock; проспе́кт – Prospekt, Boulevard; бульва́р – Boulevard, Prospekt; алле́я – Allee; у́лица – Straße; переу́лок – Gasse, Querstraße, Nebenstraße; тупи́к – Sackgasse; пло́щадь – (offener) Platz; перекрёсток – Kreuzung; перехо́д – Übergang, Überweg, Fußgängerüberweg; auch: Unterführung, Tunnel (für Fußgänger); доро́га – Fahrdamm, Fahrbahn; тротуа́р – Fußweg; газо́н – Rasen, Rasenfläche; клу́мба – Beet, Blumenbeet; па́рк – Park; са́д – Garten, Obst-, Blumengarten; скве́р – Parkanlage, Grünanlage, Anlage; Boulevard, Allee; кла́дбище – Friedhof

Geschäfte: бакале́йный / бакале́я – Gemischtwarenladen, Lebensmittel; бу́лочная – Bäckerei; бу́лочная-конди́терская – Bäckerei und Konditorei; галантере́я – Kurzwaren; гастроно́м – Feinkostgeschäft, Delikatessenhandlung; зоомагази́н – Zoogeschäft, Tierhandlung; канцтова́ры – Bürobedarf, Schreibwaren; магази́н канцеля́рских това́ров – Schreibwaren, Schreibwarenladen, Bürobedarf; конди́терская – Konditorei, Verkaufsstelle für Konditoreiwaren; ме́бельный – Möbelgeschäft, Einrichtungshaus; моло́чный – Molkereiwaren; мясно́й – Fleischer, Metzger, Fleischerladen; продово́льственный – Lebensmittelladen,; овощно́й – Gemüseladen; парфюме́рия / парфюме́рный магази́н / магази́н парфюме́рии – Drogerie; промтова́рный магази́н – (Geschäft für) Industriewaren / Haushalttechnik; ры́бный – Fischgeschäft; суперма́ркет / универса́м – Supermarkt, Kaufhalle; универма́г – Kaufhaus, Warenhaus; хле́бный – Brotladen, Bäckerei; хозя́йственный – Fachgeschäft für Industriewaren / Eisenwaren / Haushaltartikel, Eisenwarenhandlung; посу́до-хозя́йственный – Haushaltwaren, Porzellanhandlung, Keramikhandlung, Küchenausstatter

5.3.7. Zeitangaben und Zeitspannen

Monatsnamen: янва́рь – Januar; февра́ль – Februar; март – März; апре́ль – April; май – Mai; ию́нь – Juni; ию́ль – Juli; а́вгуст – August; сентя́брь – September; октя́брь – Oktober; ноя́брь – November; дека́брь – Dezember

Wochentage: понеде́льник – Montag; вто́рник – Dienstag; среда́ – Mittwoch; четве́рг – Donnerstag; пя́тница – Freitag; суббо́та – Sonnabend, Samstag; воскресе́нье – Sonntag

Jahreszeiten: зима́ – Winter; зимо́й – im Winter; весна́ – Frühling; весно́й – im Frühjahr; ле́то – Sommer; ле́том – im Sommer; о́сень – Herbst; о́сенью – im Herbst

Tageszeiten: у́тро – Morgen; у́тром – des Morgens, am Morgen, früh; по́лдень – Mittag, Mittagszeit; до обе́да / в пе́рвой полови́не дня – am Vormittag, vormittags; де́нь – Tag, Vormittag, Mittag; днём – tagsüber; по́сле обе́да / во второ́й полови́не дня – am Nachmittag, nachmittags; ве́чер – Abend; ве́чером – am Abend; по́лночь – Mitternacht; но́чь – Nacht; но́чью – nachts, in der Nacht

5.3.8. Sonstiges

Farben (des Regenbogens): кра́сный – rot; ора́нжевый – orange; жёлтый – gelb; зелёный – grün; голубо́й – blau, hellblau, himmelblau; си́ний – blau; фиоле́товый – violett, lila

Schach(figuren) und -positionen: пе́шка – Bauer; конь – Springer; слон – Läufer; ладья́ / тура́ – Turm; ферзь / короле́ва – Dame; коро́ль – König; рокиро́вка – Rochade; гамби́т – Gambit (Schacheröffnung mit Bauernopfer); шах – Schach; пат – Patt; patt; мат – Matt

Diskussionen: бесе́да – Gespräch, Diskussion; деба́ты – Debatte; диало́г – Dialog; диску́ссия – Diskussion; интервью́ – Interview; обме́н мне́ниями – Meinungsaustausch, Gedankenaustausch; обсужде́ние – Diskussion, Erörterung; пре́ния – Diskussion; Streitgespräch; собесе́дование – Gespräch, Prüfungsgespräch; Aussprache; Unterhaltung; Kolloquium

Ausweise und Nachweise: па́спорт – Pass, Reisepass; свиде́тельство – Zeugnis; Attest, Nachweis; свиде́тельство о рожде́нии – Geburtsurkunde; свиде́тельство о бра́ке – Heiratsurkunde; свиде́тельство об оконча́нии сре́дней шко́лы – Schulabschlusszeugnis, Reifezeugnis; аттеста́т – Zeugnis, Bescheinigung; аттеста́т зре́лости – Reifezeugnis, Abitur; дипло́м – Diplom; права́ – Papiere, Führerschein; води́тельские права́ – Führerschein; про́пуск – Ausweis, Passierschein; проездно́й / проездно́й биле́т – Monatskarte, Wochenkarte, Mehrfahrtenkarte; студе́нческий / студе́нческий биле́т – Studentenausweis; удостовере́ние – Bescheinigung, Ausweis, Nachweis; командиро́вочное удостовере́ние – Dienstreiseauftrag

Schreibgeräte: каранда́ш – Bleistift; Buntstift; цветно́й каранда́ш – Buntstift; флома́стер – Filzstift, Faserschreiber; авторучка – Füller, Füllfederhalter; ру́чка – Füllfederhalter, Kugelschreiber, Stift; ша́риковая ру́чка – Kugelschreiber, Kuli

Satzzeichen: то́чка – Punkt; вопроси́тельный знак – Fragezeichen; восклица́тельный знак – Ausrufezeichen; многото́чие – Auslassungspunkte; запята́я – Komma; двоето́чие – Doppelpunkt; то́чка с запято́й – Strichpunkt, Semikolon; тире́ – Gedankenstrich; апостро́ф – Apostroph; кавы́чки – Anführungsstriche, Gänsefüßchen; ско́бка – Klammer; дефи́с – Bindestrich, Trennstrich; чёрточка – Trennstrich, Abtrennstrich; Bindestrich

Grundzahlen: оди́н – 1; два – 2; три – 3; четы́ре – 4; пять – 5; шесть – 6; семь – 7; во́семь – 8; де́вять – 9; де́сять – 10; оди́ннадцать – 11; двена́дцать – 12; трина́дцать – 13; четы́рнадцать – 14; пятна́дцать – 15; шестна́дцать – 16; семна́дцать – 17; восемна́дцать – 18; девятна́дцать – 19; два́дцать – 20; три́дцать – 30; со́рок – 40; пятьдеся́т – 50; шестьдеся́т – 60; се́мьдесят – 70; во́семьдесят – 80; девяно́сто – 90; сто – 100; две́сти – 200; три́ста – 300; четы́реста – 400; пятьсо́т – 500; шестьсо́т – 600; семьсо́т – 700; восемьсо́т – 800; девятьсо́т – 900; ты́сяча – 1 000; две ты́сячи – 2 000; три ты́сячи – 3 000; четы́ре ты́сячи – 4 000; пять ты́сяч – 5 000; шесть ты́сяч – 6 000; семь ты́сяч – 7 000; во́семь ты́сяч – 8 000; де́вять ты́сяч – 9 000; де́сять ты́сяч – 10 000; сто ты́сяч – 100 000; миллио́н – Million; два миллио́на – 2 Mio; пять миллио́нов – 5 Mio; миллиа́рд – Milliarde; триллио́н – Billion

Ordnungszahlen: пе́рвый – 1.; второ́й – 2.; тре́тий – 3.; четвёртый – 4.; пя́тый – 5.; шесто́й – 6.; седьмо́й – 7.; восьмо́й – 8.; девя́тый – 9.; деся́тый – 10.; оди́ннадцатый – 11.; двена́дцатый – 12.; трина́дцатый – 13.; четы́рнадцатый – 14.; пятна́дцатый – 15.; шестна́дцатый – 16.; семна́дцатый – 17.; восемна́дцатый – 18.; девятна́дцатый – 19.; двадца́тый – 20.; тридца́тый – 30.; сороково́й – 40.; пятидеся́тый – 50.; шестидеся́тый – 60.; семидеся́тый – 70.; восьмидеся́тый – 80.; девяно́стый – 90.; со́тый – 100.; двухсо́тый – 200.; трёхсо́тый – 300.; четырёхсо́тый – 400.; пятисо́тый – 500.; шестисо́тый – 600.; семисо́тый – 700.; восьмисо́тый – 800.; девятисо́тый – 900.; ты́сячный – 1 000.; миллио́нный – millionster; миллиа́рдный – milliardster; триллио́нный – billionster

6. Anhang

6.1. Programmbeschreibung zum "Sprechenden Wörterbuch" (Kurzfassung)

Das eigentliche **Sprechende Wörterbuch** tritt dem Nutzer als eine alphabetisch geordnete Tabellendarstellung zum russischen Wortschatz entgegen, in der wahlweise nur der

- Elementarwortschatz, zusätzlich auch der
- Zertifikatswortschatz und schließlich vollständig der
- erweiterte Basiswortschatz des Russischen

zur Anzeige ausgewählt werden kann. Die genannten Wortschatzbereiche lassen sich nach sprachstatistischen Kriterien der absoluten Häufigkeit (beispielsweise lassen sich nur die häufigsten 50 Wörter des Russischen anzeigen) oder nach semantischen Kriterien noch weiter eingrenzen bzw. auch erweitern.

Im jeweils ausgewählten Wortschatzbereich vorhandene Einträge können über entsprechende Eingabefelder frei nach Wortanfängen oder nach Wortbestandteilen blitzschnell aufgefunden werden.

Jeder Eintrag enthält seine Betonungskennzeichnung, die Wörterbuchformen zudem eine Umschriftdarstellung und weitere flankierende Informationen.

Durch Anklicken des Eintrags wird dieser vorgespielt; dieses Referenzmuster kann mit der eigenen Sprechleistung verglichen werden, die unmittelbar an Ort und Stelle aufgezeichnet und beliebig oft abgehört bzw. wiederholt werden kann. Auch ein Kurvenvergleich ist möglich.

6.1.1. Kern des Sprechenden Wörterbuchs

Der für die Arbeit mit dem **Sprechenden Wörterbuch** wichtigste Teil ist die Auflistung der einzelnen Einträge, die als abspielbare Samples vorliegen. Diese Samples sind tabellarisch streng alphabetisch geordnet, für sie steht in der Regel die Wörterbuchform. Durch Anklicken des Texteintrages wird das entsprechende Sample vorgespielt; das gerade aktive Sample ist durchgehend farblich hinterlegt.

Die wichtigsten Operationen für ein aktives Sample sind über das Kontextmenü, über die links vom Sample befindlichen flankierenden Informationen und über die oben links angeordneten Symbole für

Hören des Musters, eigene **Aufzeichnung** und **Abhören** derselben

verfügbar, häufige Nebenfunktionen lassen sich über die kleinen Symbole in der oberen Buttonzeile aktivieren. Das Abspielen eines Samples lässt sich also über unterschiedliche Wege bewerkstelligen – ein <ENTER> auf dem markierten Sample reicht; fortlaufendes Vorlesen beispielsweise ist im Kontextmenü verfügbar, kann aber auch durch <Umsch+Enter> = <Shift+Enter> = <⇧ ↵> veranlasst werden.

6.1.2. Textmenge steuern = "Filtern" und Suchen

Der Inhalt der russischen Textliste und die Menge der Beispiele, die der Nutzer vor sich sieht, ist davon abhängig, welcher Bereich des Wörterbuchs gerade aktiviert ist. Dem Nutzer stehen über das Menü "Filtern" unterschiedliche Auswahlmöglichkeiten vom "Elementarwortschatz" über "Zertifikatswortschatz" bis zum "erweiterten Basiswortschatz" zur Verfügung.

In der Liste kann sich der Nutzer bewegen, indem er rechts den Scrollbalken betätigt, die Laufpfeile anklickt, in den Laufbalken klickt oder den Splitter des Laufbalkens verschiebt; ebenso kann er sich natürlich auch mit den Cursortasten ↑ und ↓ oder den entsprechenden Bildlauftasten vor- oder rückwärts bewegen. Sicher noch schneller kommt er zum Ziel, wenn er "sein" Wort einfach eintippt, wofür das Menü "Suchen" zudem verschiedene Zusatzeinstellungen bereitstellt.

6.1.3. Zusatzinformationen

Zu den **flankierenden Informationen** des Sprechenden Wörterbuchs rechnen die Autoren diejenigen zusätzlichen Angaben oder Kommentierungen, die

❑ weder beim Betreten des Wörterbuchs offensichtlich sind (sie drängen sich nicht auf, sondern werden erst durch entsprechende Aktivitäten – meist Bewegungen mit der Maus – verfügbar)

❑ noch unmittelbar der Funktionalität eines auf korrekte Aussprache ausgerichteten Lehrwerks zugerechnet werden können.

Doch auch in seiner tabellarischen Darstellung enthält das Sprechende Wörterbuch bereits Zusatzinformationen etwa zum Status der jeweiligen Einheit, indem Grundformen, abgewandelte Wortformen und kontextgebundene Verwendungen durch unterschiedliche Schrift differenziert werden.

An flankierenden Informationen liefert das Sprechende Wörterbuch:

zum jeweils aktiven Eintrag	Einblendsymbol	Aktivbutton
○ Angaben zur deutschen Bedeutung	▮ / ▶	▤
○ Angaben zur Paradigmatik	▶	▤
○ Symbole für männliche oder weibliche Sprecher	♂♀♂♀	♂♀♂♀
○ Lautschrift- bzw. Umschriftangaben	[ ]	▤
○ Angaben zur Häufigkeit einer lexikalischen Einheit	! * +	

6.1.4. Sprechendes Wörterbuch und RUW

Alle Grund- oder Wörterbuchformen, die im Sprechenden Wörterbuch aufgelistet sind, erlauben direkt im Sprechenden Wörterbuch, also ohne Wechsel in andere Darstellungen, das Einblenden einer deutschen Bedeutung. Diese wird sichtbar, sobald sich die Maus über dem Symbol ▶ oder dem Symbol ▮ befindet. Die aus dem **Russischen Universalwörterbuch** eingeblendete(n) deutsche(n) Bedeutung(en) können über den Schalter ▤ oder mittels <F5> dem Clipboard übergeben werden, wenn sie in anderen Anwendungen weiterverwendet werden soll(en). Homonyme oder Polyseme, die im **RUW** in unterschiedlichen Artikeln dargestellt sind, werden bei der Bedeutungseinblendung zusammengefasst; wird direkt ins **RUW** gewechselt, erfolgt wieder eine getrennte / gesonderte Darstellung. Die deutsche Bedeutung ist zudem auch Ausgangspunkt für Vokabelübungen, die mit dem gesamtem hierfür wählbaren Sprachmaterial durchgeführt werden können.

Weitere Erläuterungen zur deutschen Bedeutung wie Stilvermerke, Verweise auf feste Fügungen, auf phraseologische Bindungen, auf synonymische und antonymische Beziehungen oder auf Paronymiegefahren (bis hin zu faux-amis-Relationen) bleiben ebenso wie Hinweise und Deutungen zur Wortbildung, Morphemanalyse und Wortgeschichte dem (Wechsel zum) **RUW** vorbehalten, sie sind im Sprechenden Wörterbuch nicht direkt zugänglich.

Anhang – Programmbeschreibung "Sprechendes Wörterbuch" – 101

Das Sprechende Wörterbuch enthält keine Eigenvermerke zur Formenbildung russischer Nomina oder Verben, erlaubt aber zu jeder aufgeführten Wörterbuchform des Elementarwortschatzes die komplette Darstellung des gesamten Paradigmas, indem die entsprechende Formentabelle aus dem **Russischen Universalwörterbuch** aufgerufen wird, was durch Anklicken des Symbols ⛭ bzw. durch Klick auf den Schalter 📖 in der oberen Buttonleiste oder alternativ mit <F7> geschieht.

Das **RUW**, das mit zur Zeit ca. 140 000 Einträgen weitaus umfangreicher als das Sprechende Wörterbuch ist, gehört insgesamt nicht zum Lieferumfang des Sprechenden Wörterbuchs, sodass der uneingeschränkte Zugriff auf diejenigen lexikalischen Einheiten verwehrt bleibt, die zwar im **RUW** enthalten sind, aber im Sprechenden Wörterbuch fehlen. Für all die Einheiten, die die Schnittmenge zwischen Elementarwortschatz des Sprechenden Wörterbuchs und **RUW** bilden, ist der Zugriff auf die paradigmatische Darstellung ebenso wie auf Erläuterungen und Grundkommentare uneingeschränkt möglich.

Das RUW steht also dem Nutzer nur des Sprechenden Wörterbuchs nicht in seiner ganzen Breite zur Verfügung – beispielsweise ist die Suche direkt im **RUW** an die Installation des entsprechenden Moduls gebunden. Das RUW erlaubt zwar seinerseits ebenfalls das Abspielen eines akustischen Musters, ihm fehlen aber die speziellen Auswahl- und Trainingsmöglichkeiten des Sprechenden Wörterbuchs. Die sprachstatistischen Angaben des **RUW** sind mit denen des Sprechenden Wörterbuchs nicht deckungsgleich.

6.1.5. Sprecherauswahl

Für die Hörmuster des Sprechenden Wörterbuchs[1] wurden ganz bewusst verschiedene Sprecher herangezogen; wenn diese auch in unterschiedlicher Häufigkeit zum Einsatz kamen, erschien es den Autoren doch wichtig, den Hörer nicht nur an **ein** Sprechmuster zu gewöhnen. Grundprinzip war, nur Muttersprachler zum Einsatz kommen zu lassen. Durchaus nicht wenige Hörmuster ein und desselben Stichworts / Wörterbucheintrags liegen mehrfach, im Vortrag unterschiedlicher Sprecher vor.

Der Nutzer erhält durch die stilisierte Kopfdarstellung 👤 👤 👤 noch vor Anklicken der entsprechenden Stichwortzeile einen Hinweis darauf, ob die Wiedergabe eines männlichen oder eines weiblichen Sprechers zu erwarten ist; sind zwei Köpfe 👥 zu sehen, liegen Samples mehrerer Sprecher vor, die insgesamt oder auch einzeln zum Vortrag bereit stehen. Die jeweilige Entscheidung trifft der Nutzer durch Anklicken des 👥"Doppelkopfes", wodurch ein zusätzliches Menü zur Sprecherauswahl geöffnet wird, das neben "allen Sprechern" auch die Auswahl nur eines Sprechers ermöglicht. Die hier getroffene Auswahl steuert dann gleichzeitig, was beim nächsten "Doppelkopf" vorgetragen wird.

Die stilisierte Kopfdarstellung teilt dem Nutzer im Hint auch mit, wessen Aufzeichnung konkret vorliegt.

Relevant wird die Sprecherangabe unter didaktischem Aspekt, wenn beispielsweise für eine Hörübung nur Beispiele ein und desselben Sprechers ausgewählt werden sollen.

---

[1] Gemeint sind hier die russischen Beispiele; die deutschen Beispiele erfüllen in der Regel ja nur Kontrastfunktion, hier wurde kein derartiger Aufwand getrieben.

6.1.6. Umschriftdarstellungen

Das Sprechende Wörterbuch führt zu jeder seiner Grundformen eine Lautschrift- bzw. Umschriftangabe an. Diese in erster Linie ausspracheorientierte Umschrift wird links vom Stichwort durch eckige Klammern [ ], die ja auch ansonsten eine Umschriftwiedergabe kennzeichnen würden, angekündigt; die Umschrift selbst wird erst sichtbar, wenn die Maus darüber bewegt wird. Analog zum **RUW** wird die Umschrift für den gesamten Eintrag und nicht nur für eventuell Besonderheiten unterliegende Ausschnitte geliefert; Irregularitäten werden farblich hervorgehoben.

Die Umschriftangabe, die das Sprechende Wörterbuch liefert, ist ein in letzter Minute der Wörterbuchfunktionalität zugeschlagenes absolutes Novum, das noch dadurch besonders an Wert gewinnt, dass die phonetische Transkription über entsprechende Algorithmen zum Zeitpunkt der Anzeige und nur für den Moment der Anzeige, also temporär, generiert wird. Die jeweiligen Programmroutinen sind zwar geprüft, und sie sollten im Wesentlichen auch korrekte Ergebnisse liefern; es sind aber bisher weder alle Ausnahmen erfasst noch sämtliche 15 000 Einträge auf ihre Korrektheit in den zahlreichen Umschriftvarianten geprüft, sodass vorerst noch keine Garantie für die Zuverlässigkeit übernommen werden kann und zur Vorsicht geraten werden muss. Sollten Sie einen Fehler in der Transkription feststellen – die Autoren sind Ihnen für einen entsprechenden Hinweis dankbar, und das ✉ Briefsymbol für solche Rückkopplung finden Sie auch direkt im Sprechenden Wörterbuch.

Wie generell innerhalb der Lehrwerkreihe "Russisch aktuell" kann sich der Nutzer zwischen zwei Umschriftsystemen entscheiden – er kann der IPA als dem moderneren und vielleicht bereits aus der Beschäftigung mit anderen Fremdsprachen bekannten System den Vorzug geben, oder er kann die für das Russische traditionell verwendete kyrillische Umschrift nach Avanesov[1] einschalten. Ausführlicher zu den Vorzügen und Nachteilen der beiden Systeme vgl. die Argumentation im "Leitfaden".

Beide Umschriftversionen stehen jeweils in einer sehr exakten, auch hohem wissenschaftlichem Anspruch genügenden und in einer etwas reduzierten, mehr dem alltäglichen Standard angepassten Variante zur Verfügung. Wenn man noch die schriftbildbezogene Duden-Umschrift und die weiteren Transliterations- bzw. Transkriptionssysteme berücksichtigt, werden insgesamt bis zu zwölf Wiedergabeversionen angeboten. In andere Anwendungen lassen sich diese Darstellungen über das Clipboard transportieren, wozu in der oberen Buttonleiste der Schalter 📋 anzuklicken ist.

Im Unterschied zu Vorlaufversionen ist die Wahl der Umschriftanzeige nicht mehr per Schaltknopf in die untere Buttonzeile hinausgeführt – bei mehr als zwei Varianten wäre das schwieriger, und zudem hat die Praxis gezeigt, dass der Nutzer sich für **eine** Darstellung entscheidet und dann bei seiner einmal getroffenen Entscheidung bleibt. Die entsprechende Voreinstellung ist nun also im **Menü "Einstellungen"** mit verfügbar.

6.1.7. Vorlaufanforderungen (Vorkenntnisse)

Das Sprechende Wörterbuch stellt keine besonderen Anforderungen an bereits erworbene Kenntnisse des Russischen. Als "Vorlaufkenntnis" ist nur die Beherrschung des russischen Alphabets anzusehen, und selbst hier lassen sich etwaige Lücken auf einigen Sonderseiten schließen.

Die Beherrschung einer absoluten Mindestlexikmenge ist natürlich trotz allem günstig, wenn auch mehr für den Dialogkurs unabdingbar. Um einen gewissen Vorlauf zu schaffen, wurden die 300 häufigsten lexikalischen Einheiten des Russischen zum zielgerichteten Üben zusätzlich in Mini-Kollokationen verpackt, wobei der Wortschatz dieser Fügungen ebenfalls dem absoluten Mini-

---

[1] in Anlehnung an sein "Orthoepisches Wurterbuch" (4. Auflage 1997), vgl. Literaturverzeichnis

mum entnommen wurde. Überzeugen Sie sich mithilfe dieser Übersicht (sie entspricht Punkt 1 des Sprechtrainers) davon, dass Sie diesen Wortschatz aus dem Effeff beherrschen.

Systematische grammatische Kenntnisse vermitteln weder das Sprechende Wörterbuch noch der Sprechtrainer. Bei Nachholebedarf zum Grammatikwissen sollte auf den "Leitfaden" oder den "Sprachkurs", bei Einzelwörtern auch auf das "Russische Universalwörterbuch" zurückgegriffen werden.

6.1.8. Erstellen von Übungen

Das Sprechende Wörterbuch vermittelt im Verein mit dem Sprechtrainer nicht nur die wichtigsten Klischees und Redewendungen des gesprochenen Russischen, sondern erlaubt es dem Nutzer auch, sich ganz nach eigenen Vorstellungen "seine" Übungen zusammenzustellen, wobei er den Wortschatz, den er üben will, aus einem absoluten Minimum wie aus einem recht breit gefassten Maximum auswählen kann.

Für solche eigenverfertigten Übungen stehen in der oberen Buttonleiste die Schalter ▯ und ▯ zur Verfügung, wobei letztgenannter nur eine bereits angefertigte eigene Lexikübung aufruft – deswegen sieht er auch so ähnlich aus wie der weiter links angeordnete Schalter ▯, mit dem Übungen ausgewählt werden können, die die Autoren bereits vorgefertigt haben.

Bei Anklicken des Schalters ▯ öffnet sich wiederum in der oberen Buttonleiste eine zusätzliche Schaltergruppe, deren Verfügbarkeit mit fortschreitender Übungserstellung zunimmt. Jeder dieser Schalter – ▯, ▯, ▯, ▯, ▯, ✕ und später auch ▯ – verraten ihre Funktion, wenn die Maus darauf bewegt wird. Einträge aus der Wörterbuchliste lassen sich über den Schalter ▯, die <F8> oder das Kontextmenü einer Übung zufügen; noch einfacher lässt sich der jeweils aktive Eintrag mit der Maus ins rechts angeordnete Übungsfenster ziehen, wo man ihn fallen lässt. Bei mehrdeutigen Einträgen wird der Nutzer gefragt, welche Bedeutung er in seiner Übungsdatei abgedeckt sehen will.

Sobald eine neue eigene Übung erstellt ist, kann der für diese Übung ausgewählte Übungsstoff geübt werden. Hier unterscheiden sich die Übungsverfahren nicht von denen, die auch für bereits vorgefertigte Übungen angeboten werden: Der Nutzer gelangt in eine russisch-deutsch angeordnete Wortliste und kann dort erst einmal die Aussprache der von ihm selektierten Einheiten üben. Er entscheidet auch über den Schalter ▯, welcher oder wie viele Sprecher die Einheiten vorsprechen sollen, er beeinflusst über den Schalter ▯ auch die Länge der Pausen zwischen den einzelnen Einträgen. Die Aufzeichnung der eigenen Sprechleistung ist wiederum möglich, und sobald diese vorliegt, ist auch in der unteren Button-Leiste der

▯ Schaltknopf für den optischen Kurvenvergleich zugänglich.

Die in einer Übung zusammengefasste Lexik kann auch als Vokabeltrainer eingesetzt werden; im Übungskopf der russisch-deutschen Liste sind die Schalter

▯ und ▯ verfügbar, die es erlauben, auch die Schreibung der entsprechenden Lexikoneinträge zu üben, und zwar entweder in der Reihenfolge, wie sie in der Übungsdatei vorliegt, oder aber in zufallsgenerierter Reihung. Stimulus für die auszufüllenden Eingabefelder ist die deutsche Entsprechung der russischen Wörterbuchform; zusätzlich lässt sich hier auch das Schreiben nach Diktat üben, denn über den Schalter ▯ kann ein bis zu dreimaliges Vorsprechen veranlasst werden.

6.2. Lexikübersicht

Die nachfolgende Zusammenschau listet als russisch-deutsches Wörterverzeichnis die im gedruckt vorliegenden Material auftretende[1] Pflicht- und fakultative Zusatzlexik der einzelnen Teile auf; ausgespart blieb die umfängliche Wortsammlung des "Sprechenden Wörterbuchs"[2], verzichtet wurde auch auf reine Vor- und Familiennamen sowie auf die Lexik der Lieder und Gedichte. Die deutschen Entsprechungen sind in der Regel auf die Grundbedeutung der russischen Einheit oder die im jeweiligen Dialog realisierte Bedeutung beschränkt; weitergehende Informationen enthält das Universalwörterbuch. Die Quellverweise nach jedem Stichwort beziehen sich auf das erste (oder das deutlichste, am stärksten kontextuell eingebundene) Auftreten der jeweiligen lexikalischen Einheit ohne Berücksichtigung von Wiederholungen; dabei bedeuten

"F"	**F**remdwortlexik, Auftreten in den Übungen zur Veranschaulichung des russischen Alphabets;
"10A01" – "10A17"	Minimalwortschatz, vgl. Gliederungspunkt 1 = Vorlaufwortschatz, Kennzahl = Übungsnummer;
"B"	**B**ildlexik, Auftreten in den lexikalischen Übungen zu einzelnen Bildern, vgl. Gliederungspunkt 2
"30A01" – "30I04"	Auftreten in den Standarddialogen, vgl. Gliederungspunkt 3, Kennzahl = Übungsnummer;
"40A01" – "40O07"	Auftreten in den Komplexdialogen, vgl. Gliederungspunkt 4, Kennzahl = Übungsnummer;
"T"	**T**hemenlexik, Auftreten in den Lexikübungen nach Themengruppen, vgl. Gliederungspunkt 5.3

Die morphologischen Informationen wurden ebenfalls auf ein Minimum beschränkt, und zwar bei Verben auf die Angabe der Aspektzugehörigkeit (ipf. / Ipft. = unvollendet/imperfektiv bzw. Imperfektivumtantum, pf. / Pft.= vollendet/perfektiv bzw. Perfektivumtantum), bei Nomina auf die Kennzeichnung als Singularetantum (Sgt.) oder Pluraletantum (Plt.) und bei Substantiven mit Weichheitszeichenauslaut auf ein wider Erwarten vorliegendes maskulines Genus (m). Gekennzeichnet sind auch Adverbien (Adv.) Weiterführende Angaben enthält das Russische Universalwörterbuch.

Jede in die Lexikübersicht aufgenommene Einheit wird auch in phonetischer Umschrift dargestellt, um die Korrektheit von Aussprache und Betonung zusätzlich zu unterstützen. Für die Umschriftdarstellung, für deren Durchsicht Herrn Dr. Krüger nochmals gedankt sei, wurden Zeichen der IPA[3] bzw. an die IPA angelehnte Zeichen verwendet, da ihre Verständlichkeit aus einer früheren Beschäftigung mit anderen Fremdsprachen bzw. aus einschlägigen Wörterbüchern ggf. vorausgesetzt werden kann. Eine Umschrift nach Avanesov[4] ist in der CD-Version zusätzlich verfügbar.

Schließlich erhielten die lexikalischen Einheiten der nachstehenden Übersicht auch einen Häufigkeitsvermerk (als absoluter Zahlenwert, direkt nach der Umschrift angeordnet, aus Praktikabilitätsgründen – um Zufälligkeiten auszuschließen – nur bis zur 3 000 vermerkt). Dabei können sich mehrere Wörter ein und denselben Häufigkeitswert teilen. Fehlt eine Häufigkeitsangabe, tritt die entsprechende Einheit unter den 3 000 häufigsten Wörtern des Russischen nicht auf.

Eingetragene Warenzeichen sind nicht besonders markiert; daraus ist nicht auf ihre freie Verfügbarkeit zu schließen.

a [á] 18 und, aber 10A01
абажу́р [ɐbɛʒúr] Lampenschirm B
абстракциони́зм [ɐpstrɐkt͡sɨenʲízm] *Sgt.* Abstraktionismus T
авангарди́зм [ɐvɐngɛrdʲízm] *Sgt.* Avantgardismus T
а́вгуст [ávgust] 2839 *Sgt.* August T
австри́ец [ɐfstrʲíɪt͡s] 1850 Österreicher 40B05
австри́йка [ɐfstrʲíjkə] Österreicherin T
австри́йский [ɐfstrʲíjskʲɪj] 2017 österreichisch 40B05
А́встрия [áfstrʲɪjə] Österreich 40B05
автобиогра́фия [ɐftɐbʲɪɛgráfʲɪjə] Autobiografie T
авто́бус [ɐftóbus] Bus, Autobus 30C06
авто́бусная остано́вка [ɐftóbusnəjə ɐstɐnófkə] Autobushaltestelle 40A22
авто́бусный биле́т [ɐftóbusnɨj bʲɪlʲét] Busfahrschein, Busticket 40B08
автомоби́ль [ɐftɐmɐbʲílʲ] 1455 *m* Auto(mobil), PKW F
автоотве́тчик [ɐfteɐtvʲétʲt͡ɕɪk] Anrufbeantworter T
авторýчка [ɐftɐrút͡ɕkə] Füller, Füllfederhalter T
ада́мово я́блоко [ɐdámɐvə jáblɐkə] *Sgt.* Adamsapfel B
администра́тор [ɐdmʲɪnʲɪstrátər] Aufsichtskraft, Portier, Mitarbeiter der Rezeption; Administrator 30F15
а́дрес [ádrʲɪs] 1634 Adresse, Anschrift F
адресова́ть [ɐdrʲɪsɐvátʲ] *ipf. +pf.* adressieren 40C02

а́ист [áɪst] Storch T
айва́ [ɐjvá] Quitte, Quittenbaum T
акаде́мия [ɐkɐdʲémʲɪjə] 1078 Akademie F
ака́ция [ɐkát͡sɨjə] Akazie T
акваланг [ɐkvɐlánk] (Druckluft-)Tauchgerät T
аква́риум [ɐkvárʲɪum] Aquarium F
аккордео́н [ɐkɐrdʲɪón] Akkordeon T
аккордеони́ст [ɐkɐrdʲɪenʲíst] Akkordeonspieler T
акроба́т [ɐkrɐbát] Akrobat F
актёр [ɐktʲór] 2352 Schauspieler F
аку́ла [ɐkúlə] Hai, Haifisch T
акце́нт [ɐkt͡sént] Akzent F
алба́нец [ɐlbánʲɪt͡s] Albaner T
Алба́ния [ɐlbánʲɪjə] Albanien T
алба́нка [ɐlbánkə] Albanerin T
алба́нский [ɐlbánskʲɪj] albanisch T
аллерги́я [elʲɪrgʲíjə] Allergie 40H01
алле́я [ɐlʲéjə] Allee T
аллига́тор [ɐlʲɪgátər] Alligator T
а́льт [álʲt] Bratsche T
Аме́рика [ɐmʲérʲɪkə] Amerika F
америка́нский [ɐmʲɪrʲɪkánskʲɪj] 187 amerikanisch 10A10
ампи́р [empʲír] *Sgt.* Empire T
Аму́р [ɐmúr] Amur; Amor T

---

[1] In der Computerversion existiert ein gesonderter Zugriff auf die Lexiklisten.
[2] Aus dem Sprechenden Wörterbuch heraus kann die deutsche Bedeutung immer eingeblendet werden.
[3] International Phonetic Association
[4] dem in Russland gebräuchlichsten System, das Sonderzeichen und Zeichen des kyrillischen Alphabets mischt

амфитеа́тр [emfʲɪtʲɪátr] Amphitheater F
ана́лиз кро́ви [enálʲɪs̯ krɒ̀vʲɪ] Blutbild 40H01
анальги́н [enelʲgʲín] Analgin 40I06
анана́с [enenás] Ananas F
ангина [engʲínə] *Sgt.* Angina 40H01
англи́йский [englʲíɪ̯skʲɪɪ̯] 615 englisch 40B05
англича́нин [englʲɪt͡ʃánʲɪn] 1810 Engländer 40B05
англича́нка [englʲɪt͡ʃánkə] Engländerin T
А́нглия [ánglʲɪɪ̯ə] England 40B05
андо́рец [endórʲɪt͡s] Andorraner T
андо́рка [endórkə] Andorranerin T
Андо́рра [endórə] Andorra T
андо́рский [endórskʲɪɪ̯] andorranisch T
анекдо́т [enʲɪgdót] Witz; seltener: Anekdote T
анке́та [enkʲétə] Fragebogen, Formular, Vordruck 40E01
анте́нна [entʲénːə] / [entʲénə] Antenne B
антибио́тики [enʲtʲɪbʲɪótʲɪkʲɪ] Antibiotika 40H01
антило́па [enʲtʲɪlópə] Antilope T
аню́тины гла́зки [enʲútʲɪnɨ̯ gláskʲɪ] *Plt.* Stiefmütterchen (Blume) T
А́ня [ánʲə] Anja (wbl. Vorname, Kurzform) 30F09
апельси́н [epʲɪlʲsʲín] Apfelsine T
апостро́ф [epestróf] Apostroph T
аппети́т [epʲɪtʲít] *Sgt.* Appetit 40H07
апре́ль [eprʲélʲ] 2104 *Sgt., m* April 40D01
апте́ка [eptʲékə] Apotheke 40A19
апте́чная ба́нка [eptʲét͡ʃnəɪ̯ə bánkə] Tablettenglas, Tablettenröhrchen B
апте́чный [eptʲét͡ʃnɨɪ̯] Apotheken- 40A19
арбу́з [erbús] Wassermelone B
Аргуме́нты и фа́кты [ergumʲéntɨ ɪfáktɨ] *Plt.* Argumenty i Fakty (Name einer Zeitung) 40B01
а́рмия [ármʲɪɪ̯ə] 206 Armee F
а́рфа [árfə] Harfe T
аспири́н [espʲɪrʲín] Aspirin 40I11
а́стра [ástrə] Aster T
а́том [átəm] 891 Atom F
аттеста́т [etʲɪstát] Zeugnis, Bescheinigung T
аттеста́т зре́лости [etʲɪstád zrʲéləsʲtʲɪ] Abitur T
афи́шная ту́мба [efʲíʃnəɪ̯ə túmbə] Litfaßsäule B
А́фрика [áfrʲɪkə] Afrika F
ах [áx] 606 ach 40A01
аэропо́рт [ɛɛrepórt] Flughafen, Flugplatz 40E09
ба́ба-яга́ [bábə ɪɪgá] Hexe; Hexe Baba-Jaga T
ба́бочка [bábət͡ʃkə] Schmetterling T
ба́бушка [bábuʃkə] Großmutter, Oma T
бага́ж [begáʃ] *Sgt.* Gepäck F
баге́т [begʲét] Baguette, Herrenbrot B
баге́т [begʲét] Fries; Tapetenleiste B
бакале́йный [bəkelʲéɪ̯nɨɪ̯] Lebensmittelgeschäft T
бакале́я [bəkelʲéɪ̯ə] *Sgt.* Lebensmittel(geschäft) T
бакенба́рды [bəkʲɪnbárdɨ] *Plt.* Koteletten T
баклажа́н [bəkłʲɪʒán] Aubergine B
балала́ечник [bəłełáɪ̯t͡ʃnʲɪk] Balalaikaspieler T
балала́йка [bəłełáɪ̯kə] Balalaika F
балери́на [bəlʲɪrʲínə] Ballerina, Balletttänzerin B
бале́т [belʲét] Ballett F
балко́н [betkón] Balkon; Rang (im Theater) 40G11
балко́н второ́го я́руса [betkón ftervóvə járusə] Empore, (oberer) Rang B
балко́нная дверь [betkónːəɪ̯ə dʲvʲèrʲ] Balkontür B

баля́сина [belʲásʲɪnə] Geländerstange, -strebe B
бана́н [benán] Banane F
банк [bánk] Bank (Geldinstitut) 40A22
ба́нка [bánkə] 2138 Dose, Büchse, Glas B
бар [bár] Gaststätte; Bar F
бараба́н [bərebán] Trommel T
бара́к [berák] Baracke T
бара́н [berán] Hammel; Widder T
бара́нки [berán̯kʲɪ] Brezeln, Laugengebäck B
баро́кко [berókə] / [berók:ə] Barock T
баснопи́сец [bəsnɛpʲísʲɪt͡s] Fabeldichter T
ба́сня [básʲnʲə] Fabel T
бас-ту́ба [bàstúbə] Basstuba T
бато́н [betón] Weißbrot (ein Laib Weißbrot) B
бахрома́ [bəxremá] *Sgt.* Fransen B
ба́шня [báʃnʲə] Turm B
бая́н [beján] Knopfharmonika, Bandoneon T
баяни́ст [bejɪnʲíst] Bajanspieler, Akkordeonspieler T
бегемо́т [bʲɪgʲɪmót] Nilpferd T
без [bʲés] 87 ohne; auch "-los, -frei" 10A05
безбиле́тный [bʲɪz⁽ʲ⁾bʲɪlʲétnɨɪ̯] ohne Fahrschein, Schwarz-(fahrer) 40C01
безрука́вка [bʲɪzrukáfkə] ärmellose Jacke, Weste, Pullunder B
безымя́нный па́лец [bʲɪzɨmʲánːɨɪ̯ pálʲɪt͡s] Ringfinger T
Белару́сь [bʲɪlerúsʲ] (Republik) Weißrussland T
бе́лая капу́ста [bʲéłəɪ̯ə kepústə] *Sgt.* Weißkraut T
бе́лка [bʲéłkə] Eichhörnchen, Eichkätzchen, Eichkater T
беллетри́ст [bʲɪlʲɪtrʲíst] (Unterhaltungs-)Schriftsteller T
бе́лое вино́ [bʲéłəɪ̯ə vʲɪnó] Weißwein T
белору́с [bʲɪlerús] Weißrusse T
белору́ска [bʲɪlerúskə] Weißrussin T
белору́сский [bʲɪlerúskʲɪɪ̯] weißrussisch T
бе́лый [bʲéłɨɪ̯] 251 weiß 10A14
бе́лый виногра́д [bʲéłɨɪ̯ vʲɪnegrát] *Sgt.* Dattelwein, weißeTrauben B
бе́лый гриб [bʲéłɨɪ̯ grʲíp] Steinpilz T
бе́лый медве́дь [bʲéłɨɪ̯ mʲɪdʲ⁽ʲ⁾vʲétʲ] Eisbär T
бе́лый хлеб [bʲéłɨɪ̯ xlʲép] Weißbrot B
бельги́ец [bʲɪlʲgʲíɪ̯t͡s] Belgier T
бельги́йка [bʲɪlʲgʲíɪ̯kə] Belgierin T
бельги́йский [bʲɪlʲgʲíɪ̯skʲɪɪ̯] belgisch T
Бе́льгия [bʲélʲgʲɪɪ̯ə] Belgien T
бельё [bʲɪlʲjó] *Sgt.* Wäsche; Unterwäsche 40E07
бельэта́ж [bʲɪlʲetáʃ] *Sgt.* erster Rang, Logen (Theater); Hochparterre B
беля́ш [bʲɪlʲáʃ] Beljasch, Fleischklops im Schlafrock B
бе́рег [bʲèrʲɪk] 307 Ufer, Küste 10A17
берёза [bʲɪrʲózə] Birke B
берёзовый ве́ник [bʲɪrʲózəvɨɪ̯ vʲénʲɪk] Reisigbesen B
бере́чься [bʲɪrʲét͡ʃsʲə] *Ipft.* sich schonen; sich in Acht nehmen 40C01
Берли́н [bʲɪrlʲín] Berlin F
бесе́да [bʲɪsʲédə] 799 Gespräch, Diskussion 4F
беспоко́иться [bʲɪspekóɪt͡sə] 1594 *Ipft.* sich Sorgen machen; sich bemühen 40O01
бессо́нница [bʲɪsːónʲɪt͡sə] *Sgt.* Schlaflosigkeit 40I10
библиоте́ка [bʲɪbłʲɪɪ̯etʲékə] 1745 Bibliothek 40A22
бигуди́ [bʲɪgudʲí] *Plt.* Lockenwickler B
бижуте́рия [bʲɪʒutʲérʲɪɪ̯ə] / [bʲɪʒutʲerʲíɪ̯ə] *Sgt.* Modeschmuck, Bijouterie B

бизо́н [bʲɪzón] Bison т
бики́ни [bʲɪkʲínʲɪ] Bikini т
биле́т [bʲɪlʲét] 2233 Karte, auch: Ausweis 30F04
бино́кль [bʲɪnóklʲ] m Theaterfernglas, Fernglas в
биогра́фия [bʲɪegráfʲɪɪ̯ə] 2892 Lebenslauf, Biografie т
бискви́тное пиро́жное [bʲɪskvʲítnəɪ̯ɪ pʲɪróznəɪ̯ɪ] Biskuitgebäck, Biskuitrolle т
бистро́ [bʲɪstró] Bistro, Café т
благода́рность [bɫəgedárnəsʲtʲ] Sgt. Dank(barkeit) 30F01
благода́рный [bɫəgedárnɨɪ̯] dankbar 30F31
Благодарю́. [bɫəgederʲú] Dankeschön! Ich bedanke mich. 30F02
бле́дная пога́нка [blʲédnəɪ̯ə pegánkə] Knollenblätterpilz т
ближа́йший [blʲɪʒáɪ̯ʂɨɪ̯] nächster 30D06
близнецы́ [blʲɪzʲnʲɪtsɨ] Plt. Zwillinge в
бли́нная [blʲínːəɪ̯ə] Plinsengaststätte т
блины́ [blʲɪnɨ] Plt. Plinsen т
блу́зка [bɫúskə] Bluse в
блу́зка с коро́ткими рукава́ми [bɫúskə skerótkʲɪmʲɪ rukəvámʲɪ] kurzärmlige Bluse в
блю́до [blʲúdə] Gericht, Essen; Gang; Speise в
бобр [bòbr] Biber; Biberpelz, Biberfell т
бог [bóx] 1412 Gott т
богаты́рь [bəgetɨrʲ] m Recke, Hüne, Riese, Held т
бо́жья коро́вка [bóʒɪ̯ə kərófkə] Marienkäfer т
бока́л [bekáɫ] Glas; Pokal 30I01
болга́рин [bɐɫɡárʲɪn] Bulgare 40B05
Болга́рия [bɐɫɡárʲɪɪ̯ə] Bulgarien 40B05
болга́рка [bɐɫɡárkə] Bulgarin т
болга́рский [bɐɫɡárskʲɪɪ̯] bulgarisch 40B05
бо́лее [bólʲɪɪ̯] 89 Adv. mehr; über 10A05
боле́ть [belʲétʲ] Ipft. schmerzen 40H01
боль в желу́дке [bólʲ vʐɨɫútkʲɪ] Magenschmerz(en) 40I10
больни́чная ка́сса [bɐlʲnʲítʂnəɪ̯ə kásːə] Krankenkasse 40H01
больни́чный [bɐlʲnʲítʂnɨɪ̯] Krankenschein (ugs.) 40H01
бо́льно [bólʲnə] es schmerzt, es tut weh 40K01
больно́й [bɐlʲnóɪ̯] 1911 Patient; Kranker в
больша́я ко́мната [bɐlʲʂáɪ̯ə kómnətə] Wohnzimmer т
бо́льше [bólʲʂɨ] 133 mehr; mehr als; über; größer 10A07
Большо́е вам спаси́бо. [bɐlʲʂóɪ̯ɪ vám spesʲíbə] Haben Sie herzlichen Dank! Seien Sie herzlich bedankt! 30F02
Большо́е спаси́бо. [bɐlʲʂóɪ̯ɪ spesʲíbə] Dankeschön! Herzlichen Dank! 30F02
Большо́е тебе́ спаси́бо. [bɐlʲʂóɪ̯ɪ tʲɪbʲɛ spesʲíbə] Hab herzlichen Dank! Sei herzlich bedankt! 30F02
большо́й [bɐlʲʂóɪ̯] 56 groß 10A03
большо́й па́лец [bɐlʲʂóɪ̯ pálʲɪts] Daumen; große Zehe т
борови́к [bərevʲík] Steinpilz т
борода́ [bəredà] 1943 Bart, Vollbart, Kinnbart в
борщ [bòrʂʲː] Borschtsch (Suppe aus roten Rüben) т
борьба́ [berʲbá] 128 Sgt. Kampf 10A07
босни́ец [besʲnʲíɪ̯ts] Bosnier т
босни́йка [besʲnʲíɪ̯kə] Bosnierin т
босни́йский [besʲnʲíɪ̯skʲɪɪ̯] bosnisch т
Бо́сния-Герцегови́на [bósʲnʲɪɪ̯ə ɡʲɪrtsəgevʲínə] Bosnien-Herzegowina т
босоно́жки [bəsɐnóʂkʲɪ] Plt. Sandalen т
босоно́жки на высо́ком каблуке́ [bəsɐnóʂkʲɪ nəvɨsókəm kəbɫukʲɛ] Absatzsandaletten в

боти́нки [bɐtʲínkʲɪ] Plt. (gröbere) Schuhe т
боти́нки с конька́ми [bɐtʲínkʲɪ skenʲkámʲɪ] Plt. Schlittschuhe am Stiefel т
бо́чка [bótʂkə] Fass в
боя́ться [bɐɪ̯átsːə] 260 Ipft. (sich) fürchten 10A14
бра [brá] Wandleuchter, Wandlampe в
брасле́т [bres⁽ⁱ⁾lʲét] Armband, Armkette, Armreif в
брат [brát] 418 Bruder т
брать [brátʲ] 270 ipf. nehmen, mitnehmen; ergreifen 10A15
бре́нди [brɛnʲdʲɪ] Brandy т
брете́ль [brʲɪtʲélʲ] Plt. Träger (von Kleidungsstücken) в
брете́лька [brʲɪtʲélʲkə] Plt. (schmalerer) Träger в
бро́ви [bróvʲɪ] Plt. Brauen, Augenbrauen в
бровь [bròfʲ] 2269 Braue, Augenbraue в
бромгекси́н [brəmgʲɪksʲín] Bromhexin 40I01
брю́ки [brʲúkʲɪ] Plt. Hose, Hosen 40E07
бу́блик [búblʲɪk] Brezel в
бу́дто [bútːə] 201 als ob; tatsächlich 10A11
бу́ду вам о́чень благода́рен / благода́рна [búdu vám ótʂɪnʲ bɫəgedárʲɪn bɫəgedárnə] Ich wäre Ihnen sehr dankbar / verbunden. 30F02
Будь добр [búdʲ dóbr] Sei doch so gut / nett ... (an einen Mann) 30F01
Будь добра́ [búdʲ debrà] s.o. (an eine Frau) 30F01
Бу́дьте добры́ [bútʲːɪ debrɨ] s.o. (im Plural) 30F01
Бу́дьте любе́зны [bútʲːɪ lʲubʲɛznɨ] Seien Sie doch so lieb / nett / liebenswürdig... 30F01
бук [búk] Buche т
буке́т [bukʲét] 2958 Strauß; Aroma, Bukett в
бу́лка [búɫkə] Brötchen в
бу́лочка [búɫətʂkə] Brötchen в
бу́лочка с начи́нкой [búɫətʂkə snətʂínkəɪ̯] Pastete в
бу́лочка со взби́тыми сли́вками [búɫətʂkə səvz⁽ⁱ⁾bʲítɨmʲɪ s⁽ⁱ⁾lʲífkəmʲɪ] Windbeutel в
бу́лочная [búɫətʂnəɪ̯ə] / [búɫətʂnəɪ̯ə] Bäckerei в
бу́лочная-конди́терская [búɫətʂnəɪ̯ə kenʲdʲítʲɪrskəɪ̯ə] / [búɫəʂnəɪ̯ə kenʲdʲítʲɪrskəɪ̯ə] Bäckerei u. Konditorei т
бульва́р [bulʲvár] Boulevard, Prospekt, Straße т
бу́нгало [búŋgəɫə] / бунга́ло [buŋgáɫə] Bungalow т
бу́рый медве́дь [búrɨɪ̯ mʲɪdʲvʲétʲ] Braunbär т
бу́сы [búsɨ] Plt. Halskette, Perlenkette в
буты́лка [butɨɫkə] 1989 Flasche в
буты́ль [butɨlʲ] Flasche, Glas в
буфе́т [bufʲét] Schnellgaststätte, Imbiss; Anrichte в
бы [bɨ] 32 ob; Kennzeichnung des Konjunktivs 10A02
быва́ет [bɨváɪ̯ɪt] So was gibt's. Das kommt vor. Das kann doch jedem passieren. 30C01
быва́ть [bɨvátʲ] 309 Ipft. zu sein pflegen; vorkommen, geschehen; da sein, vorhanden sein 10A17
бык [bɨk] Stier т
быстре́е [bɨstrʲéɪ̯ɪ] Adv. schneller 40A14
бы́стро [bístrə] 246 Adv. schnell 10A13
быть [bɨtʲ] 5 Ipft. sein (ich bin, du bist) 10A01
бюро́ информа́ции для тури́стов [bʲuró ɪnfermátsɨɪ dlʲá turʲístəf] Touristen-Information 40G05
бюро́ обслу́живания [bʲuró əpsɫúʐɨvənʲɪɪ̯ə] Servicebüro, Hotelservice 40E06
бюстга́льтер [bʲuzɡálʲtʲer] BH, Büstenhalter в
в [v] / [f] 1 in; hinein, rein; nach; um (das ...fache) 10A01
в го́сти [vɡósʲtʲɪ] Adv. zu / auf Besuch (wohin) 40N01
в гостя́х [vɡesʲtʲáx] Adv. zu / auf Besuch (wo) 30B06

в пе́рвой полови́не дня [fpʲérvəɪ_pətevʲínʲɪ_dʲnʲá] *Adv.* am Vormittag, vormittags T
в поря́дке [fperʲátkʲɪ] *Adv.* in Ordnung 40E01
в при́нципе [fprʲínʦɨpʲɪ] im Prinzip, eigentlich 40L06
в тако́м слу́чае [ftakóm_slútʃɪɪ] *Adv.* dann, in diesem Falle 30E02
ваго́н [vegón] 1259 Wagen, Waggon F
ва́жный [váznɨɪ] 223 wichtig 10A12
ва́за [vázə] 1810 Vase; Schale B
ва́за с конфе́тами [vázə_skɐnfʲétəmʲɪ] Bonbondose, Pralinenschale B
ва́зочка [vázətʃkə] kleine Vase / Schale / Becher B
валериа́на [velʲɪrʲiánə] *Sgt.* Baldrian 40I17
валто́рна [veltórnə] Waldhorn, Englisch Horn, Horn T
ванили́н [vɐnʲɪlʲín] *Sgt.* Vanillin T
ва́нна [vánːə] Badewanne B
ва́нная [vánːəɪə] Bad, Badezimmer 40D01
ва́режки [várʲɪʃkʲɪ] *Plt.* Fausthandschuhe, Fäustlinge T
варе́ники [verʲénʲɪkʲɪ] *Plt.* Wareniki (Teigtaschen) T
Васили́са прекра́сная [vəsʲɪlʲísə_prʲɪkrásnəɪə] Wassilissa die Schöne, die schöne Wassilissa T
Васили́са прему́драя [vəsʲɪlʲísə_prʲɪmúdrəɪə] Wassilissa die Weise, die weise / kluge Wassilissa T
Ватика́н [vətʲɪkán] Vatikan, Vatikanstadt T
ватика́нец [vətʲɪkánʲɪʦ] Einwohner des Vatikans T
ватика́нский [vətʲɪkánskʲɪɪ] Vatikan- T
ваш [váʃ] 115 euer; Ihr 10A06
вдохну́ть [vdɐxnútʲ] *pf.* einatmen; einhauchen 40H01
вдруг [vdrúk] 477 *Adv.* plötzlich; auf einmal, sofort 10A12
ведро́ [vʲɪdró] Eimer B
ведь [vʲétʲ] 106 denn, doch 10A06
везти́ [vʲɪstʲí] *ipf.* Glück haben 30H02
Вели́кая Оте́чественная война́ [vʲɪlʲíkəɪə_ɐtʲétʃɪs(t)vʲɪnːəɪə_vɐɪná] Großer Vaterländischer Krieg (1941-45) 40C01
вели́кий [vʲɪlʲíkʲɪɪ] 165 groß; mächtig; gewaltig 10A09
венге́рка [vʲɪngʲérkə] Ungarin T
венге́рский [vʲɪngʲérskʲɪɪ] ungarisch T
венгр [vʲéngr] Ungar T
Ве́нгрия [vʲéngrʲɪə] Ungarn T
вера́нда [vʲɪrándə] Veranda T
верблю́д [vʲɪrblʲút] Kamel T
верну́ться [vʲɪrnútsə] 313 *pf.* zurückkehren 10A17
верх [vʲérx] 2958 Spitze, Gipfel, oberer Teil; Oberseite (von Stoff usw.– nur im Sg.); Höhepunkt B
ве́рхний [vʲérxnʲɪɪ] 1195 oberer, oben-, Haupt- 40K01
ве́рхняя губа́ [vʲérxnʲɪə_gubá] *Sgt.* Oberlippe B
ве́рхняя по́лка [vʲérxnʲɪə_pólkə] ober(st)e Liege / Pritsche, ober(st)es Bett; ober(st)es Regal B
весло́ [vʲɪsló] Ruder, Riemen, Paddel T
весна́ [vʲɪsná] 753 Frühling T
весно́й [vʲɪsnóɪ] *Adv.* im Frühjahr T
вести́ [vʲɪstʲí] 242 *Ipft.* führen (det.) 10A13
вестибю́ль [vʲɪstʲɪbʲúlʲ] *m* Vorhalle; Vestibül 40G01
весы́ [vʲɪsɨ́] *Plt.* Waage B
весь [vʲésʲ] 22 ganz; alle 10A02
ветера́н [vʲɪtʲɪrán] Veteran 40C01
ве́чер [vʲétʃɪr] 312 Abend 10A17
ве́чером [vʲétʃɪrəm] 2170 *Adv.* am Abend 30A06
ве́шалка [vʲéʃəlkə] Garderobe, Garderobenständer (auf dem Flur / im Theater); Bügel, Haken; Aufhänger B

вещество́ [vʲɪʃːɪstvó] 261 Stoff; Substanz, Materie 10A14
взять [vzʲátʲ] 151 *pf.* nehmen, mitnehmen; ergreifen 10A08
вид [vʲít] 1344 *Sgt.* Ansicht, Blick, Aussicht 40D07
вид на мо́ре [vʲít_nɐmórʲɪ] *Sgt.* Seeblick, Meerblick 40D07
видеомагнитофо́н [vʲidʲɪəmɐgnʲɪtɐfón] Videorecorder T
ви́деть [vʲídʲɪtʲ] 82 *ipf.* sehen; sehen können; der Meinung / Ansicht sein 10A05
ви́дик [vʲídʲɪk] Videorecorder T
видоиска́тель [vʲidəɪskátʲɪlʲ] Sucher (einer Kamera) B
Ви́за [vʲízə] Visa (Geldkarte) 40F01
ви́лла [vʲílːə] Villa T
вино́ [vʲɪnó] 2269 Wein T
виногра́д [vʲɪnɐgrát] *Sgt.* Wein, Weintraube(n) B
виолончели́ст [vʲɪəlɐntʃɪlʲíst] Cello-Spieler, Cellist T
виолонче́ль [vʲɪəlɐntʃélʲ] Cello T
ви́ски [vʲískʲɪ] Whisky T
виски́ [vʲɪskʲí] *Plt.* Schläfen T
витами́н [vʲɪtɐmʲín] Vitamin 40I12
витри́на [vʲɪtrʲínə] Schaufenster, Auslage; Vitrine B
ви́шня [vʲíʃnʲə] Kirschbaum, Sauerkirsche B
владе́ть [vlɐdʲétʲ] *Ipft.* beherrschen; (hand)haben 30A06
Владивосто́к [vlədʲɪvɐstók] Wladiwostok F
вме́сте [vmʲéstʲɪ] 230 *Adv.* zusammen, gemeinsam 10A12
вне о́череди [vnʲɪótʃɪrʲɪdʲɪ] *Adv.* außer der Reihe 40C01
внима́ние [vnʲɪmánʲɪɪ] 450 *Sgt.* Aufmerksamkeit; Achtung, Vorsicht 30D01
внук [vnúk] (der) Enkel, Enkelsohn 30H06
вну́чка [vnútʃkə] Enkelin, Enkeltochter, Enkelkind 30H06
во второ́й полови́не дня [vəftɐróɪ_pətevʲínʲɪ_dʲnʲá] *Adv.* am Nachmittag, nachmittags T
вода́ [vɐdá] 127 Wasser 10A07
води́тель [vɐdʲítʲɪlʲ] Fahrer, Kraftfahrer, Chauffeur 40C02
води́тельские права́ [vɐdʲítʲɪlʲskʲɪɪ_prevá] *Plt.* Führerschein, Fahrerlaubnis T
води́чка [vɐdʲítʃkə] Wässerchen; Wasser; Wodka T
во́дка [vótkə] 1540 *Sgt.* Wodka T
водохрани́лище [vədəxrɐnʲílʲɪʃːɪ] Stausee T
вое́нный [vɐɪénːɪɪ] 252 militärisch, Militär-; Kriegs-, kriegerisch; Armee- 10A14
во́зле [vóz(ə)lʲɪ] 816 neben; daneben 30G04
возмо́жность [vɐzmóʒnəstʲ] 381 Möglichkeit 40L10
Вознесе́ние [vəzʲnʲɪsʲénʲɪɪ] *Sgt.* Himmelfahrt T
во́зраст [vózrəst] 1344 Alter 40O01
война́ [vɐɪná] 141 Krieg 10A08
вокза́л [vɐgzál] 2414 Bahnhof 30D06
вол [vòt] Ochse T
Во́лга [vólgə] Wolga (Fluss) F
Волгогра́д [vəlgɐgrát] Wolgograd F
волк [vòtk] Wolf T
волнова́ться [vətnɐvátsə] 1989 *ipf.* sich aufregen, sich erregen, sich beunruhigen 40H01
во́лосы [vótəsɨ] *Plt.* Haare T
вопро́с [vɐprós] 125 Frage 10A07
вопроси́тельный знак [vəprɐsʲítʲɪlʲnɨɪ_znák] Fragezeichen T
воробе́й [vərɐbʲéɪ] Spatz, Sperling T
воро́на [vɐrónə] Krähe T
воротни́к [vərɐtʲnʲík] Kragen B
воротни́к-сто́йка [vərɐtʲnʲík_stóɪkə] Stehkragen B
восемна́дцатый [vəsʲɪmnátːsətɨɪ] achtzehnter T
восемна́дцать [vəsʲɪmnátːsətʲ] achtzehn T

восемь [vòsʲɪmʲ] 1120 acht T
восемь тысяч [vòsʲɪmʲ‿tʲisʲɪt͡ʃʲ] 8 000 T
восемьдесят [vòsʲɪmʲdʲɪsʲət] achtzig T
восемьсот [vəsʲɪmsót] achthundert T
восклицательный знак [vəsklʲɪtsátʲɪlʲnɨɪ‿znák] Ausrufezeichen T
воскресенье [vəskrʲɪsʲénʲɪɪ] 2786 Sonntag 30B06
воспалить [vəspɐlʲitʲ] pf. entzünden 40H01
воспользоваться [vəspólʲzəvɐt:sə] pf. nutzen, benutzen, gebrauchen, verwenden; (Gelegenheit) ergreifen 40L10
воспретить [vəsprʲɪtʲitʲ] pf. verbieten, untersagen 40C01
восьмидесятый [vəsʲmʲɪdʲɪsʲátɨɪ] achtzigster T
восьмисотый [vəsʲmʲɪsótɨɪ] achthundertster T
восьмое [vesʲmóɪɪ] Sgt. der Achte (Datumsangabe) 40D01
восьмой [vesʲmóɪ] achter T
вот [vót] 41 da, dort; mal, ja, doch 10A03
вперёд [fpʲɪrʲót] 658 Adv. vorwärts 40A01
вполне [fpɐlnʲé] 591 Adv. vollkommen, ganz 40M01
врач [vràt͡ʃʲ] 1237 Arzt 40E07
временно [vrʲémʲɪnʲə] Adv. zeitweilig; provisorisch 40C01
временный [vrʲémʲɪnʲɨ] zeitweilig; provisorisch 40K01
время [vrʲémʲə] 69 Zeit; Tempus 10A04
времянка [vrʲɪmʲánkə] Bude, Baracke T
всё [fsʲó] 54 Sgt. alles 10A03
все [fsʲé] 55 alle 10A03
всё время [fsʲó‿vrʲémʲə] Adv. die ganze Zeit, immer 40H01
всё равно [fsʲó‿rɐvnó] jedenfalls; (ganz) egal; dasselbe wie 40L06
всегда [fsʲɪgdá] 178 Adv. immer, stets 10A10
Всего доброго! [fsʲɪvó‿dóbrəvə] Alles Gute! 30B01
Всего хорошего! [fsʲɪvó‿xɐróʃəvə] Alles Gute! 30B01
вспышка [fspɨʃkə] Aufblitzen; Explosion; Blitzlicht B
встретить [fstrʲétʲɪtʲ] 867 pf. treffen; abholen; (Feiertag) (würdig) begehen 30B06
встретиться [fstrʲétʲɪt:sə] 2104 pf. sich treffen 30C06
встреча [fstrʲét͡ʃʲə] 647 Begegnung; Begrüßung 30C06
встречающий [fstrʲɪt͡ʃʲáɪʊʃʲ:ɪɪ] Abholer B
всякий [fsʲákʲɪɪ] 210 jeder, jeglicher, jede mögliche 10A11
вторник [ftórnʲɪk] Dienstag 30B06
второй [ftɐrój] 176 zweiter; zweit-; Sekundär- 10A10
второй ярус [ftɐrój‿járʊs] Empore, zweiter Rang B
втуз [ftús] Technische Hochschule T
вуз [vús] Hochschule T
вход [fxót] Eingang; Einstieg 40C01
вход в метро [fxót‿ʊmʲɪtró] Metro-/ U-Bahn-Eingang B
входить [fxɐdʲitʲ] 174 ipf. hineingehen; dazu gehören 10A09
входная дверь [fxɐdnáɪə‿dʷvʲérʲ] Eingangstür B
входной билет [fxɐdnój‿bʲɪlʲét] Eintrittskarte 40O01
вы [vɨ] 11 Plt. ihr; Ihr; Sie 10A01
вывеска [vɨvʲɪskə] Tafel, Schild, Firmenschild B
выдвижной ящик [vɨdʷvʲɪʒnój‿jáʃʲ:ɪk] Schublade B
выделить [vɨdʲɪlʲɪtʲ] pf. zuteilen; hervorheben 30F08
выдохнуть [vɨdəxnʊtʲ] pf. ausatmen 40H01
вызвать [vɨzvətʲ] 788 pf. hervorrufen; einladen; bestellen 40E07
выздоравливать [vɨzdɐrávlʲɪvətʲ] ipf. gesund werden 40H01
выйти [vɨɪtʲɪ] 285 pf. hinausgehen, verlassen 10A15
выключатель [vɨklʲʊt͡ʃʲátʲɪlʲ] Schalter, Ausschalter B
выключить [vɨklʲʊt͡ʃʲɪtʲ] pf. ausschalten 30D02
выкройка [vɨkrəɪkə] Zuschnitt, Stoffteil B

выпасть [vɨpəsʲtʲ] pf. herausfallen; (Regen, Schnee) fallen; zuteil werden, zufallen 40K01
выписать [vɨpʲɪsətʲ] pf. herausschreiben; abonnieren, bestellen 40H01
выпить [vɨpʲɪtʲ] 1027 pf. trinken, austrinken 30I01
выражать [vɨrɛʒátʲ] 1850 ipf. ausdrücken, äußern 30G08
выражение [vɨrɛʒénʲɪɪ] 1594 Ausdruck 30F09
выразить [vɨrəzʲɪtʲ] 2073 pf. ausdrücken, äußern 30G09
вырез [vɨrʲɪs] Ausschnitt (eines Kleidungsstücks) B
вырез «лодочка» [vɨrʲɪs‿łódət͡ʃʲkə] Schiff-Ausschnitt B
высовываться [vɨsóvɨvɐt:sə] ipf. sich hauslehnen 40C01
высокий [vɨsókʲɪɪ] 208 hoch 10A11
высотное здание [vɨsótnəɪɪ‿zdánʲɪɪ] Hochhaus B
выставка [vɨstəfkə] Ausstellung, Messe 30E06
выставочный [vɨstəvət͡ʃʲnɨɪ] Ausstellungs- 30E06
выступать [vɨstʊpátʲ] 724 ipf. eine Rede halten; eintreten; auftreten 30G09
высшее техническое учебное заведение [vɨʃ:əɪɪ‿tʲɪxnʲit͡ʃʲɪskəɪɪ‿ʊt͡ʃʲébnəɪɪ‿zɐvʲɪdʲénʲɪɪ] Technische Hochschule T
высшее учебное заведение [vɨʃ:əɪɪ‿ʊt͡ʃʲébnəɪɪ‿zɐvʲɪdʲénʲɪɪ] Hochschule T
вытяжка [vɨtʲɪʒkə] Abzugshaube, Dunstabzugshaube T
выход [vɨxət] 1069 Ausgang, Ausgangstür 40C01
выход в интернет [vɨxət‿vʲɪntɛrnét] / [vɨxət‿vʲɪntɛrnʲét] Internet-Anschluss 40D07
выходить [vɨxɐdʲitʲ] 275 ipf. hinausgehen, verlassen 10A15
вышивка [vɨʃɨfkə] Stickerei, Stickarbeit B
выяснить [vɨɪɪsnʲɪtʲ] 2786 pf. klären 30E06
вяз [vʲás] Ulme T
вязаная шапка [vʲázənəɪə‿ʃápkə] Strickmütze B
вязаная шапочка [vʲázənəɪə‿ʃápət͡ʃʲkə] Pudelmütze B
газ [gás] 1009 Gas F
газета [gɐzʲétə] 278 Zeitung 10A15
газетный киоск [gɐzʲétnɨɪ‿kʲɪósk] Zeitungskiosk 30F09
газовая плита [gázəvəɪə‿plʲɪtá] Gasherd B
газон [gɐzón] Rasen, Zierrasen, Rasenfläche 40C01
галантерея [gəlɐnʲtʲɪrʲéɪə] Sgt. Kurzwaren T
галка [gáɫkə] Dohle T
галстук [gáɫstʊk] Schlips, Krawatte B
галстук-бабочка [gáɫstʊg‿bábət͡ʃʲkə] Fliege B
гамбит [gɐmbʲít] Gambit T
гараж [gɐráʃ] Garage F
гардероб [gərdʲɪróp] Garderobe B
гардина [gɐrdʲínə] Gardine B
гармонист [gərmɐnʲíst] Harmonikaspieler, Akkordeonspieler T
гармонь [gɐrmónʲ] Harmonika, Akkordeon T
гармошка [gɐrmóʃkə] (Zieh-)Harmonika T
гастроном [gəstrɐnóm] Feinkostgeschäft T
гвоздика [gvɐzʲdʲíkə] Sgt. Nelke (Gewürz / Blume) T
где [gdʲé] 110 Adv. wo 10A06
где-то [gdʲétə] 1386 Adv. irgendwo; ungefähr, etwa 40L10
генерал [gʲɪnʲɪrát] 379 General F
георгин [gʲɪɪrgʲín] Dahlie, Georgine T
герб [gʲérp] Wappen B
геркулес [gʲɪrkʊlʲés] Haferflocken T
Германия [gʲɪrmánʲɪɪə] Deutschland F
гиббон [gʲɪbón] / [gʲɪb:ón] Gibbon T
гиена [gʲɪjénə] Hyäne T

гимна́зия [gʲɪmnázʲɪjə] 2196 Gymnasium F
гита́ра [gʲɪtárə] Gitarre T
гитари́ст [gʲɪtɛrʲíst] Gitarrist, Gitarrespieler T
гла́вный [gɫávnɨj] 226 wichtig(st=, Haupt- 10A12
главпочта́мт [gɫəfpet͡ʃtámt] Sgt. Hauptpost 30F09
гладио́лус [gɫədʲɪ́ɵtʊs] Gladiole T
глаз [gɫas] 104 Auge 10A06
глаза́ [gɫɐzá] Augen T
глазо́к [gɫɐzɔ́k] Auge; Guckloch; Spion B
глота́ть [gɫɐtátʲ] ipf. schlucken, verschlingen 40H07
гобо́й [gɐbɔ́j] Oboe T
говори́ть [gəvɐrʲítʲ] 44 ipf. sprechen, reden, sagen 10A03
год [gɔt] 51 Jahr 10A03
голавль [gɐɫávlʲ] m Döbel T
голла́ндец [gɐɫánʲdʲɪt͡s] Holländer T
Голла́ндия [gɐɫánʲdʲɪjə] Holland T
голла́ндка [gɐɫántkə] Holländerin T
голла́ндский [gɐɫánskʲɪj] / [gɐɫánt͡skʲɪj] holländisch, niederländisch T
голова́ [gəɫɐvá] 153 Kopf 10A08
головна́я боль [gəɫɐvnájə bɔlʲ] Kopfschmerz(en) 40I06
го́лос [gɔ́ɫəs] 196 Stimme 10A11
голубо́й [gəɫʊbɔ́j] 946 blau, hellblau, himmelblau T
голубцы́ [gəɫʊpt͡sɨ́] Plt. Kohlrouladen, Krautwickel T
голубы́е глаза́ [gəɫʊbɨ́jɛ gɫɐzá] Plt. blaue Augen T
го́лубь [gɔ́ɫʊpʲ] m Taube T
го́льфы [gɔ́lʲfɨ] Plt. Kniestrümpfe B
гонг [gɔnk] Gong T
гори́лла [gɐrʲíɫ:ə], [gɐrʲíɫə] Gorilla T
го́рло [gɔ́rɫə] 2730 Hals, Kehle, Gurgel 40H01
го́род [gɔ́rət] 147 Stadt 10A08
городско́й [gərɐt͡skɔ́j] 1441 städtisch, Stadt- 30F09
горо́х [gɐrɔ́x] Sgt. Erbsen; Erbspflanze T
горшо́к [gɐrʂɔ́k] Tontopf, Blumentopf B
господи́н [gəspɐdʲín] 283 Herr 10A15
госпожа́ [gəspɐʐá] Frau 30E02
гости́ная [gɐsʲtʲínəjə] Wohnzimmer, Gästezimmer T
гости́ница [gɐsʲtʲínʲɪt͡sə] 2786 Hotel; Gästehaus 40B01
гости́ничный рестора́н [gɐsʲtʲínʲɪt͡ʃnɨj rʲɪstɐrán] Hotelrestaurant 40E07
госуда́рство [gəsʊdárstvə] 255 Staat 10A14
го́тика [gɔ́tʲɪkə] Sgt. Gotik T
готи́ческий стиль [gɐtʲít͡ʃɪskʲɪj sʲtʲílʲ] Sgt. Gotik T
гото́вый [gɐtɔ́vɨj] 637 fertig; bereit 40E01
графа́ [grɐfá] Rubrik, Punkt, Spalte, Liste 40E01
гра́ция [grát͡sɨjə] Plt. Grazie T
грек [grʲɛk] Grieche T
Гре́ция [grʲɛ́t͡sɨjə] Griechenland T
греча́нка [grʲɪt͡ʃánkə] Griechin T
гре́ческий [grʲɛ́t͡ʃɪskʲɪj] 2384 griechisch T
гре́чка [grʲɛ́t͡ʃkə] Sgt. Buchweizengrütze T
гре́чневая крупа́ [grʲɛ́t͡ʃnʲɪvəjə krʊpá] Sgt. Buchweizen, Buchweizengrütze T
гриб [grʲip] Pilz B
гриб-зо́нтик [grʲib zɔ́nʲtʲɪk] Schirmpilz, Parasolpilz T
гриль [grʲílʲ] m Grill, Elektrogrill T
гриф [grʲif] Greif, Vogel Greif T
груздь [grʊsʲtʲ] m Milchpilz, Milchling T
гру́ша [grúʃə] Birne; auch: Birnbaum B
гря́дка [grʲátkə] Beet, Gemüsebeet B

губна́я гармо́ника [gʊbnájə gɐrmɔ́nʲɪkə] Mundharmonika T
гу́бы [gúbɨ] Lippen B
гуля́ть [gʊlʲátʲ] 1768 Ipft. spazieren (gehen) 40H03
гуса́к [gʊsák] Ganter T
гусёнок [gʊsʲɵ́nək] Gänseküken T
гу́си-ле́беди [gúsʲɪ lʲébʲɪdʲɪ] Gänse und Schwäne T
гусы́ня [gʊsʲínʲə] Gans (weibliches Tier) T
гусь [gúsʲ] Gans T
да [dá] 48 ja; und; wenn; es, es möge (als Wunsch) 10A03
дава́й [dɐváj] los; Partikel für Imperativ Singular 30G01
дава́йте [dɐvájtʲɪ] los; Partikel für Imperativ Plural 30G01
Дава́йте знако́миться! [dɐvájtʲɪ znɐkɔ́mʲɪt͡sə] Machen wir uns doch bekannt! 30E01
Дава́йте познако́мимся! [dɐvájtʲɪ pəznɐkɔ́mʲɪmsʲə] Machen wir uns bekannt! 30E01
дава́ть [dɐvátʲ] 184 ipf. geben 10A10
давле́ние [dɐvlʲénʲɪjɪ] 2477 Druck 40H07
давно́ [dɐvnɔ́] 413 Adv. schon lange, seit langem 30E02
дадаи́зм [dədɐízm] Sgt. Dadaismus T
да́же [dáʐɨ] 91 sogar 10A05
далеко́ [dəlʲɪkɔ́] 357 Adv. weit; bei weitem 40A07
дальне́йший [dɐlʲnʲéjʃɨj] 1069 weiter 30H06
да́ма [dámə] 1725 Dame F
Да́мы и господа́! [dámɨ ɪgəspɐdá] Meine Damen und Herren! 30D01
Да́ния [dánʲɪjə] Dänemark T
да́тский [dát͡skʲɪj] dänisch T
датча́нин [dɐt͡ʃánʲɪn] Däne T
датча́нка [dɐt͡ʃánkə] Dänin T
дать [dátʲ] 123 pf. geben 10A07
да́ча [dát͡ʃə] Datsche, Wochenendhaus 30G04
два [dvá] 88 zwei 10A05
два миллио́на [dvá mʲɪlʲɪ́ɵnə] / [dvá mʲɪlʲjɵ́nə] 2 000 000 T
двадца́тый [dvɐt͡sátɨj] zwanzigster T
два́дцать [dvát͡sətʲ] 504 zwanzig T
два́дцать восьмо́й [dvát͡sətʲ vɐsʲmɔ́j] 28-ster 40G14
две ты́сячи [dvʲɛ tɨ́sʲɪt͡ʃɨ] 2 000 T
двена́дцатый [dvʲɪnát͡sətɨj] zwölfter T
двена́дцать [dvʲɪnát͡sətʲ] 1768 zwölf T
дверна́я ра́ма [dvʲɪrnájə rámə] Türrahmen B
дверна́я ру́чка [dvʲɪrnájə rút͡ʃkə] Türgriff B
дверь [dvʲérʲ] 157 Tür 10A09
дверь в ко́мнату [dvʲérʲ fkɔ́mnətʊ] Zimmertür B
дверь в ку́хню [dvʲérʲ fkúxnʲʊ] Küchentür B
две́сти [dvʲésʲtʲɪ] 1989 zweihundert T
движе́ние [dvʲɪʐénʲɪjɪ] 267 Bewegung; Verkehr 10A14
двоето́чие [dvəɪtɔ́t͡ʃɪjɪ] Doppelpunkt T
двор [dvɔr] 570 Hof 40D07
двою́родная сестра́ [dvʲɪjúrədnəjə sʲɪstrá] Kusine T
двою́родный брат [dvʲɪjúrədnɨj brát] Cousin T
двубо́ртное пальто́ [dvʊbɔ́rtnəjɪ pɐlʲtɔ́] Zweireiher, zweireihiger Mantel B
двухко́мнатный [dvʊxkɔ́mnətnɨj] Zweizimmer- 40D06
двухме́стный [dvʊxmʲésnɨj] zweisitzig, Doppel- 40D01
двухсо́тый [dvʊxsɔ́tɨj] zweihundertster T
двухъя́русная крова́ть [dvʊxjárʊsnəjə krɐvátʲ] Doppelstockbett, Etagenbett T
двухэта́жная крова́ть [dvʊxɛtáʐnəjə krɐvátʲ] Doppelstockbett, Etagenbett T

двуязы́чный слова́рь [dvuɪɪzíʧnɪɪ‿stevàrʲ] zweisprachiges Wörterbuch в
деба́ты [dʲɪbátɪ] *Plt.* Debatte т
де́вочка [dʲɛ́vəʧkə] kleines Mädchen; als Anrede: Kleine! Na meine Kleine! 30D01
де́вушка [dʲɛ́vuʃkə] junges Mädchen; als Anrede: Junge Frau! Fräulein!; mit Possessivum: Freundin 30D01 / 06
Де́вушки! [dʲɛ́vuʃkʲɪ] Mädels! 30D01
девяно́сто [dʲɪvʲɪnóstə] neunzig т
девяно́стый [dʲɪvʲɪnóstɪɪ] neunzigster т
девятисо́тый [dʲɪvʲɪtʲɪsótɪɪ] neunhundertster т
девятна́дцатый [dʲɪvʲɪtnát:sətɪɪ] neunzehnter т
девятна́дцать [dʲɪvʲɪtnát:sətʲ] neunzehn т
девя́тый [dʲɪvʲátɪɪ] neunter т
де́вять [dʲɛ́vʲɪtʲ] 1540 neun т
де́вять ты́сяч [dʲɛ́vʲɪtʲ‿tʲísʲɪʧ] 9 000 т
девятьсо́т [dʲɪvʲɪt͡ssót] neunhundert т
Дед Моро́з [dʲɛ́t‿merós] Väterchen Frost т
де́душка [dʲɛ́duʃkə] 1610 Großvater, Opa т
действи́тельно [dʲɪɪsʲ⁽ⁱ⁾tʲvʲítʲɪlʲnə] 540 tatsächlich 40A01
дека́брь [dʲɪkábrʲ] 2477 *Sgt., m* Dezember т
декорати́вная доска́ [dʲɪkəretʲívnəɪə‿deskà] Schmuckbrett в
декорати́вная таре́лка [dʲɪkəretʲívnəɪə‿terʲɛ́tkə] Schmuckteller в
декора́ция [dʲɪkerát͡sɪɪə] Dekoration; Kulissen в
де́лать [dʲɛ́lətʲ] 162 *ipf.* tun, machen 10A09
деле́ние [dʲɪlʲɛ́nʲɪɪ] Einteilung; Skala в
де́ло [dʲɛ́lə] 62 Sache, Ding; Angelegenheit; Akte 10A04
демисезо́нное пальто́ [dʲɪmʲɪsʲɪzón:əɪə‿pelʲtó] Übergangsmantel в
день [dʲènʲ] 95 *m* Tag, Wochentag 10A05
день [dʲènʲ] *m* Tag, Vormittag, Mittag т
день рожде́ния [dʲènʲ‿reʒdʲénʲɪɪə] Geburtstag 30H01
день свято́го Никола́я [dʲènʲ‿s⁽ⁱ⁾vʲɪtóvə‿nʲɪkeláɪə] *Sgt.* Nikolaus, Nikolaustag т
дереве́нский дом [dʲɪrʲɪvʲɛ́nskʲɪɪ‿dòm] Sommerhaus, Landhaus, Datsche, Haus auf dem Land, Landsitz в
дере́вня [dʲɪrʲɛ́vnʲə] 686 Dorf т
де́рево [dʲɛ́rʲɪvə] 568 Baum; Holz в
деся́тый [dʲɪsʲátɪɪ] zehnter 40G11
де́сять [dʲɛ́sʲɪtʲ] 491 zehn т
де́сять ты́сяч [dʲɛ́sʲɪtʲ‿tʲísʲɪʧ] 10 000 т
детекти́в [dɛtɛktʲíf] Krimi (Roman, Film, Stück) т
де́ти [dʲètʲɪ] 768 *Plt.* Kinder 40C01
де́тская [dʲɛ́t͡skəɪə] Kinderzimmer т
де́тские я́сли [dʲɛ́t͡skʲɪɪ jás⁽ⁱ⁾lʲɪ] *Plt.* Kinderkrippe т
де́тский комбина́т [dʲɛ́t͡skʲɪɪ‿kəmbʲɪnát] Kinderkombination (Kinderkrippe + Kindergarten) т
де́тский крем [dʲɛ́t͡skʲɪɪ‿kr⁽ⁱ⁾ɛm] *Sgt.* Babycreme 40I17
де́тский сад [dʲɛ́t͡skʲɪɪ‿sàt] Kindergarten т
дефи́с [dʲɪfís] Bindestrich, Trennstrich т
джи́нсы [dʒínsɪ] *Plt.* Jeans в
диало́г [dʲɪɛlók] Dialog 30A02
дива́н [dʲɪván] 1441 Couch, Sofa т
дива́н-крова́ть [dʲɪván‿krevátʲ] Schlafcouch в
ди́кий каба́н [dʲíkʲɪɪ‿kebàn] Keiler, Wildschwein т
дикобра́з [dʲɪkebrás] Stachelschwein т
ди́ктор [dʲíktər] Sprecher 30A02
дипло́м [dʲɪplóm] Diplom т
дирижёр [dʲɪrʲɪʒór] Dirigent в

диск [dʲísk] Diskus, Teller; Platte; Disk, Diskette 30G04
дискоте́ка [dʲɪsketʲɛ́kə] Diskothek, Disko 30G04
диску́ссия [dʲɪskúsʲɪɪə] / [dʲɪskúsʲ:ɪɪə] Diskussion т
дли́нное вече́рнее пла́тье [dlʲín:əɪɪ‿vʲɪʧɛ́rnʲɪɪ‿ptátʲɪɪ] Ballkleid, langes Abendkleid в
для [dlʲá] 38 für 10A02
дневни́к [dʲnʲɪvnʲík] Tagebuch т
днём [dʲnʲóm] *Adv.* tagsüber т
до [dó] 57 bis, vor 10A03
До встре́чи! [defstrʲéʧɪ] Bis später! Bis nachher! Bis dann! Bis zum nächsten Mal! Auf Wiedersehen! 30B01
До за́втра! [dezáftrə] Bis morgen (dann)! 30B01
до обе́да [deebʲɛ́də] *Adv.* am Vormittag т
До понеде́льника! [dəpənʲɪdʲɛ́lʲnʲɪkə] Bis Montag! 30B01
До свида́ния! [des⁽ⁱ⁾vʲɪdánʲɪɪə] Auf Wiedersehen! 30B01
До ско́рой встре́чи! [deskórəɪ‿fstrʲéʧɪ] Bis später! Bis nachher! Auf ein baldiges Wiedersehen! 30B01
добра́ться [debrát:sə] 2622 *pf.* erreichen, kommen 40A14
До́брое у́тро! [dóbrəɪɪ‿útrə] Guten Morgen! 30A01
До́брый ве́чер! [dóbrɪɪ‿vʲéʧɪr] Guten Abend! 30A01
До́брый день! [dóbrɪɪ‿dʲènʲ] Guten Tag! 30A01
дово́льно [devólʲnə] 1130 *Adv.* ziemlich, relativ 40A07
Договори́лись! [dəgəverʲílʲɪsʲ] Abgemacht! 30G02
договори́ться [dəgəverʲít:sə] *pf.* sich ausmachen, vereinbaren 30C06
дое́хать [dejéxətʲ] *pf.* fahren bis, gelangen 30D02
дойти́ [deɪtʲí] 1306 *pf.* gehen (bis zu), gelangen 40A21
до́ктор [dòktər] Doktor; als Anrede: Frau Doktor! Herr Doktor! 30D01 / 30E02
до́лгий [dótgʲɪɪ] 914 lang, lange Zeit 30H06
до́лго [dótgə] 415 *Adv.* lang, lange Zeit 40L10
до́лжен [dòtʒən] 99 (ich / du / er ...) muss / müssen 10A06
дом [dòm] 148 Haus 10A08
до́ма [dómə] 1594 *Adv.* zu Hause 30F08
дома́шние та́почки [demáʃnʲɪɪ‿tápəʧkʲɪ] *Plt.* Hausschuhe в
до́мик [dómʲɪk] 2892 Häuschen т
домово́й [dəmevóɪ] Hausgeist, Poltergeist т
домо́й [demóɪ] 1154 *Adv.* nach Hause 30D02
дополни́тельный [dəpetnʲítʲɪlʲnɪɪ] Ergänzungs-, Zuschlags-; Zusatz-, zusätzlich 40D07
допо́лнить [depótnʲɪtʲ] *pf.* ergänzen 30G08
доро́га [derógə] 225 Weg, Straße 10A12
доро́га [derógə] Fahrdamm, Fahrbahn т
дороги́е го́сти [dərʲɪgʲíɪɪ‿gòsʲtʲɪ] liebe Gäste 30D01
дороги́е друзья́ [dərʲɪgʲíɪɪ‿druzʲjà] liebe Freunde 30D01
дорого́й [dərɛgóɪ] 581 lieb, teuer 30H06
доро́жка [deróʃkə] 2352 schmaler Weg; Läufer в
доска́ для сёрфинга [deskà‿dlʲá‿s⁽ⁱ⁾órfʲɪngə] Surfbrett т
доста́точно [destátəʧnə] 1696 *Adv.* ausreichend, genügend; ziemlich 40A14
до́чка [dóʧkə] 2233 Tochter, Töchterchen т
дочь [dòʧ] 1141 Tochter т
дошко́льный комбина́т [deʃkólʲnɪɪ‿kəmbʲɪnát] Kinderkombination (Kinderkrippe + Kindergarten) т
драко́н [drekón] Drache т
дра́ма [drámə] Drama, Schauspiel F
драмату́рг [drəmetúrk] Dramatiker, Bühnenautor т
Дре́зден [drézdɛn] / [drʲézdɛn] Dresden F
дрозд [dròst] Drossel т
друг [drùk] 146 Freund 10A08

другóй [druɡóɪ̯] 63 anderer 10A04
дуб [dup] Eiche T
дужка [dúʃkə] Bügel, Brillenbügel B
думать [dúmətʲ] 103 ipf. denken, meinen, glauben 10A06
духи́ [duxʲí] Plt. Parfüm B
духóвка [duxófkə] Backröhre, Bratröhre, Backofen B
духовóй музыкáльный инструмéнт [duxevóɪ̯‿muzɨkálʲnɨɪ̯‿ɪnstrumʲént] Blasinstrument T
душ [duʃ] Dusche 40D01
душá [duʃá] 321 Seele; Person 10A17
ды́рка [dírkə] kleines Loch, Öse B
ды́рочка [dírətʃʲkə] kleines Loch, kleine Öse B
дыхáние [dɨxánʲɪɪ] 2477 Sgt. Atmung, Atem 40H01
дышáть [dɨʃátʲ] 1867 Ipft. atmen 40H01
дюймóвочка [dʲuɪmóvətʃʲkə] Daumesdick T
дя́дя [dʲádʲə] 1269 Onkel T
éвро [jévrə] Euro (Währungseinheit) F
егó [ɪɪvó] 53 sein, seine (possessiv); ihn / es (Akkusativ zum Personalpronomen "er" oder "es") 10A03
едá [ɪdá] Sgt. Essen, Speise; Mahlzeit 40H03
единорóг [ɪɪdʲɪnerók] Einhorn T
её [ɪɪjó] 126 ihr, ihre (possessiv); sie (Akkusativ zum femininen Personalpronomen "sie") 10A07
ёжик [jóʒɨk] kleiner Igel F
ёлка [jólkə] Tanne; Weihnachtsbaum; Neujahrsfest T
ель [jélʲ] Tanne, auch; Fichte T
енóт [ɪɪnót] Kleinbär, Waschbär T
Еревáн [ɪɪrʲɪván] Jerewan F
ёрш [jórʃ] Kaulbarsch T
éсли [jésʲlʲɪ] 60 wenn, falls 10A04
есть [jésʲtʲ] 233 es gibt 10A13
есть [jésʲtʲ] 424 ipf. essen (Tiere: fressen) 40K01
éхать [jéxətʲ] 552 Ipft. fahren (det., vi) 30E06
ещё [ɪɪʃʲ:ó] 43 Adv. noch; schon, bereits 10A03
жакéт [ʒɨkʲét] Joppe, Jacke, Kurzmantel B
жакéтка [ʒɨkʲétkə] Bolerojäckchen; Joppe, Jacke, Kurzmantel B
жáловаться [ʒálevətʲ:sə] 2269 Ipft. sich beschweren, sich beklagen, klagen über; unter / an etwas leiden 40H01
жалюзи́ [ʒəlʲuzʲí] Plt. Jalousie B
жарá [ʒerá] Sgt. Hitze 40H07
жаргóн [ʒergón] Sgt. Jargon F
жар-пти́ца [ʒárptʲítsə] Sgt. Feuervogel T
ждать [dátʲ] 337 Ipft. warten, erwarten 40D01
же [ʒé] 31 doch; mal; denn; dagegen, jedoch 10A02
желáть [ʒɨlátʲ] 735 ipf. wünschen 30H01
железнодорóжный билéт [ʒɨlʲéznəderóʒnɨɪ̯‿bʲɪlʲét] Eisenbahnfahrkarte, (Bahn-)Fahrkarte, Ticket 40B08
жёлтый [ʒóltɨɪ] 1237 gelb 10A05
желýдок [ʒɨlúdək] Magen 40H07
женá [ʒɨná] 352 Frau, Ehefrau 40N01
жéнский монасты́рь [ʒénskʲɪɪ̯‿mənestɨ́rʲ] Nonnenkloster T
жéнщина [ʒénʲʃʲ:ɪnə] 281 Frau 10A15
жеребёнок [ʒərʲɪbʲónək] Fohlen T
жеребéц [ʒərʲɪbʲéts] Hengst T
живóт [ʒɨvót] Sgt. Bauch; Leib, Unterleib; Magen 40H07
жизнь [ʒízʲnʲ] 81 Leben 10A05
жилáя кóмната [ʒɨlájə‿kómnətə] Wohnzimmer T
жилéт [ʒɨlʲét] Weste B
жилóй дом [ʒɨlóɪ̯‿dòm] Wohnhaus B

жилóй прицéп [ʒɨlóɪ̯‿prʲɪtsép] Wohnwagen T
жирáф [ʒɨráf] Giraffe T
жи́тель Ватикáна [ʒɨ́tʲɪlʲ‿vətʲɪkánə] Einwohner des Vatikans T
жи́тельница Люксембýрга [ʒɨ́tʲɪlʲnʲɪtsə‿lʲuksʲɪmbúrɡə] Luxemburgerin T
жить [ʒɨtʲ] 135 Ipft. leben; wohnen 10A07
жук [ʒùk] Käfer T
жýравль [ʒurávlʲ] m Kranich T
журнáл [ʒurnál] 1069 Zeitschrift F
журнáльный стóлик [ʒurnálʲnɨɪ̯‿stólʲɪk] Couchtisch B
за [zá] 59 hinter, nach; an 10A03
заблуди́ться [zəbludʲítʲsə] Pft. sich verirren, die Orientierung verlieren 40A07
забóр [zebór] 2561 Zaun B
заброни́ровать [zəbrenʲírevətʲ] ipf. reservieren, zurücklegen, vorbestellen 40E02
забы́ть [zebɨ́tʲ] 482 pf. vergessen 30D06
завóд [zevót] 182 Werk 10A10
зáвтра [záftrə] 457 Adv. morgen 30B06
зáвтрак [záftrək] Frühstück 40E07
зáвтракать [záftrəkətʲ] ipf. frühstücken 40E08
зад [zát] Hinterteil (von Tieren); Gesäß, Hintern T
задáть [zedátʲ] pf. aufgeben; (Frage) stellen 40B05
задáча [zedátʃʲə] 287 Aufgabe 10A16
задержáть [zedʲɪrʒátʲ] pf. aufhalten 40H01
зáдние лáпы [zádʲnʲɪɪ‿lápɨ] Plt. Hinterpfoten B
заéхать [zejéxətʲ] pf. vorbeifahren; abholen 40M01
зайти́ [zeɪ̯tʲí] 1306 pf. (vorbei)kommen; abholen 30E06
заказáть [zəkezátʲ] pf. bestellen, in Auftrag geben 30F15
закóнчить [zekóntʃʲɪtʲ] 1540 pf. beenden 40K01
закрывáть [zəkrɨvátʲ] 1943 ipf. schließen 40C01
закры́ть [zəkrɨ́tʲ] 1046 pf. schließen 40F04
закýсочная [zekúsətʃʲnəjə] Imbiss, Imbissstube T
замéтить [zemʲétʲɪtʲ] 471 pf. bemerken 40A07
замечáть [zəmʲɪtʃʲátʲ] 1130 ipf. bemerken 40G01
замóк [zemók] Schließe, Verschluss, Schloss B
замóчная сквáжина [zemótʃʲnəjə‿skváʒɨnə] Schlüsselloch B
зáнавес [zánəvʲɪs] 1634 (Bühnen-)Vorhang B
занавéска [zənevʲéskə] Vorhang, Gardine B
зáнят [zánʲət] beschäftigt; besetzt; bedeckt 30G03
заня́ть [zenʲátʲ] 729 pf. einnehmen; beschäftigen 40D01
заоднó [zeednó] Adv. zusätzlich, zudem 30F09
зáпадный [zápədnɨɪ] 808 westlich 40G14
записáть [zəpʲɪsátʲ] 2670 pf. aufzeichnen, notieren 40L06
записáться [zəpʲɪsátʲsə] pf. sich anmelden 40L01
запи́сывать [zepʲísɨvətʲ] 2786 ipf. aufzeichnen, notieren 30F08
заплати́ть [zəpletʲítʲ] pf. zahlen, bezahlen 40O01
запломбировáть [zəplembʲírevətʲ] pf. plombieren, mit einer Füllung versehen; verplomben 40K01
запóлнить [zepólnʲɪtʲ] pf. ausfüllen 40E01
заполня́ть [zəpelnʲátʲ] ipf. ausfüllen 40E01
запóмнить [zepómnʲɪtʲ] 2786 pf. sich merken 40A21
запрети́ть [zəprʲɪtʲítʲ] pf. verbieten, untersagen 40C01
запятáя [zəpʲɪtájə] Komma T
зарáнее [zeránʲɪɪ] Adv. (rechtzeitig) vorher 30F02
зарубéжный [zerubʲéʒnɨɪ] ausländisch, Ausländer- 40B01
застёжка [zesʲtʲóʃkə] Verschluss, Knopfleiste; Schnalle, Spange (eines Gürtels); Schlitz (einer Hose) B

затём [zetʲɛ́m] 552 dann, danach, später 40H08
зачём [zetʃʲɛ́m] 292 wozu, weshalb, weswegen, was 10A16
заяц [záɪ̯ts] 2958 Hase T
звать [zvátʲ] 673 *ipf.* rufen; heißen 30E02
звезда [z⁽ʲ⁾vʲɪzdà] 1046 Stern B
звонить [zvenʲítʲ] 1659 *ipf.* läuten, klingeln; anrufen 30D02
звонок [zvenòk] 1209 Klingel(ton); Telefonanruf 40E08
здесь [zʲdʲésʲ] 97 *Adv.* hier 10A06
здороваться [zderóvɐt:sə] *ipf.* grüßen 30A06
здоровый [zderóvɪɪ̯] gesund 40K06
здоровье [zderóvʲɪɪ̯] 1252 *Sgt.* Gesundheit 30H02
Здравствуй! [zdrástvuɪ̯] Guten Tag! (Du-Form) 30A01
Здравствуйте! [zdrástvuɪ̯tʲɪ] Guten Tag! (Sie-Form) 30A01
зебра [zʲɛ́brə] Zebra F
зебра [zʲɛ́brə] Zebra-Streifen, Fußgängerüberweg B
зеленка [zʲɪlʲónkə] Grünling (ein Pilz) T
зелёный [zʲɪlʲónɪɪ̯] grün T
зелень [zʲélʲɪnʲ] *Sgt.* das Grün; Suppengrün B
земля [zʲɪmlʲà] 212 (die) Erde; (das) Land 10A12
зеркало [zʲɛ́rkɐlə] 1883 Spiegel B
зима [zʲɪmà] 1412 Winter T
зимнее пальто [zʲímnʲɪɪ̯ pelʲtó] Wintermantel B
зимние сапоги [zʲímnʲɪɪ̯ səpegʲí] *Plt.* Winterstiefel B
зимой [zʲɪmóɪ̯] *Adv.* im Winter T
Змей Горыныч [z⁽ʲ⁾mʲeɪ̯ gerínɪtʃʲ] (Märchendrache) T
змея [z⁽ʲ⁾mʲɪjà] Schlange, Giftschlange, Natter, Otter T
змий [z⁽ʲ⁾mʲɪɪ̯] Schlange; Drache, Drachen T
знаком [znekóm] (jemandem) bekannt (sein) 30E02
знакомая [znekómɐɪ̯ə] die Bekannte 30B06
знакомство [znekómstvə] Bekanntschaft 30E01
знакомый [znekómɪɪ̯] Bekannter 30B06
Знакомьтесь! [znekómʲtʲɪsʲ] Macht euch / Machen Sie sich bekannt! 30E01
знать [znátʲ] 52 *Ipft.* wissen; kennen 10A03
значит [znátʃʲɪt] 169 das heißt, also, folglich 10A09
значительно [znetʃʲítʲɪlʲnə] 1386 bedeutend 30H06
золотой [zəletóɪ̯] 891 golden, Gold- 30I02
золотые руки [zəletíɪ̯ rùkʲɪ] *Plt.* goldene Hände 30I02
зонтик [zónʲtʲɪk] Schirm, Regenschirm, Sonnenschirm B
зоомагазин [zeemɐgɐzʲín] Zoo-, Tierhandlung T
зуб [zùp] 1594 Zahn 40K01
зуб мудрости [zùp múdrəsʲtʲɪ] Weisheitszahn 40K01
зубная паста [zubnáɪ̯ə pástə] *Sgt.* Zahncreme 40I17
зубр [zúbr] Wisent, Auerochse T
и [í] 2 und; auch 10A01
ива [ívə] Weide T
Иван-дурак [ɪván durák] der dumme Iwan (Märchenfigur) T
Иванушка-дурачок [ɪvánuʃkə duretʃʲók] *Sgt.* der kleine dumme Iwanuschka (Märchenfigur) T
Иван-царевич [ɪván tserévʲɪtʃʲ] Prinz Iwan, Iwan der Zarensohn (Märchenfigur) T
игла [ɪɡlà] Nadel; Kanüle B
иголка [ɪɡólkə] Nadel B
игра [ɪɡrà] 1195 Spiel; auch: Computerspiel 40G19
играть [ɪɡrátʲ] 386 *ipf.* spielen 30D06
игрушки [ɪɡrúʃkʲɪ] Spielsachen, Spielzeug B
идти [ɪtʲí:] 71 *Ipft.* gehen, kommen (det.); (Verkehrsmittel) fahren 10A04
из [ís] 24 aus; von 10A02

изба [ɪzbà] 2042 Hütte T
Известия [ɪz⁽ʲ⁾vʲésʲtʲɪɪ̯ə] *Plt.* Iswestija (Zeitung) 40B07
извинение [ɪzvʲɪnʲénʲɪɪ̯] Entschuldigung 30C01
Извините! [ɪzvʲɪnʲítʲɪ] Entschuldigung! Verzeihung! Pardon! Entschuldigen Sie! 30C01
Извините, пожалуйста! [ɪz⁽ʲ⁾vʲɪnʲítʲɪ pezálɪstə] Entschuldigen Sie bitte! 30C01
извиниться [ɪz⁽ʲ⁾vʲɪnʲítʲsə] *pf.* sich entschuldigen 30C06
или [ílʲɪ] 65 oder 10A04
ильм [ílʲm] Ulme T
именно [ímʲɪnʲə] 258 genau; ausgerechnet, gerade 10A14
иметь [ɪmʲétʲ] 137 *Ipft.* haben 10A07
имидж [ímʲɪtʃʲ] *Sgt.* Image 40L01
импортный [ímpərtnɪɪ̯] importiert, Import- 40I2
имя [ímʲə] 272 Name, Vorname 10A15
инвалид [ɪnvelʲít] Invalide; Schwerbehinderter, Behinderter 40C01
индейка [ɪnʲdʲéɪ̯kə] Pute, Truthenne T
индюк [ɪnʲdʲùk] Truthahn, Puter T
индюшка [ɪnʲdʲúʃkə] Pute, Truthenne T
индюшонок [ɪnʲdʲuʃónək] Puten-, Truthahnküken T
инженер [ɪnʒɪnʲér] 692 Ingenieur; Diplomingenieur F
иногда [ɪnegdá] 465 *Adv.* manchmal, bisweilen 40B08
иностранец [ɪnestránʲɪts] Ausländer 40O01
иностранный язык [ɪnestrán:ɪɪ̯ ɪɪzík] Fremdsprache 40B01
институт [ɪn⁽ʲ⁾sʲtʲɪtút] 463 Institut, Hochschule, Forschungsinstitut T
интервью [ɪntɛrvʲjú] Interview T
интересный [ɪnʲtʲɪrʲɛ́snɪɪ̯] 891 interessant 40B01
интонация [ɪntenátsɪɪ̯ə] *Sgt.* Intonation 30A02
ирландец [ɪrlánʲtʃʲ] Ire, Irländer T
Ирландия [ɪrlánʲdʲɪɪ̯ə] Irland T
ирландка [ɪrlántkə] Irin T
ирландский [ɪrlánskʲɪɪ̯] / [ɪrlántskʲɪɪ̯] irisch 30G09
ирригатор полости рта [ɪrʲɪɡátər pòtəsʲtʲɪ rtà] Munddusche T
исландец [ɪslánʲdʲɪts] Isländer T
Исландия [ɪslánʲdʲɪɪ̯ə] Island T
исландка [ɪslánʲtkə] Isländerin T
исландский [ɪslánskʲɪɪ̯] / [ɪslántskʲɪɪ̯] isländisch T
испанец [ɪspánʲɪts] Spanier 40B05
Испания [ɪspánʲɪɪ̯ə] Spanien 40B05
испанка [ɪspánkə] Spanierin T
испанский [ɪspánskʲɪɪ̯] spanisch 40B05
использовать [ɪspólʲzəvətʲ] 711 *ipf.+pf.* nutzen 30H06
история [ɪstórʲɪɪ̯ə] 313 Geschichte 10A17
Италия [ɪtálʲɪɪ̯ə] Italien 40B05
итальянец [ɪtelʲjánʲɪts] Italiener 40B05
итальянка [ɪtelʲjánkə] Italienerin T
итальянский [ɪtelʲjánskʲɪɪ̯] 2839 italienisch 40B05
их [íx] 142 ihr, ihre (possessiv, Plural); sie (Akkusativ zum pluralischen Personalpronomen "sie") 10A08
июль [ɪjúlʲ] 2622 *Sgt., m* Juli 40D06
июнь [ɪjúnʲ] *Sgt., m* Juni T
к [k] 13 zu 10A01
к себе [ksʲɪbʲɛ́] *Adv.* Ziehen (Aufschrift an Türen) 40C01
к сожалению [ksəʒɪlʲénʲɪɪ̯u] leider 30G03
кабан [kebàn] Wildschwein, Keiler; Eber T
кабачок [kɐbetʃʲòk] kleine Kneipe, Bar T
кабина [kebʲínə] Kabine; auch: Telefonzelle B

кабинéт [kəbʲinʲét] 594 Sprech-, Arbeitszimmer т
каблýк [kəbłùk] Absatz (vom Schuh) в
кавы́чки [kəvít͡ʃkʲɪ] Plt. Anführungsstriche т
кáждый [káʑdɨj] 118 jeder (einzelne) 10A06
кáжется [káʑət͡sːə] 203 anscheinend 10A11
как [kák] 10 wie, als, wenn 10A01
какáо [kəkáo] Kakao F
какóй [kəkój] 70 welcher 10A04
кáк-то [káktə] 1323 Adv. irgendwie; mal 40G01
кáктус [káktus] Kaktus в
калúтка [kəlʲítkə] 2446 Tor, Pforte, Tür в
калькулятор [kəlʲkulʲátər] Rechner, Taschenrechner в
кáмень [kàmʲinʲ] 200 m Stein 10A11
канарéйка [kənərʲéjkə] Kanarienvogel т
канúстра [kənʲístrə] Kanister, Wasserkanister т
канцтовáры [kənt͡stəvárɨ] Plt. Bürobedarf, Büroartikel, Schreibwaren т
кáпли от нáсморка [káplʲɪ_ɛtnásmərkə] Nasentropfen 40I17
капýста [kəpústə] Sgt. Kohl, Kraut в
капюшóн [kəpʲuʃón] Kapuze в
карандáш [kərəndáʃ] 1810 Bleistift; Buntstift в
карáсь [kəràsʲ] m Karausche т
кáрие глазá [kárʲɪɪ_głezà] Plt. braune Augen т
кармáн [kərmán] 886 Tasche (in Kleidungsstücken) в
карнúз [kərnʲís] Sims; Gardinenstange; Tapetenleiste в
карп [kárp] Karpfen т
картúна [kərtʲínə] 491 Bild в
картúнная галерéя [kərtʲínːəɪə_gəlʲɪrʲéɪə] Gemäldegalerie, Bilderausstellung 40N01
картóфель [kərtófʲɪlʲ] Sgt., m Kartoffeln в
кáсса [kásːə] Kasse 30G04
кассéтник [kəsʲétʲnʲɪk] / [kəsʲːétʲnʲɪk] Recorder, Kassettenrecorder т
кассéтный магнитофóн [kəsʲétnɨj_məgnʲɪtəfón] / [kəsʲːétnɨj_məgnʲɪtəfón] Kassettenrecorder т
кассúр [kəsʲír] / [kəsʲír] Kassierer в
кассúрша [kəsʲírʃə] / [kəsʲírʃə] Kassiererin в
кастрюля [kəstrʲúlʲə] Topf в
катýшка нúток [kətúʃkə_nʲítək] Garnrolle в
кафé [kəfé] Café, Gaststätte, kleines Restaurant т
кафé-морóженое [kəfé_məróʑənəɪɪ] Milchbar 40A22
кафетéрий [kəfʲɪtérʲɪɪ] Cafeteria 40E06
кáша [káʃə] Grütze, Brei т
кáшель [káʃəlʲ] Sgt., m Husten 40I10
кашнé [kəʃné] Halstuch, Schal в
каштáн [kəʃtán] Kastanie в
каштáновый моховúк [kəʃtánəvɨɪ_məxevʲik] Marone т
квартáл [kvərtáł] 2892 Quartal; Stadtviertel; Häuserblock 40A20
квартúра [kvərtʲírə] 735 Wohnung 30F08
квас [kvás] Sgt. Kwass, Kwas т
кедр [kʲédr] Zeder т
кекс [kʲéks] Rührkuchen, Sandtorte, Kuchen в
кéмпинг [kʲémpʲɪnk] Camping, Campingplatz; Motel т
кенгурý [kʲɪngurú] Känguru т
кентáвр [kʲɪntávr] Zentaur т
кéпка [kʲépkə] Kappe, Schiebermütze в
кúви [kʲívʲɪ] Kiwi (Obst) т
Кúев [kʲíɪf] Kiew 10A07
кикúмора [kʲɪkʲíməɾə] Nixe, Nöck, Wassergeist т

кинó [kʲɪnó] 2521 Kino в
кинотеáтр [kʲɪnətʲɪátr] Filmtheater 40A22
киóск [kʲɪósk] Kiosk 40A19
киоскёр [kʲɪɵskʲór] Kioskverkäufer 40B09
кипятúльник [kʲɪpʲɪtʲílʲnʲɪk] Wasserkocher; Tauchsieder т
кúрка [kʲírkə] (i. e. S. evangelische, westeurop.) Kirche т
кисéль [kʲɪsʲélʲ] m Kissel (Fruchtpudding) т
кúсточка [kʲístət͡ʃkə] kleiner Pinsel; Troddel, Bommel в
кисть [kʲísʲtʲ] Pinsel; Troddel, Quaste; Hand; Traube в
кисть виногрáда [kʲísʲtʲ_vʲɪnəgrádə] (Wein-)Traube в
кит [kʲít] Wal т
клавесúн [kłəvʲɪsʲín] Cembalo т
клавиатýра [kłəvʲɪɐtúrə] Tastatur; Klaviatur в
клáвиша [kłávʲɪʃə] Tastatur, Taste в
клáвишный музыкáльный инструмéнт [kłávʲɪʃnɨɪ_muzɨkálʲnɨɪ_ɪnstrumʲént] Tasteninstrument т
клáдбище [kłádbʲɪʃːɪ] Friedhof т
кладовáя [kłədəvàɪə] Vorratskammer, Speisekammer т
кладóвка [kłədófkə] Abstellkammer, Speisekammer т
кларнéт [kłərnʲét] Klarinette т
классицúзм [kłəsʲɪt͡sɨzm] Sgt. Klassizismus т
класть [kłásʲtʲ] 1883 ipf. legen, stecken, (hin)tun 40K06
клён [kłʲón] Ahorn т
клиéнтка [klʲɪɪéntkə] Kundin, Käuferin 40L10
клубнúка [kłubnʲíkə] Sgt. (Garten-)Erdbeere(n) в
клýмба [kłúmbə] Beet, Blumenbeet в
ключ [klʲút͡ʃ] 1829 Schlüssel 40E01
ключúца [klʲut͡sɨtə] Schlüsselbein в
кнúга [knʲígə] 166 Buch 10A09
кнúжная пóлка [knʲíʑnəɪə_pótkə] Bücherregal в
кнúжный магазúн [knʲíʑnɨɪ_məgəzʲín] Buchhandlung 40B01
кобы́ла [kəbɨłə] Stute т
ковёр [kɐvʲór] Teppich в
ковёр-самолёт [kɐvʲór_səmɐlʲót] fliegender Teppich т
кóврик [kóvrʲɪk] Läufer; Matte, Fußmatte, Abtreter в
когдá [kəgdá] 58 wann, wenn 10A03
кóка-кóла [kókəkółə] Coca-Cola т
коктéйль [kəktʲéjlʲ] m Cocktail т
колгóтки [kəłgótkʲɪ] Plt. Strumpfhose(n) в
колéно [kəlʲénə] 2104 Knie в
коллéга [kəlʲégə] Kollege 30A06
кóлледж [kólʲɪt͡ʃ] / коллéдж [kəlʲét͡ʃ] College; Fachhochschule; Berufsschule; Fachschule т
Колобóк [kəłɐbók] Kolobok, Pfannkuchen, Pfannkuchenmann, Krapfen т
колокóльчики [kəłɐkólʲt͡ʃɪkʲɪ] Plt. Glockenspiel т
колóнна [kəłónːə] / [kəłónə] 1484 Säule; Kolonne в
комáнда [kəmándə] 1090 Mannschaft, Team 40G19
командирóвка [kəmənʲdʲɪrófkə] Dienstreise 40D07
командирóвочное удостоверéние [kəmənʲdʲɪróvət͡ʃnəɪɪ_udəstəvʲɪrʲénʲɪɪɪ] Dienstreiseauftrag т
комáр [kəmàr] Mücke т
комбинáция [kəmbʲɪnát͡sɨɪə] Unterrock, Unterkleid в
комéдия [kəmʲédʲɪɪə] Komödie 40G11
кóмикс [kómʲɪks] Comic т
кóмната [kómnətə] 235 Zimmer 10A13
кóмнатное растéние [kómnətnəɪɪ_rəsʲtʲénʲɪɪɪ] Zimmerpflanze в
комплимéнт [kəmplʲɪmʲént] Kompliment 40B01
компьютер [kəmpʲjútɛr] Computer, Rechner, PC 40E01

Комсомо́льская пра́вда [kəmsɐmólʲskəɪ̯ə‿právdə] Komsomolskaja Prawda (Name einer Zeitung) 40B01
конве́рт [kɐnvʲért] Briefumschlag 40B08
конди́терская [kɐnʲdʲítʲɪrskəɪ̯ə] Konditorei, Verkaufsstelle für Konditoreiwaren B
коне́ц [kɐnʲéts] 195 Ende, Schluss 10A11
коне́чно [kɐnʲéʃnə] 161 natürlich, selbstverständlich 10A09
конструктиви́зм [kənstrʊktʲívʲízm] Konstruktivismus T
констру́кция [kənstrúktsɨɪ̯ə] 2839 Konstruktion 40H07
конта́ктный про́вод [kɐntáktnɨɪ̯‿próvət] Oberleitung B
контраба́с [kəntrɐbás] Kontrabass T
контрабаси́ст [kəntrɐbɐsʲíst] Kontrabass-Spieler T
конфе́та [kɐnfʲétə] Praline, Konfekt, Bonbon B
конфе́тница [kɐnfʲétʲnʲɪtsə] Bonbondose, Pralinenschale, Pralinendose B
конфе́ты [kɐnfʲétɨ] Plt. Konfekt, Pralinen; Bonbons, Süßigkeiten 30F21
конце́рт [kɐntsért] 2301 Konzert; buntes Programm F
конце́ртный зал [kɐntsértnɨɪ̯‿zál] Konzertsaal 30G09
конь [kónʲ] 964 m Pferd (auch als Sportgerät), Ross; Springer (im Schach) T
конь-кача́лка [kónʲ‿kɐt͡ʃálkə] Schaukelpferd B
конья́к [kɐnʲják] Kognak, Weinbrand T
копе́йка [kɐpʲéɪ̯kə] 2561 Kopeke F
кора́ [kɐrá] 2958 Sgt. Rinde; Borke; Kruste B
ко́рень [kórʲɪnʲ] 673 m Wurzel B
корзи́на [kɐrzʲínə] 2730 Korb B
корзи́на для бума́г [kɐrzʲínə‿dlʲá‿bʊmák] Papierkorb B
корзи́нка [kɐrzʲínkə] (kleiner) Korb B
коридо́р [kərʲɪdór] 1594 Korridor; Durchgang; Flur F
кори́ца [kɐrʲítsə] Sgt. Zimt B
коро́бка [kɐrópkə] Schachtel, Karton, Kasten 30F21
коро́ва [kɐróvə] 1810 Kuh T
короле́ва [kərɐlʲévə] Königin; Dame (im Schach) T
коро́ль [kɐrólʲ] m König (auch im Schach) T
коро́ткая комбина́ция [kɐrótkəɪ̯ə‿kəmbʲɪnátsɨɪ̯ə] Unterrock, Kurzunterrock, Halbrock B
коро́ткая стри́жка [kɐrótkəɪ̯ə‿strʲíʃkə] Kurzhaarfrisur B
коса́ [kɐsá] Zopf B
ко́смос [kósməs] Sgt. Kosmos, Weltall, Weltraum F
костёл [kɐsʲtʲól] (katholische) Kirche (oft in Polen) T
костёр [kɐsʲtʲór] 2301 Lagerfeuer T
костю́м [kɐsʲtʲúm] 2622 Anzug; Kostüm F
костю́м фигури́стки [kɐsʲtʲúm‿fʲɪɡʊrʲístkʲɪ] Eislauftrikot B
косу́ля [kɐsúlʲə] Reh T
кото́рый [kɐtórɨɪ̯] 36 welcher; der (Relativpron.) 10A02
котте́дж [kɐtʲédʒ] Einfamilienhaus; Villa; Eigenheim T
ко́фе [kófʲɪ] Kaffee F
кофева́рка [kəfʲɪvárkə] Kaffeemaschine T
кофева́рочный автома́т [kəfʲɪvárət͡ʃnɨɪ̯‿ɐftɐmát] Kaffeeautomat, Espressomaschine B
кофемо́лка [kəfʲɪmólkə] Kaffeemühle T
ко́фта [kóftə] Jacke, Bluse B
коча́н капу́сты [kɐt͡ʃán‿kɐpústɨ] Kohlkopf T
Коще́й Бессме́ртный [kɐʃʲːéɪ̯‿bʲɪsʲːmʲértnɨɪ̯] der unsterbliche Koschtschej (Märchenfigur) T
кран [krán] Hahn (Wasserhahn), Absperrventil B
краси́вый [krɐsʲívɨɪ̯] 673 schön, hübsch 30F09
кра́сная капу́ста [krásnəɪ̯ə‿kɐpústə] Sgt. Rotkohl T

кра́сное вино́ [krásnəɪ̯ɪ‿vʲɪnó] Rotwein T
краснопёрка [krəsnɐpʲórkə] Rotfeder T
кра́сный [krásnɨɪ̯] 326 rot; alt auch noch "schön" T
кра́сный крест [krásnɨɪ̯‿krʲést] rotes Kreuz B
креди́т [krʲɪdʲít] Kredit; Finanz-, Finanzierungs- F
креди́тная ка́рточка [krʲɪdʲítnəɪ̯ə‿kártət͡ʃkə] Kreditkarte 40F01
крем для о́буви [krʲém‿dlʲá‿óbʊvʲɪ] / [krʲém‿dlʲá‿óbʊvʲɪ] Schuhcreme 40B08
крем для рук [krʲém‿dlʲá‿rúk] / [krʲém‿dlʲá‿rúk] Handcreme, Hautcreme 40B08
крема́нка [krʲɪmánkə] Eisbecher, Eisschale B
крепле́ние [krʲɪplʲénʲɪɪ̯] Befestigung; Bindung (am Ski) B
кре́сло [krʲéslə] 1610 Sessel B
Креще́ние [krʲɪʃʲːénʲɪɪ̯] Sgt. Heilige Drei Könige T
крова́ть [krɐvátʲ] 1989 Bett, Bettgestell T
крокоди́л [krəkɐdʲíl] Krokodil F
Крокоди́л [krəkɐdʲíl] Krokodil (Humorzeitschrift) 40B07
кро́кус [krókʊs] Krokus; Safran T
кро́лик [królʲɪk] Kaninchen, Karnickel T
кроссо́вки [krɐsófkʲɪ] Plt. Laufschuhe, Sportschuhe B
кру́глый стол [krúɡlɨɪ̯‿stól] runder Tisch B
кружева́ [krʊʒɨvá] Plt. (geklöppelte) Spitzen B
кружи́ться [krʊʒɨtʲːsə] Ipft. sich drehen; wirbeln 40H01
крупа́ гре́чневая [krʊpá‿ɡrʲét͡ʃnʲɪvəɪ̯ə] Sgt. Buchweizen(grütze) T
крупа́ ма́нная [krʊpá‿mánːəɪ̯ə] Sgt. Grieß T
крупа́ перло́вая [krʊpá‿pʲɪrlóvəɪ̯ə] Sgt. Perlgraupen T
крупа́ пшённая [krʊpá‿pʃónːəɪ̯ə] Sgt. Hirsebrei T
крыльцо́ [krɨlʲtsó] 1791 Vortreppe, Vorbau B
кры́са [krɨsə] Ratte T
кры́ша [krɨʃə] 1269 Dach B
кры́шка [krɨʃkə] Deckel; Haube, Kappe, Klappe B
крючо́к [krʲʊt͡ʃók] Haken; Garderobenhaken B
кто [któ] 80 Sgt. wer; der 10A05
кубизм [kʊbʲízm] Sgt. Kubismus T
куда́ [kʊdá] 240 Adv. wohin 10A13
ку́кла [kúklə] 2892 Puppe; Schaufensterpuppe B
куку́шка [kʊkúʃkə] Kuckuck T
куни́ца [kʊnʲítsə] Marder T
купа́льник [kʊpálʲnʲɪk] Badeanzug B
купе́ [kʊpɛ́] Abteil, Coupé, Kupee, Wagenabteil 30E06
купи́ть [kʊpʲítʲ] 920 pf. kaufen, einkaufen 30F09
ку́пол [kúpəl] Kuppel; Kappe B
кури́ть [kʊrʲítʲ] 1768 Ipft. rauchen 40C01
ку́рица [kúrʲɪtsə] Huhn, Henne T
ку́ртка [kúrtkə] Blouson, Kutte, Parka, Jacke 30D06
кусо́к те́ста [kʊsók‿tʲéstə] ein Stück Teig B
куст [kúst] 2170 Strauch B
куст сморо́дины [kúst‿smɐródʲɪnɨ] Johannisbeerstrauch / -busch B
ку́хня [kúxnʲə] 927 Küche T
ку́хонная тря́пка [kúxənːəɪ̯ə‿trʲápkə] Wischtuch B
ку́хонный комба́йн [kúxənːɨɪ̯‿kɐmbáɪ̯n] Küchenmaschine T
ла́вка [láfkə] Bank, Sitzbank, Parkbank 30D06
ла́вочка [lávət͡ʃkə] kleine (Sitz-)Bank; Parkbank B
лавро́вый лист [lɐvróvɨɪ̯‿lʲíst] Lorbeerblatt T
Ла́дно! [ládnə] Geht klar! Gemacht! Okay! 30G02
ладья́ [lɐdʲjá] Turm (im Schach) T
лак [lák] Lack B

ла́ма [támə] Lama T
ла́мпа [támpə] 799 Lampe B
ла́мпочка [támpətʃkə] kleine Lampe, Lämpchen; Glühbirne, Glühlampe B
ла́пка [tápkə] Füßchen (einer Nähmaschine), Pfötchen B
ла́сты [tástɨ] Flossen, Schwimmflossen T
латви́йский [tetvʲíɪskʲɪɪ] lettisch, auf Lettland bezogen T
Ла́твия [tátvʲɪɪə] Lettland, Lettische Republik T
латы́ш [tetɨʃ] Lette T
латы́шка [tetɨʃkə] Lettin T
ла́цкан [táfskən] Revers, Jackettaufschlag B
Лебеди́ное о́зеро [lʲɪbʲɪdʲínəɪɪ ȯzʲɪrə] Schwanensee 40G06
лев [lʲɛf] Löwe T
лёгкие [lʲóxkʲɪɪɪ] Plt. Lunge, Lungen 40H01
легко́ [lʲɪxkó] 788 leicht, einfach 40H03
легкова́я маши́на [lʲɪxkeváɪə meʃínə] PKW B
лежа́ть [lʲɪʒátʲ] 327 Ipft. liegen 30D06
ле́йка [lʲéɪkə] Gießkanne B
Ле́йпциг [lʲéɪptsɨk] Leipzig 30F27
лейтена́нт [lʲɪtʲɪnánt] 588 Leutnant F
лека́рство [lʲɪkárstvə] Arznei, Medizin, Heilmittel 40H01
ле́ксика [lʲéksʲɪkə] Sgt. Lexik 30A01
леопа́рд [lʲɪepárt] Leopard T
ле́стница [lʲésʲnʲɪtsə] 1883 Treppe; Leiter B
ле́стница-стремя́нка [lʲésʲnʲɪtsə strʲɪmʲánkə] Bockleiter, Stehleiter, Doppelleiter, Klappleiter B
лета́ [lʲɪtá] 155 Plt. Jahre 10A08
ле́тнее пла́тье без рукаво́в [lʲétʲnʲɪɪ ptátʲɪɪ bʲɪsrukevòf] ärmelloses Sommerkleid, Trägerkleid B
ле́то [lʲétə] 654 Sgt. Sommer T
ле́том [lʲétəm] Adv. im Sommer T
ле́ший [lʲéʃɨ] Waldgeist T
лещ [lʲɛʃː] Blei, Brassen T
лещи́на [lʲɪʃːínə] Sgt. Haselnussstrauch B
ли [lʲi] 98 ob (oft in indirekter Frage) 10A06
либретти́ст [lʲɪbrʲɪtʲíst] Librettodichter, Librettist T
ликёр [lʲɪkʲór] Likör T
лимо́н [lʲɪmón] Zitrone, Zitronenbaum B
лимона́д [lʲɪmenát] Limonade, Brause T
линь [lʲinʲ] m Schleie T
ли́па [lʲípə] Linde, Lindenbaum T
ли́ра [lʲírə] Lira, Lyra, Leier, Bettlerleier T
лиса́ [lʲɪsá] Fuchs T
лиси́чка [lʲɪsʲítʃkə] Pfifferling T
ли́ственница [lʲísʲtʷvʲɪnʲɪtsə] Lärche T
лита́вры [lʲɪtávrɨ] Plt. Pauke, Kesselpauke T
Литва́ [lʲɪtvá] (Republik) Litauen, Litauische Republik T
литерату́ра [lʲɪtʲɪrɛtúrə] 661 Literatur 4F
лито́вец [lʲɪtóvʲɪts] Litauer T
лито́вка [lʲɪtófkə] Litauerin T
лито́вский [lʲɪtófskʲɪɪ] litauisch T
лифт [lʲift] Aufzug; ugs. dt. auch Fahrstuhl 40E01
ли́фчик [lʲiftʃɨk] BH, Büstenhalter; Leibchen B
Лихтенште́йн [lʲɪxtʲɪnʃtʲéɪn] Liechtenstein T
лихтенште́йнец [lʲɪxtʲɪnʃtʲéɪnʲɪts] Liechtensteiner T
лихтенште́йнка [lʲɪxtʲɪnʃtʲéɪnkə] Liechtensteinerin T
лихтенште́йнский [lʲɪxtʲɪnʃtʲéɪnskʲɪɪ] Liechtenstein- T
лице́й [lʲɪtsɛ́ɪ] Gymnasium; Oberschule, die zum Abitur führt; elitäre Jungenschule (im alten Russland) T
лицо́ [lʲɪtsó] 229 Gesicht; (grammatische) Person 10A12
лишь [lʲiʃ] 235 bloß, nur, lediglich 10A13

лоб [tɔp] 1373 Stirn; Spitze, Front B
ло́джия [tódʒɨɪə] Loggia T
ло́дка [tótkə] 1061 Boot T
ло́коть [tòkətʲ] 2622 m Ellenbogen B
локтево́й сгиб [təktʲɪvóɪ zgʲíp] Ellenbogenbeuge B
Ло́ндон [tóndən] London F
лопа́та [tepátə] Spaten, Schaufel; Löffel, Spatel B
лопа́тка [tepátkə] (kleinere) Schaufel; Wendling B
лосо́сь [tesósʲ] m Lachs T
лось [tòsʲ] m Elch T
лото́к [tetók] Verkaufsstand, Kiosk; Bauchladen B
ло́шадь [tòʃətʲ] 1040 Pferd T
лук [túk] Sgt. Zwiebel, Zwiebeln B
лук-поре́й [túk perʲéɪ] Porree T
лу́чше [tútʃɨ] 340 Adv. besser 40A07
лу́чше всего́ [tútʃɨ fsʲɪvó] Adv. am besten 40I11
лы́жи [tɨʒɨ] Plt. Skier, Ski, Schier B
лы́жная па́лка [tɨʒnəɪə pátkə] Skistock B
лы́жная ша́почка [tɨʒnəɪə ʃápətʃkə] Skimütze B
люби́ть [lʲubʲítʲ] 179 Ipft. lieben; gern tun, mögen 10A10
любо́й [lʲubóɪ] 472 jeder (beliebige) 30D02
лю́ди [lʲúdʲɨ] 77 Plt. Menschen, Leute 10A04
Люксембу́рг [lʲuksʲɪmbúrk] Luxemburg T
люксембу́ргский [lʲuksʲɪmbúrkskʲɪɪ] luxemburgisch T
люксембу́рженка [lʲuksʲɪmbúrʒənkə] Luxemburgerin T
люксембу́ржец [lʲuksʲɪmbúrʒɨts] Luxemburger T
лю́стра [lʲústrə] Deckenleuchte, Lüster, Kronleuchter B
лю́тня [lʲútʲnʲə] Laute (Musikinstrument) T
маврита́нский стиль [mevrʲɪtánskʲɪɪ sʲtʲílʲ] Sgt. maurischer Stil T
магази́н [məgezʲín] 1501 Geschäft, Laden 40C03
магази́н канцеля́рских това́ров [məgezʲín kəntsɨlʲárskʲɪx teváref] Schreibwaren, Bürobedarf T
магази́н музыка́льной литерату́ры [məgezʲín muzɨkálʲnəɪ lʲɪtʲɪretúrɨ] Musikalienhandlung 40G05
магази́н музыка́льных инструме́нтов [məgezʲín muzɨkálʲnɨx ɪnstrumʲéntəf] Geschäft für Musikinstrumente 40G05
магази́н парфюме́рии [məgezʲín pərfʲumʲérʲɪɪ] Drogerie T
Магдебу́рг [məgdɛbúrk] Magdeburg F
май [máɪ] 1810 Sgt. Mai 40D06
ма́йка [máɪkə] Trikot, Sporthemd, Unterhemd; Shirt B
ма́йский жук [máɪskʲɪɪ ʒùk] Maikäfer T
мака́ка [mekákə] Makak T
македо́нец [məkʲɪdónʲɪts] Mazedonier T
Македо́ния [məkʲɪdónʲɪɪə] Mazedonien (Makedonien) T
македо́нка [məkʲɪdónkə] Mazedonierin T
македо́нский [məkʲɪdónskʲɪɪ] mazedonisch T
ма́ленький [málʲɪnʲkʲɪɪ] 247 klein 10A13
мали́новое варе́нье [melʲínəvəɪɪ verʲénʲɪɪ] Himbeerwarenje, Himbeerkonfitüre 40I11
ма́льчик [málʲtʃɨk] 735 Junge 30D06
Ма́льчик! [málʲtʃɨk] Kleiner! Na mein Kleiner! 30D01
ма́льчик с па́льчик [málʲtʃɨk spálʲtʃɨk] Sgt. Däumelinchen, Daumesdick, Daumengroß T
мандоли́на [məndelʲínə] Mandoline T
манже́та [mənʒɛ́tə] Manschette; (Hosen-)Aufschlag B
маникю́р [mənʲɪkʲúr] Sgt. Maniküre; Nagellack 40L10
ма́нка [mánkə] Sgt. Grieß T
ма́нная крупа́ [mánːəɪə krupá] Sgt. Grieß T

мансáрда [mɛnsárdə] Mansarde т
март [márt] 1659 *Sgt.* März т
маршрýт [merʃrút] Strecke(n-), Linie(nführung) 40A22
маслёнок [mes⁽ʲ⁾lʲónək] Butterpilz т
массáж [mesáʃ] Massage 40E07
мáстер [màsʲtʲɪr] 986 Meister; Fachmann, Kollege 40L01
мастерскáя [məsʲtʲɪrskáɪ̯ə] 2521 Werkstatt; Hobbyraum т
мат [mát] *Sgt.* Matt т
матч [mátʲʃ] 2384 Spiel, Wettkampf, Treffen 40G18
мáть [mátʲ] 205 Mutter 10A11
машина [meʃínə] 221 Maschine; Auto, Fahrzeug 10A12
мéбельный [mʲébʲɪlʲnɨ̞] Möbelgeschäft т
медвéдь [mʲɪdʲ⁽ʲ⁾vʲétʲ] *m* Bär т
медицина [mʲɪdʲɪtsínə] *Sgt.* Medizin (Wissenschaft) F
медицинский [mʲɪdʲɪtsínskʲɪ̞] 2352 medizinisch 4F
мéжду [mʲéʒdu] 173 zwischen 10A09
международный [mʲɪʒdunaródnɨ̞] 497 international 30F09
меню́ [mʲɪnʲú] Speisekarte; Menü в
мéрить [mʲérʲɪtʲ] *ipf.* (aus-)messen; anprobieren 40H01
мéсто [mʲéstə] 121 Platz, Stelle, Ort 10A07
мéсячный проезднóй билéт [mʲésʲɪtʲʃnɨ̞ prəɪ̯ɪznóɪ̯ bʲɪlʲét] Monatskarte 40B08
метлá [mʲɪtlà] Besen в
метрó [mʲɪtró] Metro; U-Bahn, Untergrundbahn 40A01
механика [mʲɪxánʲɪkə] *Sgt.* Mechanik F
меховáя манжéта [mʲɪxɨ̯vàɪ̯ə menʒétə] Pelzbündchen в
меховáя отдéлка [mʲɪxɨ̯vàɪ̯ə ɐdʲːélkə] *Sgt.* Pelzfutter; Pelzbesatz в
меховóй воротник [mʲɪxɨ̯vóɪ̯ vərɐtʲnʲik] Pelzkragen в
мечéть [mʲɪtʲʃétʲ] Moschee т
меч-рыба [mʲétʲʃríbə] Schwertfisch т
мешóк [mʲɪʃók] 1521 Sack; auch: Beutel, Tüte в
мизинец [mʲɪzʲínʲɪts] kleiner Finger; kleine Zehe т
микроволновая печь / микроволновка [mʲikrəvɐlnóvəɪ̯ə pʲétʲʃ] / [mʲikrəvɐlnófkə] Mikrowelle в т
миксер [mʲíksɛr] Mixer т
миллиáрд [mʲɪlʲɪárt] / [mʲɪlʲjárt] 1634 Milliarde т
миллиáрдный [mʲɪlʲɪárdnɨ̞] / [mʲɪlʲjárdnɨ̞] milliardster т
миллиóн [mʲɪlʲɪón] / [mʲɪlʲjón] 368 Million т
миллиóнный [mʲɪlʲɪónːɨ̞],[mʲɪlʲjónːɨ̞] millionster т
миндáлина [mʲɪndálʲɪnə] Mandel, Rachenmandel 40H01
миндáль [mʲɪndàlʲ] *m* Mandelbaum т
мини-бáр [mʲɪnʲɪbár] Minibar 40D01
минóга [mʲɪnógə] Neunauge (ein Fisch) т
минýта [mʲɪnútə] 332 Minute (Maßeinheit, min) F
Минýточку! [mʲɪnútətʲʃku] Einen Augenblick! 40L01
мир [mʲir] 139 *Sgt.* Welt 10A08
миска [mʲískə] Schüssel в
мнóгие [mnógʲɪɪ] 313 *Plt.* viele 10A17
мнóго [mnógə] 1209 viel, zu viel 10A15
многотóчие [mnəɡɐtótʲʃɪɪ] Auslassungspunkte т
мобильник / мобильный телефóн [mɐbʲílʲnʲɪk] / [mɐbʲílʲnɨ̞ tʲɪlʲɪfón] Handy, Mobiltelefon т
модéрн [mɐdɛ́rn] im Jugendstil, Jugendstil- т
модернизм [mədɛrnʲízm] *Sgt.* Modernismus т
мóжет быть [móʒɨd bɨtʲ] vielleicht 40O01
мóжно [móʒnə] 136 man kann, man darf 10A07
мóжно [móʒnə] Darf ich ... / Dürfte ich ... 30F01
мой [móɪ̯] 76 mein 10A04
мóйка [móɪ̯kə] Spüle; Spülküche; Waschbecken в

молдавáнин [məɫdɐvánʲɪn] Moldawier, Moldauer, Einwohner Moldaviens т
молдавáнка [məɫdɐvánkə] Moldawierin, Moldauerin, Moldaverin, Einwohnerin Moldaviens т
молдавáнский / молдáвский [məɫdɐvánskʲɪ̞] / [məɫdáfskʲɪ̞] moldawisch т
Молдáвия / Молдóва [məɫdávʲɪɪ̯ə] / [məɫdóvə] (Republik) Moldawien, Moldowa т
молóденький [məɫódʲɪnʲkʲɪ̞] jung, noch ganz jung 30D06
молодожёны [məɫədɐʒónɨ̞] *Plt.* das junge Paar, die Jungvermählten, das Hochzeitspaar 30I02
молодóй [məɫɐdóɪ̯] 192 jung 10A10
молодóй человéк [məɫɐdóɪ̯ tʲʃɪlɐvʲék] junger Mann (auch als Anrede) 30D01
молодые лю́ди [məɫɐdɨɪ̯ɪ lʲúdʲɪ] junge Leute; Anrede: Leute! Ihr da! 30D01
молóже [mɐɫóʒɨ] *Adv.* jünger 30E06
молóчный [mɐɫótʲʃnɨ̞] Molkereiwaren т
молчáть [mɐɫtʲʃátʲ] 279 *Ipft.* schweigen 10A15
мольбéрт [mɐlʲbʲért] Staffelei в
Монáко [mɐnákə] Monaco т
монастырь [mənɐstɨrʲ] *m* Kloster т
монегáска [mənʲɪgáskə] Monegassin т
монегáсок [mənʲɪgásək] Monegasse, Bürger Monacos т
монегáсский [mənʲɪgáskʲɪ̞] monegassisch т
мóре [mórʲɪ] 401 Meer; die See 40D07
морковь [mɐrkófʲ] *Sgt.* Möhre(n), Karotte(n) в
морóженое [mɐróʒənəɪ̯] *Sgt.* Eis (Speiseeis) в
морóз [mɐrós] 2042 Frost 40H07
морскóй лев [mɐrskóɪ̯ lʲéf] Seelöwe т
мóрфий [mórfʲɪ̞] *Sgt.* Morphium (heute: Morphin) 40I7
Москвá [mɐskvá] Moskau 10A01
москóвский [mɐskófskʲɪ̞] 1130 moskauer, Moskau- 30A06
Москóвский комсомóлец [mɐskófskʲɪ̞ kəmsɐmóɫʲɪts] Moskowski Komsomolez (Zeitungsname) 40B07
мост Тáуэр [móst táuɛr] Tower Bridge в
мох [móx] Moos в
мóчка [mótʲʃkə] Ohrläppchen в
мочь [mótʲʃ] 37 *ipf.* können; dürfen 10A02
мóшка [móʃkə] Schnake, Stechfliege, Kriebelmücke т
мужскóй монастырь [muʃskóɪ̯ mənɐstɨrʲ] Mönchskloster т
мýза [múzə] Muse т
музéй [muzʲéɪ̯] 886 Museum F
мýзыка [múzɨkə] 901 *Sgt.* Musik 30G08
музыкáльный центр [muzɨkálʲnɨ̞ tséntr] Stereoanlage, Phonoanlage т
музыкáнт [muzɨkánt] Musiker в
мукá [muká] *Sgt.* Mehl в
муравéй [murɐvʲéɪ̯] Ameise т
мýха [múxə] 2670 Fliege т
мухомóр [muxɐmór] Fliegenpilz т
мы [mɨ] 14 *Plt.* wir 10A01
мысль [mɨs⁽ʲ⁾lʲ] 255 Gedanke 10A14
мышь [mɨʃ] Maus в
мя́гкая мéбель [mʲáxkəɪ̯ə mʲébʲɪlʲ] *Sgt.* Sitzgruppe; Polstermöbel 40D07
мяснóй [mʲɪsnóɪ̯] Fleischer, Metzger, Fleischerladen т
мясорýбка [mʲɪsɐrúpkə] Fleischwolf т
мя́та [mʲátə] *Sgt.* Minze т
мяч [mʲátʲʃ] Ball 30D06

на [ná] 3 auf; in 10A01
на́ дом [nàdəm] *Adv.* ins Haus, für zu Hause 40H01
на са́мом де́ле [nesáməm_dʲèlʲɪ] wirklich 40A14
наве́рно [nevʲέrnə] 1402 sicher(lich), bestimmt 30F21
награ́да [nɐgrádə] Auszeichnung 30H06
над [nát] 159 über; in Fügungen auch: an 10A09
на́до [nádə] 84 man muss, es ist nötig 10A05
на́дпись [nátpʲɪsʲ] 2233 Aufschrift, Tafel, Schild 40A01
надувна́я ло́дка [nəduvnáɪ̯ə̯ ɫótkə] Schlauchboot T
надувно́й матра́с [nəduvnóɪ̯ mɐtrás] Luftmatratze T
наза́д [nezát] 329 *Adv.* zurück; rückwärts; vor (zeitlich – benannte Zeitspanne zurückgerechnet) 40A01
назва́ние [nɐzvánʲɪɪ] 1061 Name, Bezeichnung, Benennung, Titel 40B07
назва́ть [nɐzvátʲ] 964 *pf.* nennen, benennen, bezeichnen 40D01
назна́чить [nɐznátʃʲɪtʲ] 2521 *pf.* bestimmen, festsetzen; ernennen, verschreiben 40M01
наименова́ние [nɐɪmʲɪnevánʲɪɪ] Artikel; Benennung, Bezeichnung, Name 40I17
найти́ [nɐɪ̯tʲí] 280 *pf.* finden; vorfinden 10A15
наки́дка [nɐkʲítkə] Überwurf, Poncho; (Frisier-)umhang B
накладно́й карма́н [nəkɫɐdnóɪ̯ kɐrmán] aufgesetzte / aufgenähte Tasche B
нако́лка [nɐkóɫkə] Anstecker; Häubchen B
нале́во [nɐlʲévə] *Adv.* (nach) links, linkswärts 40A20
нали́м [nɐlʲím] Quappe T
нали́чник [nɐlʲítʃʲnʲɪk] Fensterladen, Türbalken B
напёрсток [nɐpʲórstək] Fingerhut; Hütchenspiel B
написа́ть [nəpʲɪsátʲ] 419 *pf.* schreiben; malen 40A14
направле́ние [nəprɐvlʲénʲɪɪ] 842 Richtung; Überweisung 40H01
напра́во [nɐprávə] *Adv.* (nach) rechts, rechtswärts 40A22
наприме́р [nəprʲɪmʲér] 364 zum Beispiel 40F01
напро́тив [nɐprótʲɪf] 2958 dagegen; gegenüber; im Gegenteil 40A01
нарко́з [nɐrkós] *Sgt.* Narkose 40K01
наро́д [nɐrót] 120 Volk; Menschenmenge 10A07
наро́дный [nɐródnɪɪ] 392 Volks-; volkseigen 40I1
нарци́сс [nɐrtsís] Narzisse T
на́сморк [násmərk] Schnupfen 40I10
насте́нные часы́ [nɐsʲtʲénːɪɪ tʃʲɪsí] *Plt.* Wanduhr B
насто́й рома́шки [nɐstóɪ̯ rɐmáʃkʲɪ] *Sgt.* Kamillentee 40H01
насто́льная ла́мпа [nɐstólʲnəɪ̯ə̯ ɫámpə] Tischlampe B
наступа́ющий [nəstupáɪ̯ʊʃʲːɪɪ] kommend, künftig, bevorstehend 30H02
насту́рция [nɐstúrtsɪ̯ə] Kresse, Kapuzinerkresse T
натурали́зм [nəturɐlʲízm] *Sgt.* Naturalismus T
нау́ка [nɐúkə] 197 Wissenschaft 10A11
находи́ться [nəxɐdʲítʲsə] 408 *Ipft.* sich befinden 30D06
нача́льная шко́ла [nɐtʃʲálʲnəɪ̯ə̯ ʃkólə] Grundschule T
нача́ть [nɐtʃʲátʲ] 211 *pf.* beginnen, anfangen 10A11
начина́ться [nətʃʲɪnátʲsə] 299 *ipf.* beginnen (vi), anfangen, seinen Anfang nehmen 10A16
наш [náʃ] 45 unser 10A03
не ..., а ... [nʲέ á] 9 nicht ..., sondern ... 10A01
не [nʲé] 8 nicht 10A01
Не́ за что! [nʲézəʃtə] Keine Ursache! 30F03
Не мог бы ты [nʲɪmógbɨ̞ tí] Ob du vielleicht / Könntest du vielleicht ... (an einen Mann) 30F01

Не могла́ бы ты [nʲɪmɡɫàbɨ̞ tí] Ob du vielleicht / Könntest du vielleicht ... (an eine Frau) 30F01
Не могли́ бы вы [nʲɪmɡlʲíbɨ̞ ví] Ob Sie vielleicht / Könnten Sie vielleicht ... 30F01
Не могли́ бы вы мне посове́товать [nʲɪmɡlʲíbɨ̞ ví mnʲɛ́ pəsevʲétəvətʲ] Ob Sie mir vielleicht bei... raten / helfen könnten? 30F01
Не сто́ит! [nʲɪstóɪt] Keine Ursache! 30C02
не сто́ит благода́рности [nʲɪstóɪd bɫəgedárnəsʲtʲɪ] nicht der Rede wert 30F03
не́бо [nʲébə] 445 Himmel B
небоскрёб [nʲɪbeskrʲóp] Wolkenkratzer T
неде́ля [nʲɪdʲélʲə] 623 Woche 40K01
незабу́дка [nʲɪzebútkə] Vergissmeinnicht (Blume) T
не́который [nʲékətərɪɪ] 265 bestimmt, gewiss, manch 10A14
нельзя́ [nʲɪlʲzʲá] 228 man kann nicht; man darf nicht; es geht nicht 10A12
не́мец [nʲémʲɪts] 673 Deutscher 40B05
неме́цкий [nʲɪmʲétskʲɪɪ] 1120 deutsch 40B01
неме́цкий язы́к [nʲɪmʲétskʲɪɪ ɪ̯ɪzík] *Sgt.* deutsch; Deutsch; die deutsche Sprache 40B05
неме́цко-ру́сский слова́рь [nʲɪmʲétskərúskʲɪɪ sɫevárʲ] deutsch-russisches Wörterbuch B
не́мка [nʲémkə] die Deutsche T
немно́го [nʲɪmnógə] 1911 *Adv.* etwas 40A07
нео́новая рекла́ма [nʲɪónəvəɪ̯ə rʲɪkɫámə] Leuchtreklame, Neonreklame B
нерв [nʲérf] 2958 Nerv F
не́сколько [nʲéskəlʲkə] 164 *Plt.* etwas, einige 10A09
нет [nʲét] 107 nein 10A06
неча́янно [nʲɪtʃʲáɪ̯ɪn:ə] *Adv.* unabsichtlich, versehentlich; zufällig 30C06
ни [nʲí] 85 kein; Partikel zur Verneinung 10A05
нидерла́ндский [nʲɪdʲɪrɫántskʲɪɪ] / [nʲɪdʲɪrɫántskʲɪɪ] holländisch, niederländisch T
Нидерла́нды [nʲɪdʲɪrɫántɨ̞] *Plt.* Niederlande, Holland T
ни́жняя губа́ [nʲíʒnʲɪ̯ə gubà] *Sgt.* Unterlippe B
ни́жняя по́лка [nʲíʒnʲɪ̯ə pólkə] unter(st)es Bett / Regal, unter(st)e Liege / Pritsche B
ни́жняя ю́бка [nʲíʒnʲɪ̯ə ɪ̯úpkə] Unterrock, Unterkleid B
низ [nʲís] Innenseite (eines Kleidungsstücks) B
ни́зкий [nʲískʲɪɪ] 1141 niedrig 40H07
никако́й [nʲɪkekóɪ̯] 432 kein, keinerlei 40N01
никогда́ [nʲɪkegdá] 327 *Adv.* nie, niemals 40G01
никто́ [nʲɪktó] 264 niemand 10A14
ни́мфа [nʲímfə] *Plt.* Nymphe T
ни́тка [nʲítkə] (einzelner) Faden, Garn, Zwirn B
нить [nʲítʲ] Faden B
Ничего́, ничего́! [nʲɪtʃʲɪvó nʲɪtʃʲɪvó] Aber das macht doch gar nichts! Keine Ursache! 30C01
Ничего́ стра́шного! [nʲɪtʃʲɪvó stráʃnəvə] Aber das macht doch nichts! Ist überhaupt nicht schlimm! 30C01
ничто́ [nʲɪʃtó] 175 nichts 10A10
но [nó] 20 aber, jedoch 10A02
нове́лла [nevʲét:ə] / [nevʲét:ə] Novelle T
новелли́ст [nevʲɪlʲíst] Novellist, Novellen schreibender Schriftsteller T
но́вость [nòvəsʲtʲ] 2042 Neuigkeit, Nachricht 30B06
но́вый [nóvɨ̞ɪ] 73 neu 10A04
Но́вый год [nóvɨ̞ɪ got] *Sgt.* Neujahr 30I02

Но́вый мир [nóvɨɪ̯ mʲír] Nowy Mir (Name einer Zeitschrift) 40B07
нога́ [negà] 235 Bein; Fuß 10A13
но́жка [nóʃkə] Bein, Fuß, Füßchen в
но́жка стола́ [nóʃkə stetà] Tischbein в
но́жка сту́ла [nóʃkə stútə] Stuhlbein в
но́жницы [nóʒnʲɪt͡sɨ] Plt. Schere в
но́мер [nómʲɪr] 1229 Nummer; Hotelzimmer 30F08
Норве́гия [nervʲégʲɪɪ̯ə] Norwegen т
норве́жец [nervʲéʒet͡s] Norweger т
норве́жка [nervʲéʃkə] Norwegerin т
норве́жский [nervʲéʃskʲɪɪ̯] norwegisch т
нос [nòs] Nase в
носки́ [neskʲí] Plt. Socken в
носоро́г [nəserók] Nashorn т
ночь [nòt͡ʃʲ] 240 Nacht 10A13
но́чью [nót͡ʃʲʊ] 1943 Adv. nachts, in der Nacht т
ноя́брь [nejàbrʲ] 2352 Sgt., m November т
нра́виться [nrávʲɪt͡sə] 764 ipf. gefallen 40K01
ну [nú] 72 na, nun, was 10A04
ну что ж [nu ʃtòʃ] na dann, da woll'n wir mal; da kann man nichts machen, das ist eben so 30C02
ну́жно [núʒnə] 272 es ist nötig, man muss 10A15
ну́жный [núʒnɨɪ̯] 311 erforderlich, benötigt 10A17
ну́трия [nútrʲɪɪ̯ə] Nutria, Sumpfbiber; Nutriafell т
о [ó] 30 über (sprechen), an (denken) 10A02
о [ó] oh 40A07
о́ба / о́бе [òbə] / [òbʲɪ] 436 beide 30E06 / 40B01
обе́д [ebʲét] 1791 Mittagessen 40C01
обеща́ть [ebʲɪʃʲːátʲ] 1560 ipf.+pf. versprechen, geloben 30G09
о́бласть [òbtəsʲtʲ] 299 Gebiet) 10A16
обме́н мне́ниями [ebmʲén mnʲénʲɪɪ̯mʲɪ] Meinungsaustausch, Gedankenaustausch т
обме́нный пункт [ebmʲénːɨɪ̯ púnkt] Wechselstelle 40F01
обменя́ть [ebmʲɪnʲátʲ] pf. tauschen, austauschen 40F01
обменя́ться [ebmʲɪnʲát͡sə] pf. (aus)tauschen, wechseln 30B06
обо́и [ebói] Plt. Tapete, Tapeten в
обоснова́ть [ebəsnevátʲ] pf. begründen 40G12
о́браз [óbrəs] 303 Gestalt, Bild; Art und Weise 10A16
обрати́ть внима́ние [ebretʲítʲ vnʲɪmánʲɪɪ̯] 2352 pf. beachten, Aufmerksamkeit schenken 40A14
обрати́ться [ebretʲít͡sə] 1402 pf. sich wenden an; sich umdrehen 40A22
обраща́ть внима́ние [ebreʃʲːátʲ vnʲɪmánʲɪɪ̯] 2958 ipf. beachten, Aufmerksamkeit schenken 40G07
обраще́ние [ebreʃʲːénʲɪɪ̯] 2233 Anrede, Ansprechen, Anredeformel; Aufruf, Appell 30D01
обслу́живать [epstúʒɨvətʲ] ipf. bedienen 40C01
обсужде́ние [epsuʒdʲénʲɪɪ̯] 2730 Diskussion, Erörterung т
обувно́й шкаф [ebuvnóɪ̯ ʃkàf] Schuhschrank в
обувно́й шка́фчик [ebuvnóɪ̯ ʃkáft͡ʃʲɪk] Schuhschränkchen в
о́бувь [óbufʲ] Sgt. Schuhe, Schuhwerk в
о́бщая ко́мната [óbʃʲːɪɪ̯ə kómnətə] Wohnzimmer т
о́бщество [óbʃʲːɪstvə] 250 Gesellschaft 10A14
о́бщий [óbʃʲːɪɪ̯] 302 allgemein; gemeinsam; Gesamt- 10A16
объе́зд [ebjést] Umleitung 40C01
объекти́в [ebjɪktʲíf] Objektiv в
объясни́ть [ebjɪsʲnʲítʲ] 955 pf. erklären, erläutern 40A22

обы́чно [ebɨt͡ʃʲnə] 1297 Adv. gewöhnlich, meist(ens) 40G13
обяза́тельно [ebʲɪzátʲɪlʲnə] 1634 Adv. unbedingt, zwingend, verpflichtend, unabdingbar; obligatorisch 40H01
овощно́й [eveʃʲːnóɪ̯] Gemüse-; Gemüseladen т
овся́ная крупа́ [efsʲánəɪ̯ə krupà] Sgt. Hafergrütze, Haferbrei т
овся́нка [efsʲánkə] Sgt. Hafer(grütze), Haferbrei т
овца́ [eft͡sà] Schaf т
Огонёк [egenʲók] Ogonjok (Name einer Zeitschrift) 40B07
огоро́д [egerót] Gemüsegarten, Küchengarten т
огра́да [egrádə] Umzäunung, Einfriedung; Schutzwall в
огро́мный [egrómnɨɪ̯] 299 gewaltig 10A16
огуре́ц [egurʲét͡s] Gurke в
одева́ться [edʲɪvát͡sə] ipf. sich anziehen 40H01
оде́жная щётка [edʲóʒnəɪ̯ə ʃʲːótkə] Kleiderbürste в
одеколо́н [edʲɪkelón] Sgt. Eau de Cologne 40B08
оде́ться [edʲét͡sə] pf. sich anziehen 40H03
одея́ло [edʲɪjálə] Decke, Zudecke, Bettdecke, Oberbett в
оди́н [edʲín] 39 eins, einer 10A02
оди́ннадцатый [edʲínət͡sətɨɪ̯] elfter т
оди́ннадцать [edʲínət͡sətʲ] elf т
одна́ко [ednákə] 275 jedoch, dagegen, aber 10A15
однобо́ртное пальто́ [ednebórtnəɪ̯ɪ pelʲtó] Einreiher, einreihiger Mantel, Mantel mit einfacher Knopfleiste в
одноко́мнатный [ednekómnətnɨɪ̯] Einzimmer- 40D06
одноме́стный [ednemʲésnɨɪ̯] einsitzig, Einpersonen-, Einzel- 40D06
Одну́ мину́точку! [ednù mʲɪnútət͡ʃʲku] Einen Augenblick! 40E01
о́зеро [òzʲɪrə] 1283 See т
ой [óɪ̯] 1484 oh, au, huch 30C02
ока́пи [ekápʲɪ] Okapi т
океа́н [ekʲɪán] 981 Ozean 10A15
окно́ [eknò] 277 Fenster; auch: Schalter 10A15
око́шко в ка́ссу [ekóʃkə fkásːʊ] Kassenschalter в
окра́шено [ekráʃənə] (frisch) gestrichen 40C01
окро́шка [ekróʃkə] Okroschka (Gurkenkaltschale) т
октя́брь [ektʲàbrʲ] 1402 Sgt., m Oktober т
окуля́р видоиска́теля [ekulʲár vʲidəɪskátʲɪlʲə] Sgt. Bildsucher, Sucherfenster в
о́кунь [òkunʲ] m Barsch в
оле́нь [elʲénʲ] m Hirsch; Ren, Rentier т
ольха́ [elʲxà] Erle т
он [ón] 6 er 10A01
она́ [enà] 16 sie (fem. Sg.) 10A01
они́ [enʲí] 17 Plt. sie (Plural) 10A01
оно́ [enò] 222 es 10A12
опа́здывать [epázdɨvətʲ] ipf. sich verspäten 30C02
опа́сно [epásnə] es ist gefährlich 40C01
опёнок [epʲónək] Hallimasch т
о́пера [ópʲɪrə] Oper в
опере́тта [epʲɪrʲétːə] / [epʲɪrʲétə] Operette 30G08
о́перный [ópʲɪrnɨɪ̯] Opernhaus 40G01
о́перный теа́тр [ópʲɪrnɨɪ̯ tʲɪátr] Opernhaus 40G01
описа́ть [epʲɪsátʲ] pf. beschreiben, schildern 40D07
опозда́ние [epezdánʲɪɪ̯] Verspätung 30C02
опозда́ть [epezdátʲ] pf. sich verspäten 30C06
опо́ра [epórə] Stütze, Stützbalken, Trägwerk в
опра́ва [eprávə] Fassung, Brillengestell в
опя́ть [epʲátʲ] 238 Adv. wieder, erneut 10A13
орангута́н [erəngután] Orang-Utan т

оранжевый [ɐránʐəvɨɪ̯] orange T
орган [ɐrgán] Orgel T
организация [ɐrgənʲɪzátsɨɪ̯ə] 325 Organisation 10A17
органист [ɐrgənʲíst] Orgelspieler, Organist T
оргбюро [ɔ́rgbʲurɔ́] Org.-Büro, Organisationsbüro 30E06
орёл [ɐrʲɔ́ɫ] Adler T
ореховый куст [ɐrʲɛ́xəvɨɪ̯ kùst] Nussstrauch B
оркестр [ɐrkʲɛ́str] Orchester, Kapelle F
оркестровая яма [ɐrkʲɪstróvəɪ̯ə ɪ̯áma] Orchestergraben, Orchestersenke B
оса [ɐsá] Wespe T
осёл [ɐsʲɔ́ɫ] Esel T
осеннее пальто [ɐsʲénʲ:ɪɪ̯ pɐlʲtó] Übergangsmantel B
осенние сапоги на высоком каблуке [ɐsʲénʲ:ɪɪ̯ səpɐgʲí nəvɨsókəm kəbɫukʲɛ́] hochhackige Übergangsstiefel B
осенние туфли без каблука [ɐsʲénʲ:ɪɪ̯ túflʲɪ bʲɪskəbɫuká] flache Halbschuhe B
осень [ósʲɪnʲ] 1560 Herbst T
осенью [ósʲɪnʲɪ̯u] Adv. im Herbst T
осётр [ɐsʲɔ́tr] Stör T
осина [ɐsʲínə] Espe T
осмотреть [ɐsmɐtrʲétʲ] pf. besichtigen; untersuchen 40H08
особенно [ɐsóbʲɪnːə] 322 besonders 10A17
особняк [ɐsɐbnʲák] Einfamilienhaus, alleinstehendes Haus, Einzelhaus, Eigenheim; Villa T
оставаться [ɐstɐvátːsə] 432 ipf. (übrig) bleiben 30D06
остановиться [ɐstɐnɐvʲítːsə] 613 pf. stehen bleiben, stoppen, anhalten 40E06
остановка [ɐstɐnófkə] Haltestelle; Halt 30D02
остановка автобуса [ɐstɐnófkə ɐftóbusə] Bushaltestelle B
остаться [ɐstátːsə] 244 pf. bleiben; übrig bleiben 10A13
Осторожно! [ɐstɐrɔ́ʐnə] 2730 Vorsicht! 40C01
от [ɔ́t] 33 von; gegen (eine Krankheit) 10A02
от всего сердца / от всей души [ɐtfsʲɪvɔ̀ sʲɛ́rtsə] / [ɐtfsʲéɪ̯ duʂí] Adv. von ganzem Herzen, aus tiefster Seele 30H01
от себя [ɐtsʲɪbʲá] Adv. Drücken (Schild an Türen) 40C01
ответ [ɐtvʲét] 582 Antwort 30A06
ответить [ɐtvʲétʲɪtʲ] 274 pf. antworten, entsprechen 10A15
отдел [ɐdʲːéɫ] 2017 Abteilung 30E06
отделка [ɐdʲːéɫkə] Ausstattung; Schmuck B
отель [ɐtɛ́lʲ] Hotel 40F01
отец [ɐtʲɛ́ts] 193 Vater; Vorfahren (im Plural) 10A11
отказ [ɐtkás] Verzicht; Weigerung; Ablehnung 30G01
отказаться [ɐtkɐzátːsə] 1323 pf. ablehnen, verzichten 30G09
открывать [ɐtkrɨvátʲ] 1090 ipf. öffnen, aufmachen; anstellen; eröffnen, einweihen; entdecken, aufdecken 40C01
открытка [ɐtkrɨ́tkə] Postkarte, Ansichtskarte 30F09
открытка с видами [ɐtkrɨ́tkə svʲídəmʲɪ] Ansichtskarte 30F09
открыть [ɐtkrɨ́tʲ] 495 pf. öffnen, aufmachen; anstellen; eröffnen, einweihen; entdecken, aufdecken 40H01
отличный [ɐtlʲítʂnɨɪ̯] 2892 ausgezeichnet 30G08
отметить [ɐtmʲétʲɪtʲ] 1610 pf. kennzeichnen, hervorheben, betonen; erwähnen; feiern, begehen 40B07
отношение [ɐtnɐʂénʲɪɪ̯] 245 Beziehung, Verhältnis 10A13
отпуск [ɔ́tpusk] 2786 Urlaub 30B06
отрабатывать [ɐtrɐbátɨvətʲ] ipf. üben, trainieren 30A02

офицер [ɐfʲɪtsɛ́r] 497 Offizier F
официантка [ɐfʲɪtsɨántkə] Kellnerin B
очень [ótʂɪnʲ] 86 Adv. sehr 10A05
Очень вам благодарен / благодарна [ótʂɪnʲ vám bɫəgɐdárʲɪn bɫəgɐdárnə] Ich bin Ihnen sehr dankbar / verbunden. 30F02
Очень жаль, но ... [ótʂɪnʲ ʐálʲ nó] Es tut mir sehr leid, aber ... 30G03
очередь [ótʂɪrʲɪtʲ] 881 Reihe; Schlange 40L10
очерк [ótʂɪrk] Skizze, Essay, Reportage T
очки [ɐtʂkʲí] 2477 Plt. Brille B
ошейник [ɐʂéɪ̯nʲɪk] Halsband; Halsring, Halskrause B
пава [pávə] Pfau, Pfauenhenne T
павлин [pɐvlʲín] Pfau T
пагода [pɐgódə] Pagode T
палатка [pɐɫátkə] Zelt T
пальто [pɐlʲtó] 1883 Mantel B
пальцы ног [pálʲtsɨ nók] Zehen B
пальцы рук [pálʲtsɨ rúk] Finger B
памятник [pámʲɪtʲnʲɪk] 2521 Denkmal B
пантера [pɐntʲérə], [pɐnʲtʲɛ́rə] Panter T
пантолеты [pəntɐlʲɛ́tɨ] Plt. Pantoletten, Pantoffeln B
папа [pápə] 875 Vati, Pappi, Papa, Vater F
папка [pápkə] Mappe; Verzeichnis, Ordner B
парацетамол [pərətsɨtɐmɔ́ɫ] Paracetamol 40I01
парень [párʲɪnʲ] 927 m junger Mann, Bursche; mit Possessivum: Freund F
Париж [pɐrʲíʂ] Paris (Hauptstadt Frankreichs) F
парикмахер [pərʲɪkmáxʲɪr] Friseur B
парикмахерская [pərʲɪkmáxʲɪrskəɪ̯ə] Friseur, Friseursalon 40L01
парк [párk] 2414 Park 30D06
партер [pɐrtɛ́r] Sgt. Parkett (im Theater usw.) 40G06
партия [pártʲɪɪ̯ə] 217 Partei; auch: Partie, Satz 10A12
парусная лодка [párusnəɪ̯ə ɫótkə] Segelboot T
парфюмерия / парфюмерный магазин [pərfʲumʲérʲɪɪ̯ə] / [pərfʲumʲérnɨɪ̯ məgɐzʲín] Drogerie T
паспорт [páspərt] Pass, Reisepass F
пассажир [pəsɐʐɨ́r] 2561 Fahrgast / Fluggast, Reisender; kaum: Passagier 30C06
пассажирка [pəsɐʐɨ́rkə] s. o. weiblich 30C06
Пасха [pásxə] Sgt. Ostern T
пат [pát] Sgt. Patt; patt T
паук [pɐúk] Spinne T
пациент [pətsɨɛ́nt] Patient B
пеликан [pʲɪlʲɪkán] Pelikan T
пельмени [pʲɪlʲmʲénʲɪ] Plt. Pelmeni T
пельменная [pʲɪlʲmʲénːəɪ̯ə] Pelmeni-Gaststätte T
пенал [pʲɪnáɫ] Federkästchen, Federmappe, Federetui B
первый [pʲérvɨɪ̯] 78 erster 10A04
первый ряд [pʲérvɨɪ̯ rʲát] Reihe eins, erste Reihe B
перед [pʲérʲɪt] 142 vor 10A08
передать [pʲɪrʲɪdátʲ] 716 pf. übergeben; reichen; schildern, wiedergeben; senden; übertragen 30F04
передние лапы [pʲɪrʲédʲnʲɪɪ̯ɪ ɫápɨ] Plt. Vorderpfoten B
передняя [pʲɪrʲédʲnʲɪɪ̯ə] 1829 Vorraum, (meist kleinere) Diele; Korridor, Flur T
перейти [pʲɪrʲɪɪ̯tʲí] 1078 pf. (hin)übergehen, überschreiten, überqueren, überwechseln 40A22
перекладина [pʲɪrʲɪkɫádʲɪnə] Querlatte, Latte (eines Tores); Reck; Hängestange, Kleiderstange B

переключа́тель [pʲɪrʲɪklʲʊt͡ʂátʲɪlʲ] Schalter, Umschalter B
перекрёсток [pʲɪrʲɪkrʲóstək] Kreuzung 40A20
перенести́ [pʲɪrʲɪnʲɪsʲtʲí] pf. hinübertragen, hinüberbringen; übertragen; vertragen; überstehen; verschieben 40K06
переноси́ть [pʲɪrʲɪnʲesʲítʲ] ipf. hinübertragen, hinüberbringen; übertragen; vertragen; verschieben 40H01
переры́в [pʲɪrʲɪríf] Pause, Unterbrechung 40C01
переу́лок [pʲɪrʲɪúɫək] Gasse, Querstraße, Nebenstraße T
переутомле́ние [pʲɪrʲɪutemlʲénʲɪɪ] Sgt. Übermüdung, Ermüdung, Erschöpfung, Erschöpfungszustand 40I10
переучёт [pʲɪrʲɪut͡ʂót] Inventur 40C01
перехо́д [pʲɪrʲɪxót] 1412 Übergang, (Fußgänger-)Überweg; auch: Unterführung, Tunnel (für Fußgänger) 40A01
пе́рец [pʲérʲɪt͡s] Sgt. Paprika; Peperoni T
пе́рец [pʲérʲɪt͡s] Sgt. Pfeffer T
пе́речень [pʲérʲɪt͡ʂɪnʲ] m Aufzählung 40E06
пери́ла [pʲɪrʲíɫə] Plt. Geländer, Handlauf B
периоди́ка [pʲɪrʲɪódʲɪkə] Sgt. Periodika 40B07
перло́вая крупа́ / перло́вка [pʲɪrɫóvəɪ̯ə krupà] / [pʲɪrɫófkə] Sgt. Graupen / Perlgraupen T
пе́рсик [pʲérsʲɪk] Pfirsich B
пе́рстень [pʲérsʲtʲɪnʲ] Ring (mit Stein oder Siegelring) B
перча́тки [pʲɪrt͡ʂátkʲɪ] Plt. (Finger-)Handschuhe B
песо́чный пиро́г [pʲɪsót͡ʂnɨɪ̯ pʲɪrók] Sandkuchen B
пе́тля [pʲétlʲə] Schleife, Schlaufe, Knoten B
петру́шка [pʲɪtrúʂkə] Sgt. Petersilie B
пету́х [pʲɪtúx] Hahn T
пешехо́д [pʲɪʂɨxót] Fußgänger 40C02
пе́шка [pʲéʂkə] Bauer (im Schach) T
пешко́м [pʲɪʂkóm] Adv. zu Fuß 40N01
пиани́но [pʲɪɐnʲínə] Klavier T
пиани́ст [pʲɪɐnʲíst] Pianist, Klaviervirtuose F
пивна́я [pʲɪvnáɪ̯ə] Kneipe, Bierlokal T
пивно́й бар [pʲɪvnóɪ̯ bár] Bierbar 40E06
пи́во [pʲívə] Sgt. Bier T
пиджа́к [pʲɪd͡ʐʐák] 2786 Jackett B
пингви́н [pʲɪŋgvʲín] Pinguin T
пио́н [pʲɪón] Pfingstrose, Päonie T
пиро́г [pʲɪrók] Pastete, Pirogge B
пиро́жное [pʲɪróʐnəɪ̯ə] Pirogge; auch: Kuchen, Torte B
пиро́жное «наполео́н» [pʲɪróʐnəɪ̯ə nəpəlʲón] Petits Fours, Kremschnitte T
пирожо́к [pʲɪrɛʐók] (kleine) Pastete / Pirogge; Gebäck B
пирожо́к с капу́стой [pʲɪrɛʐók skɐpústəɪ̯] Kohlpirogge, Krautpirogge, Kohlpastete, Krautpastete T
пирожо́к с мя́сом [pʲɪrɛʐók smʲásəm] Fleischpirogge, Fleischpastete T
пирожо́к с пови́длом [pʲɪrɛʐók spɐvʲídtəm] süße Pirogge / Pastete, Pirogge / Pastete mit Konfitürefüllung T
пирожо́к с ри́сом, яйцо́м и лу́ком [pʲɪrɛʐók srʲísəm ɪɪt͡sóm ɪ ɫúkəm] Würzpastete / -pirogge (mit Füllung aus Reis, Ei und Zwiebel / Porree) T
пирожо́к с ры́бой [pʲɪrɛʐók sríbəɪ̯] Fischpirogge, Fischpastete T
писа́тель [pʲɪsátʲɪlʲ] 468 Schriftsteller T
писа́тельница [pʲɪsátʲɪlʲnʲɪt͡sə] Schriftstellerin T
писа́ть [pʲɪsátʲ] 199 ipf. schreiben; malen 10A11
пи́сьменный стол [pʲísʲmʲɪnːɨɪ̯ stót] Schreibtisch T
письмо́ [pʲɪsʲmó] 295 Brief; das Schreiben 10A16
пить [pʲitʲ] 528 ipf. trinken 30G04
пи́хта [pʲíxtə] Tanne, Edeltanne, auch: Fichte T

пла́вки [pɫáfkʲɪ] Plt. Badehose; auch: kurze Sporthose T
плака́т [pɫɐkát] Plakat, Poster B
план [pɫán] 297 Plan 10A16
план го́рода [pɫán górədə] Stadtplan 40B08
план зри́тельного за́ла [pɫán zrʲítʲɪlʲnəvə záɫə] Lageplan für den Zuschauerraum B
платёжное сре́дство [pɫɐtʲóʐnəɪ̯ə srʲét͡stvə] Zahlungsmittel 40F01
плати́ть [pɫɐtʲítʲ] 2414 ipf. zahlen, bezahlen 40F01
плато́к [pɫɐtók] 1159 Tuch B
пла́тье [pɫátʲɪ̯ə] 1883 Kleid B
платяно́й шкаф [pɫɐtʲɪnóɪ̯ ʂkáf] Kleiderschrank B
плащ [pɫáɕː] Regenmantel, Sommermantel B
племя́нник [plʲɪmʲánʲːɪk] Neffe T
племя́нница [plʲɪmʲánʲːɪt͡sə] Nichte T
пле́чи [plʲét͡ɕɪ] Schultern T
пле́чики [plʲét͡ɕɪkʲɪ] Plt. Bügel, Kleiderbügel B
плечо́ [plʲɪt͡ɕó] Schulter B
плита́ [plʲɪtá] Platte; Herd T
плита́ из стеклокера́мики [plʲɪtá ɪsʲtʲɪkɫəkʲɪrámʲɪkʲɪ] Ceran-Feld, Glas-Keramik-Herd T
пли́тка [plʲítkə] Täfelchen; kleine Fliese, Kachel B
пло́мба [plómbə] Plombe 40K01
плотва́ [pɫɐtvá] Sgt. Plötze, Rotfeder, Rotauge T
пло́хо [pɫóxə] 857 Adv. schlecht 40K01
плохо́й [pɫɐxóɪ̯] 1027 schlecht 40H07
площа́дка [pɫɐɕːátkə] 2730 Platz; Treppenabsatz B
пло́щадь [pɫóɕːɪtʲ] 1141 (offener) Platz (= Kreuzung) B
пляж [plʲáʂ] Strand T
по [pó] 21 entlang; je; nach 10A02
по-англи́йски [pəɐnglʲíɪ̯skʲɪ] Adv. englisch, in / auf Englisch 40B06
поблагодари́ть [pəbɫəgədɐrʲítʲ] pf. danken 40G12
побли́же [pɐblʲíʐɨ] Adv. etwas näher; möglichst nah 40G14
побли́зости [pɐblʲízəsʲtʲɪ] Adv. in der Nähe, unweit 40A19
по-болга́рски [pəbɐɫgárskʲɪ] Adv. bulgarisch, in / auf Bulgarisch 40B06
побри́ться [pɐbrʲít͡sːə] pf. sich rasieren 40E07
повезти́ [pəvʲɪsʲtʲí] pf. Glück haben 40L10
поверну́ть [pəvʲɪrnútʲ] 2269 pf. wenden; umdrehen, umkehren; abbiegen 40A20
по́весть [póvʲɪsʲtʲ] 2042 Novelle; Powest T
поводо́к [pəvɐdók] Leine, Hundeleine T
повторя́ть [pəftɐrʲátʲ] 1402 ipf. wiederholen 30A02
повы́шенное давле́ние [pɐvɨʂɨnːəɪ̯ə dɐvlʲénʲɪɪ] Sgt. erhöhter Druck; Hochdruck, Bluthochdruck 40I10
погла́дить [pɐgɫádʲɪtʲ] pf. bügeln; streicheln 40E07
поговори́ть [pəgɐvɐrʲítʲ] 981 Pft. reden, (mal) mit jemandem sprechen 30C06
под [pót] 83 unter; selten auch: für 10A05
под нарко́зом [pətnɐrkózəm] Adv. unter Narkose 40K01
подари́ть [pɐdɐrʲítʲ] pf. schenken 30F21
пода́ть [pɐdátʲ] 129 pf. reichen, geben 10A07
подберёзовик [pədbʲɪrʲózəvʲɪk] Birkenpilz T
подборо́док [pədbɐródək] Kinn B
подва́л [pɐdváɫ] Keller, Lagerkeller T
подвесно́й шкаф [pədvʲɪsnóɪ̯ ʂkáf] Hängeschrank B
подвесно́й шка́фчик [pədvʲɪsnóɪ̯ ʂkáft͡ɕɪk] Hängeschränkchen B
подзе́мный перехо́д [pɐdzʲémnɨɪ̯ pʲɪrʲɪxót] Unterführung, Fußgängertunnel 40A01

подкла́дка [petkɫátkə] *Sgt.* Futter (auf der Innenseite eines Kleidungsstückes); Unterlage; Mousepad в
подно́с [pednós] Tablett в
подня́ть [pedʲnʲátʲ] 506 *pf.* heben; erregen; steigern 30I01
подожда́ть [pədeʒdátʲ] 829 *Pft.* abwarten; eine Zeitlang warten 40L10
подойти́ [pədeɪ̯tʲí] 451 *pf.* herantreten; passen 40B05
подоко́нник [pədekónʲːɪk] Fensterbrett, Fensterbank в
подоси́новик [pədesʲínəvʲɪk] Rotkappe т
подо́шва [pedóʃvə] Fußsohle; Schuhsohle в
подписно́е изда́ние [pətpʲɪsnóɪ̯ɪ ɪzdánʲɪɪ̯ɪ] Werk zur Fortsetzung, mehrbändiges Werk, Fortsetzungsreihe в
подру́га [pedrúgə] 2446 Freundin 30B06
подсказа́ть [pətskezátʲ] *pf.* vorsagen; soufflieren 40A07
подсне́жник [petsʲnʲéʒnʲɪk] Schneeglöckchen т
подсо́лнечник [petsólnʲɪt͡ʃnʲɪk] Sonnenblume в
подста́вка [petstáfkə] Untersetzer; Unterlage; Ständer в
подста́вка для головны́х убо́ров [petstáfkə dlʲá gəlevnɨx ubórəf] Ständer für Kopfbedeckungen в
подста́вка для шля́пы [petstáfkə dlʲá ʃlʲápɨ] Hutständer в
подстака́нник [pətstekánʲːɪk] Teeglashalter в
подтя́жки [petʲːáʃkʲɪ] *Plt.* Hosenträger в
поду́мать [pedúmətʲ] 359 *pf.* denken, meinen 40H01
поду́шечка для иго́лок [pedúʃət͡ʃkə dlʲá ɪgóɫək] Nadelkissen в
поду́шка [pedúʃkə] 2446 Kissen, Kopfkissen, Polster в
подши́вка [petʃífkə] Unternähen; Einheften, Heften; Saum (eines Kleidungsstückes); Zeitungsmappe в
по́езд [póɪ̯st] 1027 Zug 30E06
пое́хать [pejéxətʲ] 540 *Pft.* losfahren, abfahren, fahren 30G04
пожа́луйста [pɐʒáɫɨstə] bitte, bitteschön 30F03
Пожа́луйста, пожа́луйста! [pɐʒáɫɨstə pɐʒáɫɨstə] Bitte, bitte! Aber ich bitte Sie! 30F03
пожа́р [pɐʒár] 1883 Brand, Feuer 40C01
пожела́ние [pəʒɨlánʲɪɪ̯ɪ] Wunsch 30B01
пожела́ть [pəʒɨlátʲ] *pf.* wünschen 30B06
пожило́й [pəʒɨɫóɪ̯] 2233 älter, nicht mehr jung 30D06
Позво́льте ... [pezvólʲtʲɪ] Darf ich / Erlauben Sie ... 30F01
Позво́льте предста́виться [pezvólʲtʲɪ prʲɪtstávʲɪtʲːsə] Darf ich mich vorstellen ... 30E01
позвони́ть [pəzvenʲítʲ] 2622 *pf.* klingeln; anrufen 30D02
по́здно [póznə] 1521 zu spät 40L01
поздно́во [pəznevátə] etwas zu spät 40L06
поздоро́ваться [pəzderóvətʲːsə] *pf.* grüßen 30A06
поздра́вить [pezdrávʲɪtʲ] *pf.* gratulieren 30H01
поздравле́ние [pəzdrevlʲénʲɪɪ̯ɪ] Glückwunsch 30H01
поздравля́ть [pəzdrevlʲátʲ] 2839 *ipf.* gratulieren 30H01
Познако́мимся? [pəznekómʲɪmsʲə] Wollen wir uns nicht bekannt machen? 30E01
познако́мить [pəznekómʲɪtʲ] *pf.* bekannt machen 30E06
познако́миться [pəznekómʲɪtʲːsə] 1412 *pf.* sich (miteinander) bekannt machen, kennen lernen 30E06
Познако́мьтесь! [pəznekómʲtʲɪsʲ] Macht euch / Machen Sie sich bekannt! 30E01
Познако́мьтесь, пожа́луйста! [pəznekómʲtʲɪsʲ pɐʒáɫɨstə] Macht euch / Machen Sie sich bitte bekannt! 30E01
по-испа́нски [pɐɪspánskʲɪ] *Adv.* spanisch, in / auf Spanisch 40B06

по-италья́нски [pəɪtelʲjánskʲɪ] *Adv.* italienisch, in / auf Italienisch 40B06
пойти́ [peɪ̯tʲí] *Pft.* gehen, losgehen; starten 30G04
Пока́! [peká] 637 Tschüs! 30B01
пока́ [peká] 318 solange bis; während; vorläufig 40F01
показа́ть [pəkezátʲ] 372 *pf.* zeigen 30B06
пока́зывать [pekázɨvətʲ] 518 *ipf.* zeigen 40A19
по́кер [pókʲɪr] *Sgt.* Poker F
покупа́тель [pəkupátʲɪlʲ] Käufer; Kunde в
покупа́тельница [pəkupátʲɪlʲnʲɪt͡sə] Käuferin, Kundin в
покупа́ть [pəkupátʲ] *ipf.* kaufen, einkaufen 40G13
пол [póɫ] 1120 Boden, Fußboden в
пола́ пиджака́ [pelá pʲɪd͡ʒeká] Schoß / unterer Rand des Jacketts / der Jacke в
по́лдень [póɫdʲɪnʲ] *m* Mittag, Mittagszeit т
поликли́ника [pəlʲɪklʲínʲɪkə] Poliklinik 40C03
по́лка [póɫkə] 2786 Regal; Liege (im Schlafwagen) в
по́лночь [póɫnət͡ʃ] *Sgt.* Mitternacht т
по́лный [póɫnɨɪ̯] 1069 voll, vollständig; füllig 40C01
положи́тельный [pəleʒɨtʲɪlʲnɨɪ̯] positiv 30G08
положи́ть [pəleʒɨtʲ] 647 *pf.* legen, stecken, (hin)tun 40K01
поло́зья [peɫózʲjə] *Plt.* Kufen (bspw. vom Schlitten) в
полоска́ть [pəleskátʲ] *ipf.* spülen 40H01
полоте́нце [pəletʲént͡sə] Handtuch в
полоте́нце для посу́ды [pəletʲént͡sə dlʲá pesúdɨ] Geschirrtuch в
полубо́г [pəɫubóx] Halbgott т
полуботи́нки [pəɫubetʲínkʲɪ] *Plt.* derbere Halbschuhe в
полусапо́жки [pəɫusepóʃkʲɪ] *Plt.* Stiefeletten в
получи́ть [pəɫut͡ʃítʲ] 268 *pf.* erhalten, bekommen 10A15
по́лька [pólʲkə] Polin т
по́льский [pólʲskʲɪɪ̯] polnisch 40B05
по́льский гриб [pólʲskʲɪɪ̯ grʲíp] Marone т
По́льша [pólʲʃə] Polen в
поля́к [pelʲák] Pole 40B05
поля́чка [pelʲát͡ʃkə] Polin т
помидо́р [pəmʲɪdór] Tomate, Tomaten в
по-мо́ему [pemóɪ̯ɪmu] 1540 meiner Meinung nach; auch: wie ich es für richtig halte, wie ich es will 40F01
помо́чь [pemót͡ʃ] 514 *pf.* helfen 40F01
помпо́н [pempón] Bommel в
понеде́льник [pənʲɪdʲélʲnʲɪk] Montag 30B06
по-неме́цки [penʲɪmʲét͡skʲɪ] *Adv.* deutsch, in / auf Deutsch 40B06
понима́ть [pənʲɪmátʲ] 156 *ipf.* verstehen, begreifen 10A08
понра́виться [penrávʲɪtʲːsə] 1989 *pf.* gefallen 40K06
по́нчик [pónt͡ʃɪk] Pfannkuchen, Berliner, Krapfen в
поня́тно [penʲátnə] 1696 verständlicherweise, klar 40F01
поня́ть [penʲátʲ] 177 *pf.* verstehen, begreifen 10A10
попа́сть [pepásʲtʲ] 637 *pf.* gelangen, geraten, kommen; (ins Ziel) treffen 40L10
по-по́льски [pepólʲskʲɪ] *Adv.* polnisch, in / auf Polnisch 40B06
по-португа́льски [pəpərtugálʲskʲɪ] *Adv.* portugiesisch, in / auf Portugiesisch 40B06
попро́бовать [pepróbəvətʲ] 1386 *pf.* versuchen; probieren; kosten 40K01
попроси́ть [pəpresʲítʲ] 1175 *pf.* bitten 40K06
попроща́ться [pəpreʃːátʲːsə] *pf.* sich verabschieden 30B06
попуга́й [pəpugáɪ̯] Papagei т

попу́тчик [pepút͡ɕɪk] Wegbegleiter, Reisegefährte 30E06
пора́ [perà] 248 es ist Zeit 10A13
поре́й [perʲéɪ] Sgt. Porree T
порекомендова́ть [perʲɪkəmʲɪndevátʲ] pf. empfehlen, anraten, raten 40B01
поросёнок [peresʲónək] Ferkel T
португа́лец [pertugálʲɪt͡s] Portugiese 40B05
Португа́лия [pertugálʲɪjə] Portugal 40B05
португа́лка [pertugálkə] Portugiesin T
португа́льский [pertugálʲskʲɪj] portugiesisch 40B05
портфе́ль [pertfʲélʲ] 2730 m Aktentasche / -mappe B
по-ру́сски [perúskʲɪ] Adv. russisch, in / auf Russisch 40B01
по́ршень [pórʃenʲ] m Kolben B
поря́док [perʲádək] 601 Ordnung; Reihenfolge 40K01
посели́ться [pesʲɪlʲíːsʲə] pf. siedeln, besiedeln 40M06
посёлок [pesʲólək] 1883 Siedlung T
посети́тель [pesʲɪtʲítʲɪlʲ] Besucher, Gast B
посети́тельница [pesʲɪtʲítʲɪlʲnʲɪt͡sə] Besucherin, Gast B
по́сле [pós⁽ʲ⁾lʲɪ] 134 nach; nachher, danach, später 10A07
по́сле еды́ [pós⁽ʲ⁾lʲɪ jɪdɨ́] Adv. nach dem Essen 40H01
по́сле обе́да [pós⁽ʲ⁾lʲɪ ɐbʲédə] Adv. am Nachmittag T
после́дний [pesʲlʲédʲnʲɪj] 170 letzter, Schluss- 10A09
послеза́втра [pós⁽ʲ⁾lʲɪzáftrə] Adv. übermorgen 40M06
послу́шать [peslúʃətʲ] 1306 pf. hören, anhören, zuhören; abhören (Patienten) 30G04
посмотре́ть [pesmɐtrʲétʲ] 309 pf. schauen, anschauen, sehen, ansehen; (Patienten) untersuchen 10A17
посове́товать [pesɐvʲétəvətʲ] pf. raten 40H08
Посове́туй мне, пожа́луйста [pesɐvʲétuj mnʲɛ peʐáłɨstə] Rate mir doch bitte / Hilf ... 30F01
поста́вить [pestávʲɪtʲ] 881 pf. stellen 40K01
постара́ться [pesterátʲːsə] 2521 pf. sich bemühen 30C02
посте́ль [pesʲtʲélʲ] f Bett, Lagerstatt T
посте́льный режи́м [pesʲtʲélʲnɨj rʲɪʐɨ́m] Sgt. Bettruhe 40H01
посторо́нний [pesterónʲːɪj] Fremder, Unbefugter 40C01
постри́чься [pestrʲít͡ʃsʲə] pf. sich die Haare schneiden lassen, sich die Haare kurz / kürzer schneiden 40E07
поступи́ть [pestupʲítʲ] 1745 pf. eine Tätigkeit beginnen; (Brief, Waren) eintreffen; sich verhalten 30F25
посудомо́ечная маши́на / посудомо́ечный автома́т [pesudɐmójɪt͡ʃnəjə mɐʂɨnə] / [pesudɐmójɪt͡ʃnɨj ɐftɐmát] Geschirrspüler, Geschirrspülmaschine T
посу́до-хозя́йственный [pesùdəxezʲájs⁽ʲ⁾tʲvʲɪnːɨj] Haushaltwaren, Küchenausstatter T
потанцева́ть [petɐnt͡sevátʲ] Pft. etwas tanzen 30G08
потоло́к [petɐłók] 2670 Decke, Zimmerdecke B
пото́м [petóm] 151 Adv. dann, danach; später 10A08
потому́ [petemú] 191 deswegen, deshalb 10A10
похо́же [pexóʐɨ] anscheinend 40H01
почему́ [pet͡ɕɪmú] 150 Adv. warum, weshalb 10A08
по-че́шски [pet͡ɕéʃskʲɪ] Adv. tschechisch, in / auf Tschechisch 40B06
по́чта [pót͡ʃtə] Sgt. Post; Postamt; E-Mail F
почти́ [pet͡ɕtʲí] 227 Adv. fast, beinahe 10A12
почто́вые ма́рки [pet͡ʃtóvɨɪ márkʲɪ] Briefmarke 40B08
поэ́ма [pɐɛ́mə] Poem T
поэ́т [pɐɛ́t] 1237 Dichter T
поэте́сса [pɐetʲésə] / [pɐetʲésːə] Dichterin T
по́яс [pójɪs] 2196 Gürtel; Taille 40H01

права́ [prevà] Plt. Papiere, Führerschein, Flebben T
пра́вда [právdə] 319 zwar, obwohl; nicht wahr 10A17
Пра́вда [právdə] Sgt. Prawda (Name einer Zeitung) 40B07
пра́вильно [právʲɪlʲnə] 673 Adv. richtig; rechteckig 40E01
пра́здник [prázʲnʲɪk] 1269 Feiertag; Fest 30H06
предлага́ть [prʲɪdłɐgátʲ] 1455 ipf. vorschlagen 30I01
предложе́ние [prʲɪdłɐʐɛ́nʲɪjɪ] 845 Satz; Vorschlag; Angebot 30G01
предложи́ть [prʲɪdłɐʐɨ́tʲ] 986 pf. vorschlagen 30I01
предоставля́ть [prʲɪdəstɐvlʲátʲ] ipf. zur Verfügung stellen, verschaffen; ermöglichen, gewähren 40E06
предпле́чье [prʲɪtplʲét͡ɕjɪ] Unterarm (anatomisch) B
предпоче́сть [prʲɪtpet͡ɕésʲtʲ] pf. vorziehen, es für besser halten; bevorzugen 40I11
предпочита́ть [prʲɪtpet͡ɕɪtátʲ] ipf. vorziehen, es für besser halten; bevorzugen 30F25
предприя́тие [prʲɪtprʲɪjátʲɪjɪ] 596 Unternehmen, Betrieb 30E06
предприя́тие-партнёр [prʲɪtprʲɪjátʲɪjɪ pertnʲór] / [prʲɪtprʲɪjátʲɪjɪ pertnʲór] Partnerbetrieb 30E06
предрожде́ственское вре́мя [prʲɪdrɐʐdʲés⁽ʲ⁾tʲvʲɪnskəjɪ vrʲémʲə] Sgt. Advent, Adventszeit T
представи́тель [prʲɪtstɐvʲítʲɪlʲ] 729 Vertreter 30E06
предста́вить [prʲɪtstávʲɪtʲ] pf. sich (bildlich) vorstellen 40A22
предста́виться [prʲɪtstávʲɪtʲːsə] pf. sich vorstellen (seinen Namen nennen) 30E01
представле́ние [prʲɪtstɐvlʲénʲɪjɪ] 1306 Vorstellung 30F25
Прекра́сно! [prʲɪkrásnə] Ausgezeichnet! Super! 30G02
прекра́сно [prʲɪkrásnə] 2104 Adv. (sehr) schön, herrlich 40B01
прекра́сный [prʲɪkrásnɨj] 944 (sehr) schön, herrlich 30G09
пре́ния [prʲénʲɪjə] Plt. Diskussion T
прерва́ть [prʲɪrvátʲ] pf. unterbrechen 30C06
пре́сса [prʲésːə] / [prʲésə] Sgt. Presse, Zeitungen 40B01
при [prʲɪ] 90 bei; unter 10A05
приблизи́тельно [prʲɪblʲɪzʲítʲɪlʲnə] Adv. ungefähr 40L10
прибы́тие [prʲɪbɨ́tʲɪjɪ] Sgt. Ankunft, Kommen 40M06
Приве́т! [prʲɪvʲét] Grüß dich! Hi! Hallo!; Tschüs! 10A01
приве́тствие [prʲɪvʲét͡sstvʲɪjɪ] Begrüßung, Gruß 30A01
привлече́ние внима́ния [prʲɪvlʲɪt͡ɕénʲɪjɪ vnʲɪmánʲɪjə] Sgt. Ansprechen, Anrufen; Auf-sich-aufmerksam-Machen 30D01
пригласи́ть [prʲɪgłɐsʲítʲ] pf. einladen 30G01
приглаша́ть [prʲɪgłɐʂátʲ] ipf. einladen 30G01
приглаше́ние [prʲɪgłɐʂɛ́nʲɪjɪ] Einladung 30G01
приезжа́ющий [prʲɪjɪʐː⁽ʲ⁾ájʊʂʲːɪj] Anreisender, Einreisender, Neuankömmling 40E01
приём [prʲɪjóm] 808 Empfang, Aufnahme, Annahme; Verfahren; auch: Sprechstunde 40H01
приёмник [prʲɪjómnʲɪk] Radio, Empfänger T
прие́хать [prʲɪjéxətʲ] 381 pf. (mit einem Fahrzeug an-)kommen 40B05
прийти́ [prʲɪjtʲí] 160 pf. (zu Fuß an-)kommen 10A09
прийти́сь [prʲɪjtʲísʲ] 601 pf. müssen 40A07
прила́вок [prʲɪłávək] Ladentisch; Theke, Tresen B
приме́рочная [prʲɪmʲérət͡ʃnəjə] Ankleidekabine B
принести́ [prʲɪnʲɪsʲtʲí] 637 pf. bringen, mitbringen 40E08
принима́ть [prʲɪnʲɪmátʲ] 1195 ipf. annehmen, empfangen; aufnehmen; einnehmen, schlucken; unternehmen 40H01
при́нято [prʲínʲɪtə] es ist üblich 30H06

приня́ть [prʲinʲátʲ] 377 pf. annehmen, empfangen; aufnehmen; einnehmen, schlucken; unternehmen 40G19
приходи́ть [prʲixedʲitʲ] 482 ipf. (zu Fuß an-)kommen 30G01
прихо́жая [prʲixóʒəɪ̯ə] Vorraum, Diele; Korridor, Flur T
причёска [prʲit͡ɕóskə] Frisur 40L01
прия́тель [prʲɪjátʲɪlʲ] 2730 Freund 30A06
прия́тельница [prʲɪjátʲɪlʲnʲɪt͡sə] Freundin 30A06
прия́тно [prʲɪjátnə] 2786 angenehm 30B06
про [pró] 305 über; durch, hindurch; für 10A17
проби́ть [prebʲítʲ] pf. durchschlagen; entwerten 30F04
про́бка [própkə] Korken, Kork; Stau, Verstopfung 40L10
пробле́ма [prebl̝émə] 497 Problem 40F01
пробо́р [prebór] Scheitel, Haarscheitel B
проверя́ть [prəvʲɪrʲátʲ] 2477 ipf. kontrollieren, prüfen 40E01
провести́ [prəvʲɪsʲtʲí] 1046 pf. durchführen 40B09
про́вод [próvət] Draht B
провожа́ть [prəvəʒátʲ] 2561 ipf. begleiten, geleiten 30B06
програ́мма [prɛgrámə] / [prɛgrám:ə] 716 Programm B
продава́ть [prədɛvátʲ] ipf. verkaufen 30F09
продавщи́ца [prədɛfʃʲít͡sə] Verkäuferin B
прода́ть [prɛdátʲ] 2104 pf. verkaufen 40G06
продово́льственный [prədɛvólʲsʷtʷvʲɪn:ɨj] Lebensmitteladen, Fachgeschäft für Lebensmittel T
прое́зд [prɛjɛ́st] Durchfahrt; Passage; Beförderung, Fahren, Benutzen von Verkehrsmitteln 40C01
проездно́й (биле́т) [prəɪ̯znój bʲɪlʲét] Monatskarte, Wochenkarte, Mehrfahrtenkarte T
прое́хать [prɛjéxətʲ] pf. (fahrend) zurücklegen; (fahrend) irgendwohin gelangen; an etwas vorbei fahren 40A07
проза́ик [prezáɪk] Prosaiker, Romancier, Schriftsteller T
прои́грыватель [preígrɨvətʲɪlʲ] Abspielgerät; Plattenspieler; CD-Player T
прои́грыватель компа́кт-ди́сков [preígrɨvətʲɪlʲ kɛmpágdʲískəf] CD-Player T
произво́дство [prəɪzvót͡stvə] 230 Sgt. Produktion 10A13
про́йма [prójmə] Ärmelloch B
пройти́ [prɛɪ̯tʲí] 313 pf. hindurchgehen; behandeln; vorübergehen; eintreten 10A17
прокомпости́ровать [prəkɛmpesʲtʲírəvətʲ] pf. entwerten, lochen; Reservierung bestätigen lassen 30F04
промтова́рный магази́н [prɛmtɛvárnɨɪ̯ məgɛzʲín] (Geschäft für) Industriewaren / Haushalttechnik T
прописа́ть [prəpʲɪsátʲ] pf. verschreiben, verordnen; eine Aufenthaltserlaubnis erteilen 40H01
про́пуск [própʊsk] Ausweis, Passierschein T
прореаги́ровать [prərʲɪɑgʲírəvətʲ] pf. reagieren 30C06
проси́ть [presʲítʲ] 292 ipf. bitten 10A16
прослу́шать [presɫúʃətʲ] pf. abhören, anhören, hören 30A01
проспе́кт [presʷpʲɛ́kt] Prospekt, Boulevard T
Прости́те! [presʲtʲítʲɪ] Entschuldigung! Verzeihung! Pardon! Entschuldigen Sie! 30C01
Прости́те, пожа́луйста! [presʲtʲítʲɪ pɐʒáɫʉstə] Verzeihen Sie bitte! 30C01
просту́да [prestúdə] Erkältung 40I10
про́сьба [prózʲbə] 1679 Bitte 30F01
про́тив [prótʲɪf] 204 gegen; im Vergleich zu 10A11
противополо́жный [prótʲɪvəpɐɫóʒnɨj] gegenüber liegend / gegenüberliegend; konträr; Antonym- 40A14

профессиона́льно-техни́ческое учи́лище [prɐfʲɪsʲɪenálʲnə tʲɪxnʲít͡ɕɪskəɪ̯ɪ ʉt͡ɕílʲɪʃʲ:ɪ] Berufsschule T
профе́ссор [prɐfʲɛ́sər] 1027 Professor F; als Anrede: Frau Professor! Herr Professor! 30D01
профтехучи́лище [prɐftʲɪxʊt͡ɕílʲɪʃʲ:ɪ] Berufsschule T
прохо́д [prexót] Durchgang, Durchfahrt; Passieren 40C01
проходи́ть [prexedʲitʲ] 451 ipf. hindurchgehen; behandeln; vorübergehen; eintreten 40H01
прохо́жий [prexóʒɨj] Passant 30D06
прочи́стить [prɐt͡ɕísʲtʲɪtʲ] pf. reinigen, säubern 40K01
прочища́ть [prɐt͡ɕɪʃʲátʲ] ipf. reinigen, säubern 40K06
Прошу́ проще́ния! [prɐʃú prɐʃʲːénʲɪ̯ə] Verzeihung! Ich bitte um Entschuldigung! 30C01
проща́ние [prɐʃʲːánʲɪ̯ɪ] Abschied 30B01
пруд [prʊ̀t] Teich T
пря́жка [prʲáʃkə] Gürtelspange, Gürtelschnalle B
пря́мо [prʲámə] 411 Adv. geradeaus; direkt 40A20
птифу́р [ptʲɪfúr] Petits Fours, Kleingebäck, Kekse B
ПТУ [pɛtɛú] Berufsschule T
пу́говица [púgəvʲɪt͡sə] 2269 Knopf B
пузырёк для ту́ши [pʊzɨrʲók dlʲá túʃɨ] Tuscheglas B
пуло́вер [pʊɫóvʲɪr] Pullover B
пульс [púlʲs] Sgt. Puls, Pulsschlag, Herzfrequenz B
пункт обме́на валю́ты [púŋkt ɐbmʲéna vɐlʲútɨ] Wechselstelle, Wechselstube 40E06
пусть [púsʲtʲ] 477 wenn auch; selbst wenn; möge 30H01
путь [pʊ̀tʲ] 186 m Weg, Strecke, Trasse, Bahnlinie 10A10
пуф [púf] Hocker, (meist runder) Polsterhocker T
пу́фик [púfʲɪk] (meist runder) kleiner Polsterhocker T
пучо́к петру́шки [pʊt͡ɕók pʲɪtrúʃkʲɪ] Strauß Petersilie B
пучо́к укро́па [pʊt͡ɕók ʊkrópə] Bund Dill B
пчела́ [pt͡ɕɪɫá] Biene T
пшённая крупа́ [pʃón:əɪ̯ə krupá] Sgt. Hirsebrei B
пшено́ [pʃɨnó] Sgt. Hirse T
пьедеста́л [pʲɪdʲɪstáɫ] Sockel, Postament; Siegertreppchen B
пье́са [pʲjésə] 2892 Stück (im Theater) T
пя́льцы [pʲálʲt͡sɨ] Plt. Stickrahmen B
Пятиго́рск [pʲɪtʲɪgórsk] Pjatigorsk 30F27
пятидеся́тый [pʲɪtʲɪdʲɪsʲátɨj] fünfzigster T
пятизвёздный [pʲɪtʲɪzvʲózdnɨj] Fünf-Sterne- 40F01
пятисо́тый [pʲɪtʲɪsótɨj] fünfhundertster T
пятна́дцатый [pʲɪtnát͡s:ətɨj] fünfzehnter T
пятна́дцать [pʲɪtnát͡s:ətʲ] 2017 fünfzehn T
пя́тница [pʲátnʲɪt͡sə] Freitag 30B06
пя́тое [pʲátəɪ̯ɪ] Sgt. der Fünfte (Datumsangabe) 40D01
пя́тый [pʲátɨj] 1501 fünfter T
пять [pʲátʲ] 386 fünf 40D06
пять миллио́нов [pʲátʲ mʲɪlʲɪ̯ónəf] / [pʲátʲ mʲɪlʲɪ̯jónəf] 5 000 000 T
пять ты́сяч [pʲátʲ tɨ́sʲɪt͡ɕ] 5 000 T
пятьдеся́т [pʲɪdʲːɪsʲát] 2138 fünfzig T
пятьсо́т [pʲɪt͡sːót] fünfhundert T
рабо́та [rɛbótə] 102 Arbeit 10A06
рабо́тать [rɛbótətʲ] 170 Ipft. arbeiten 10A09
рабо́чий [rɛbót͡ɕɪj] 230 Arbeits-, Arbeiter- 10A13
рабо́чий стол [rɛbót͡ɕɪɪ̯ stóɫ] Arbeitstisch B
рад [rát] 1195 froh 30F27
ра́дио [rádʲɪo] 993 Rundfunk, Radio, Sendestation T
радиобуди́льник [rádʲɪɛbʊdʲílʲnʲɪk] Weckradio; Funkwecker T

ра́диоприёмник [ràd‿ɪəprʲɪjómnʲɪk] Radio T
ра́диотелефо́н [ràdʲɪətʲɪlʲɪfón] Funktelefon T
ра́дость [rádəsʲtʲ] 1009 Freude 30I02
раз [ràs] 132 mal; Mal 10A07
разви́тие [rezᶜ¹ᵎvʲitʲɪɪ] 214 Entwicklung 10A12
разгово́р [rezgevór] 332 Gespräch 30F15
раздева́ться [rezʲdʲɪváʨːsə] ipf. sich ausziehen 40H03
разде́ться [rezʲdʲɛʨːsə] pf. sich ausziehen 40H01
ра́зный [ráznɨɪ] 359 unterschiedlich, verschieden 40B05
разре́з [rezrʲɛs] Schnitt, Querschnitt B
Разреши́те ... [rəzrʲɪʃitʲɪ] Darf ich / Erlauben Sie ... 30F01
Разреши́те вас познако́мить ... [rəzrʲɪʃitʲɪ‿vás‿pəznekómʲɪtʲ] Darf ich Sie miteinander bekannt machen ... 30E01
Разреши́те предста́вить вам ... [rəzrʲɪʃitʲɪ‿prʲɪtstávʲɪtʲ‿vám] Darf ich Ihnen vorstellen: ... 30E01
Разреши́те предста́виться: ... [rəzrʲɪʃitʲɪ‿prʲɪtstávʲɪʨːsə] Darf ich mich vorstellen: ... 30E01
Разреши́те с ва́ми познако́миться. [rəzrʲɪʃitʲɪ‿svámʲɪ‿pəznekómʲɪʨːsə] Ich würde Sie gern kennen lernen. 30E01
разреши́ть [rəzrʲɪʃitʲ] 1046 pf. erlauben; lösen 30D02
райо́н [rejón] 374 Kreis, Stadtteil, Stadtbezirk T
ра́ковина [rákəvʲɪnə] Waschbecken; Ausguss B
ра́ма [rámə] Rahmen; Gestell B
ра́мка [rámkə] kleiner Rahmen B
расклаДу́шка [rəskɫedúʃkə] Klappbett, Campingliege T
расписа́ние авто́буса [rəsᶜ¹ᵎpʲɪsánʲɪɪ‿eftóbusə] Busplan, Busfahrplan B
расска́з [reskás] 699 Erzählung T
рассо́льник [resːólʲnʲɪk] Rassolnik (Gurkensuppe) T
расчёска [reʃʨóskə] Kamm B
ра́туша [rátuʃə] Rathaus 30G08
реа́кция [rʲáktsɨjə] 2017 Reaktion 30C01
ребёнок [rʲɪbʲónək] 445 Kind 40C01
ребя́та [rʲɪbʲátə] Kinder; als Anrede: Leute! 30D01
револю́ция [rʲɪvelʲútsɨjə] 297 Revolution F
ре́дко [rʲétkə] 2384 Adv. selten 30B06
рези́нка [rʲɪzʲínkə] Gummi, Radiergummi B
ре́зус-мака́ка [rʲɛzusmekákə] Rhesusaffe T
ре́йка [rʲéɪkə] Stange, Leiste, Latte B
река́ [rʲɪkà] 523 Fluss T
рекла́ма [rʲɪktámə] Reklame, Werbung B
рекла́ма но́вого фи́льма [rʲɪkɫámə‿nóvəvə‿fʲilʲmə] Sgt. Kinowerbung, Filmreklame B
ре́льсы [rʲélʲsɨ] Plt. Schienen B
реме́нь [rʲɪmʲènʲ] m Riemen B
ремешо́к [rʲɪmʲɪʃók] Riemen B
ре́плика [rʲɛplʲɪkə] Replik; Stichwort, Merkwort 30A02
ресни́цы [rʲɪsʲnʲitsɨ] Plt. Wimpern B
рестора́н [rʲɪsterán] Gaststätte, Restaurant 30G04
реце́пт [rʲɪtsépt] Rezept 40H01
речево́й этике́т [rʲɪʨɪvóɪ‿etʲɪkʲɛt] Sgt. Gesprächsmuster, Gesprächsformeln, klischeehafte Wendungen 30A06
реши́ть [rʲɪʃitʲ] 305 pf. beschließen; entscheiden; lösen 10A17
рис [rʲís] 1323 Sgt. Reis T
рове́сник [revʲésʲnʲɪk] Altersgenosse, Gleichaltriger 30A06
рове́сница [revʲésʲnʲɪtsə] Gleichaltrige 30A06
рог [ròk] Horn (Musikinstrument; Material; Trinkgefäß) T
родно́й язы́к [rednóɪ‿ɪzɨk] Muttersprache 40B06

рожде́ние [reʒdʲénʲɪɪ] 2073 Sgt. Geburt 30H06
Рождество́ [reʒdʲɪstvó] Sgt. Weihnachten 30F27
рожо́к [reʒók] Horn, auch: Signalhorn T
Ро́за [rózə] Rosa, Rose (wbl. Vorname) F
ро́за [rózə] 2561 Rose F
рок-гру́ппа [ròg‿rúpə] / [ròg‿rúpːə] Rockgruppe 30G09
рокиро́вка [rəkʲɪrófkə] Rochade T
рококо́ [rəkekó] / [rokokó] Rokoko T
рома́н [remán] 1130 Roman T
романи́ст [rəmenʲíst] Epiker, Romanschriftsteller T
рома́нский стиль [remánskʲɪɪ‿sʲtʲilʲ] Sgt. Romanik T
романти́зм [rəmenʲtʲízm] Sgt. Romantismus, Romantik T
росси́йский [resʲíjskʲɪɪ] russisch (im Sinne 'auf den Staat bezogen'), Russland-; selten: russländisch 30E06
Росси́я [resʲíjə] Russland F
россия́нин [rəsʲɪjánʲɪn] Einwohner von Russland, Russe (russischer Staatsbürger) 40G18
россия́нка [rəsʲɪjánkə] Einwohnerin von Russland, Russin (russische Staatsbürgerin) T
рот [ròt] 1237 Mund 40H01
роя́ль [rejálʲ] m Flügel, Klavier T
руба́шка [rubáʃkə] 2446 Hemd B
рубль [rùblʲ] 626 m Rubel F
рука́ [rukà] 79 Hand, Arm 10A05
рука́в [rukàf] Ärmel; Flussarm; Rohr, Schlauch B
рукави́цы [rukevʲiʦɨ] Plt. Fausthandschuhe, Fäustlinge B
руководи́тельница [rukevedʲitʲɪlʲnʲɪtsə] Leiterin 30E06
руле́т биски́тный [rulʲɛd‿bʲɪskvʲítnɨɪ] Biskuitrolle B
руло́н тка́ни [rulón‿tkánʲɪ] Stoffballen B
румы́н [rumín] Rumäne T
Румы́ния [rumínʲɪjə] Rumänien T
румы́нка [rumínkə] Rumänin T
румы́нский [rumínskʲɪɪ] rumänisch T
руса́лка [rusátkə] Nixe T
ру́сская [rúskəjə] Russin T
ру́сский [rúskʲɪɪ] 290 russisch 10A16
ру́сский [rúskʲɪɪ] 1386 Russe (als Angehöriger der Nationalität) T
руче́й [ruʧʲéɪ] Quelle, Bach, Fluss, Fließ
ру́чка [rúʧkə] 2561 Füller, Kuli; Handgriff, Griff B
ру́чка портфе́ля [rúʧkə‿pertfʲélʲə] Taschengriff B
ручно́е зе́ркало [ruʧnóɪ‿zʲɛrkəɫə] Handspiegel B
ручно́й фен [ruʧnóɪ‿fʲén] Föhn, Handföhn B
ры́ба [rɨbə] 1344 Fisch; Fischgericht T
ры́бный [rɨbnɨɪ] Fisch-; Fischgeschäft T
ры́жик [rɨʒɨk] Reizker (ein Pilz) T
рысь [rɨsʲ] Luchs T
рюкза́к [rʲugzàk] Rucksack F
ряби́на [rʲɪbʲínə] Eberesche, Vogelbeere T
ряд [rʲàt] 347 Reihe 40G06
ря́дом [rʲádəm] Adv. ganz in der Nähe, gleich hier 30D02
ря́дом с [rʲádəm‿s] 491 daneben, nebeneinander 30G08
с [s] 7 mit; von; seit 10A01
С наступа́ющим Но́вым го́дом! [snəstupájʉʃʲːɪm‿nóvɨm‿gòdəm] Alles Gute im Neuen Jahr! 30H01
С наступа́ющим пра́здником! [snəstupájʉʃʲːɪm‿prázʲnʲɪkəm] Frohes Fest! / Frohe Festtage! 30H01
С Но́вым го́дом! [snóvɨm‿gòdəm] Glückliches Neues Jahr! 30H01
С Но́вым го́дом, с но́вым сча́стьем! [snóvɨm‿gòdəm‿snóvɨm‿ʃʲːásʲtʲɪm] Prosit Neujahr! 30H01

С пра́здником! [spráz'n'ıkəm] Herzlichen Glückwunsch zum Feiertag! 30H01
С прие́здом! [spr'ıjézdəm] Herzlich willkommen! 40E01
с удово́льствием [sυdevól's⁽ⁱ⁾t⁽ⁱ⁾v'ıɪɪm] sehr gern 30G02
сад [sàt] 724 Garten, Obst-, Blumengarten T
са́дик [sád'ık] Garten, Gärtchen; Kindergarten T
сади́ться [sed'íťːsə] 562 ipf. sich setzen; (in Verkehrsmittel) einsteigen; (Himmelskörper) untergehen 40A01
саксофо́н [səksefón] Saxofon / Saxophon T
саксофони́ст [səksəfen'íst] Saxofonist / Saxophonist F
сала́т [sełát] Salat B
сала́тница [seɫát'n'ıtsə] Salatschüssel B
сало́н [seɫón] Salon; Fahrgastzelle, Fahrgastraum 40L01
сало́н красоты́ [seɫón krəsetí] Schönheitssalon 40E06
сам [sàm] 67 selbst 10A04
самова́р [səmevár] 2170 Samowar, Teemaschine F
самого́н / самого́нка [səmegón] / [səmegónkə] Sgt. Hausbranntwein, Selbstgebrannter (Schnaps) T
самообслу́живание [səmeepsłúʒıvən'ıɪ] Sgt. Selbstbedienung 40C01
са́мый [sámɪ] 74 derselbe; aller- (als Funktionswort zur Superlativbildung); selbst, sogar 10A04
са́ни [sàn'ı] Plt. Schlitten B
санита́рный день [sən'ıtárnɪɪ d'èn'] Hygieneschließtag, Reinigungsschließtag 40C01
са́нки [sànk'ı] Plt. (kleinerer) Schlitten, Rodelschlitten, Sportschlitten, Rennschlitten, Skeleton B
Са́нкт-Петербу́рг [sànktp'ıt'ırbúrk] Sankt Petersburg F
Са́нкт-Петербу́ргские ве́домости [sànktp'ıt'ırbúrsk'ıɪ v'édəməs't'ı] Plt. Sankt-Peterburgskije Wedomosti (Name einer Zeitung) 40B07
санмари́нец [sənmer'ín'ıts] Einwohner / Bürger von San Marino T
санмари́нка [sənmer'ínkə] Einwohnerin / Bürgerin von San Marino T
Сан-Мари́но [sənmer'ínə] San Marino T
санмари́нский [sənmer'ínsk'ıɪ] von San Marino T
сапо́г [sepòk] einzelner Stiefel B
сапоги́ [səpeg'í] 1061 Plt. Stiefel B
сапо́жки [sepóʃk'ı] Plt. Stiefeletten B
сатани́нский гриб [səten'ínsk'ıɪ gr'íp] Satanspilz T
сати́р [set'ír] Satyr T
сати́рик [set'ír'ık] Satiriker T
са́уна [sáυnə] Sauna, Dampfbad 40E06
са́харница [sáxərn'ıtsə] Zuckerdose B
Са́ша [sáʃə] Sascha (männl. Vorname, Kurzform) F
сберка́сса [z⁽ⁱ⁾b'ırkás:ə] Sparkasse 30D02
свёкла [s⁽ⁱ⁾v'ókłə] rote Rübe(n), rote Bete; eine Rübe B
свёкор [s⁽ⁱ⁾v'ókər] Schwiegervater (Vater des Mannes) T
свекро́вь [s⁽ⁱ⁾v'ıkróf'] Schwiegermutter (Mutter des Mannes) T
свет [s⁽ⁱ⁾v'ét] 181 Sgt. Licht 10A10
светофо́р [s⁽ⁱ⁾v'ıtefór] Ampel, Lichtsignalanlage B
свида́ние [s⁽ⁱ⁾v'ıdán'ıɪ] 1269 Rendezvous, Treffen, Besuch; Wiedersehen 40M06
свиде́тельство [s⁽ⁱ⁾v'ıd'ét'ıl'stvə] Zeugnis; Attest T
свиде́тельство о бра́ке [s⁽ⁱ⁾v'ıd'ét'ıl'stvə ebrák'ı] Heiratsurkunde T
свиде́тельство о рожде́нии [s⁽ⁱ⁾v'ıd'ét'ıl'stvə erezd'én'ıɪ] Geburtsurkunde T

свиде́тельство об оконча́нии сре́дней шко́лы [s⁽ⁱ⁾v'ıd'ét'ıl'stvə ebaken'tʃán'ıɪ sr'éd'n'ıɪ ʃkólɪ] Schulabschlusszeugnis, Reifezeugnis T
свинья́ [s⁽ⁱ⁾v'ın'jà] Schwein T
сви́тер [s⁽ⁱ⁾v'ítɛr] Pullover B
свобо́дный [svebódnɪɪ] 650 frei; ungezwungen; locker 40L10
свой [svòɪ] 25 sein; ihr (fem. Sg.); ihr (Pl.); mein, dein, unser, euer, Ihr (bei Subjektbezug) 10A02
СВЧ-печь [ɛsvɛtʃep'ètʃ'] / [sɛvɛtʃep'ètʃ'] f Mikrowelle (als Küchengerät) T
свя́зка лу́ка [s⁽ⁱ⁾v'áskə łúkə] Bund Zwiebeln B
свя́зка чеснока́ [s⁽ⁱ⁾v'áskə tʃısnekà] Bund Knoblauch B
сгиб ло́ктя [zg'íp łòkt'ə] Ellenbogenbeuge B
сдать [zdát'] 1911 pf. abgeben; vermieten 40E07
сде́лать [z'd'éłət'] 158 pf. tun, machen 10A09
сдо́ба [zdóbə] Sgt. Mundbrötchen, Milchbrötchen B
себя́ [s'ıb'á] 49 sich 10A03
сего́дня [s'ıvód'n'ə] 233 Adv. heute 10A13
сего́дняшний [s'ıvód'n'ıʃn'ıɪ] 2352 heutig 30F19
седа́лище [s'ıdál'ıʃ':ı] Gesäß T
седьмо́й [s'ıd'mój] siebenter 30G04
сейча́с [s'ıtʃás] 93 Adv. jetzt; gleich 10A05
секретариа́т [s'ıkr'ıtər'át] Sekretariat 40M01
секрета́рь [s'ıkr'ıtàr'] 1344 Sekretärin; Sekretär 40M06
се́лезень [s'él'ız'ın'] m Erpel, Enterich T
село́ [s'ıłò] 781 Dorf T
сельдере́й [s'ıl'd'ır'éj] Sgt. Sellerie T
сельдь [s'èl't'] Hering T
семафо́р [s'ımefór] Eisenbahnsignal B
семидеся́тый [s'ım'ıd'ıs'átɪɪ] siebzigster T
семисо́тый [s'ım'ısótɪɪ] siebenhundertster T
семна́дцатый [s'ımnát:sətɪɪ] siebzehnter T
семна́дцать [s'ımnát:sət'] siebzehn T
семь [s'èm'] 774 sieben 30F08
семь ты́сяч [s'èm' tís'ıtʃ] 7 000 T
се́мьдесят [s'èm'd'ıs'ət] siebzig T
семьсо́т [s'ım'sót] siebenhundert T
се́ни [s'èn'ı] Plt. Flur, Diele T
сентиментали́зм [s'ın't'ım'ıntel'ízm] / [sɛn't'ım'ıntɛl'ízm] Sgt. Sentimentalismus T
сентя́брь [s'ın't'ábr'] 2730 Sgt., m September 40D06
серб [s'érp] Serbe T
се́рбка [s'érpkə] Serbin T
серде́чно [s'ırd'étʃnə] Adv. herzlich; Herz- 30H01
се́рдце [s'èrtsə] 365 Herz 30I02
середи́на [s'ır'ıd'ínə] 1768 Sgt. Mitte 40G11
се́рьги [s'èr'g'ı] Plt. Ohrringe, Ohrstecker, Ohrhänger B
сестра́ [s'ıstrà] 1175 Schwester; auch: Ordensschwester T
сесть [s'ést'] 570 pf. sich setzen; (in Verkehrsmittel) einsteigen; (Himmelskörper) untergehen 40H08
се́тка [s'étkə] Netz B
сигаре́та [s'ıger'étə] Zigarette 40B08
сиде́нье [s'ıd'én'ıɪ] Sitz, Sitzfläche B
сиде́ть [s'ıd'ét'] 220 Ipft. sitzen 10A12
си́ла [s'íłə] 119 Kraft, Stärke T
си́льно [s'íl'nə] 788 Adv. stark, kräftig 40H01
сильфи́да [s'ıl'f'ídə] Sylphide, Sylphe, Fee, Elfe T
символи́зм [s'ımvel'ízm] Sgt. Symbolismus T
си́ний [s'ín'ıɪ] 711 blau T
сини́ца [s'ın'ítsə] Meise T

сирéна [sʲɪrʲɛ́nə] Sirene T
сирéнь [sʲɪrʲɛ́nʲ] Sgt. Flieder T
ситуáция [sʲɪtuátsɨɪ̯ə] Situation 40G20
сказáть [skezátʲ] 40 pf. sagen 10A02
скáлка [skátkə] Nudelholz B
скамéйка [skemʲéɪ̯kə] Bank, Gartenbank, Parkbank 30D06
скáтерть [skátʲɪrtʲ] Tischtuch, Tischdecke B
скáтерть-самобрáнка [skátʲɪrtʲ‿səmebránkə] Tischleindeckdich T
сквер [skvʲɛr] (Park-)Anlage; Boulevard, Allee 40C03
сквéрик [skvʲérʲɪk] Grünanlage, kleiner Park B
складнóй стол [sktednóɫ‿stót] Camping-, Klapptisch T
складнóй стул [sktednóɫ‿stút] Falt-, Klapp-, Campingstuhl T
скóбка [skópkə] Klammer, Bügel T
сковородá [skəvəredá] Pfanne B
скóлько [skólʲkə] 365 Plt. wie viel 30D06
скорéе [skerʲéɪ̯] Adv. eher; so bald wie möglich, schnellstmöglich, sofort, gleich 30D02
скóро [skórə] 323 Adv. bald; beinahe, eher 10A17
скоросшивáтель [skərəʃːɨvátʲɪlʲ] Schnellhefter B
скрипáч [skrʲɪpátʃʲ] Geiger, Violinist T
скрипка [skrʲípkə] Geige, Violine T
скýмбрия [skúmbrʲɪɪ̯ə] Makrele T
слéва [sˠlʲɛ́və] 2196 Adv. links, linker Hand 40E01
слéдующий [sˠlʲɛ́duɪ̯uʃʲːɪɪ̯] 1911 folgend, nächst 30F08
слепéнь [sˠlʲɪpʲénʲ] m Stechfliege, Bremse T
слива [sˠlʲívə] Pflaume; auch: Pflaumenbaum T
словáк [stevák] Slowake T
Словáкия [stevákʲɪɪ̯ə] Slowakei T
словáцкий [stevátskʲɪɪ̯] slowakisch T
словáчка [stevátʃʲkə] Slowakin T
словéнец [stevʲénʲɪts] Slowene T
Словéния [stevʲénʲɪɪ̯ə] Slowenien T
словéнка [stevʲénkə] Slowenin T
словéнский [stevʲénskʲɪɪ̯] slowenisch T
слóво [stóvə] 109 Wort; Vokabel 10A06
слоёное пирóжное [stejónəɪ̯ɪ‿pʲɪróʒnəɪ̯ɪ] Blätterteig T
слон [stón] Elefant; Läufer (im Schach) T
служéбный [stuʒébnɨɪ̯] dienstlich 40C01
слýчай [stútʃʲɪɪ̯] 216 Vorfall, Fall; Zufall 10A12
слýшать [stúʃətʲ] 282 ipf. hören, anhören, zuhören; abhören (Patienten) 10A15
слышать [stɨ́ʃətʲ] 202 ipf. hören, vernehmen 10A11
смотрéть [smetrʲétʲ] 144 ipf. schauen, anschauen, sehen, ansehen; (Patienten) untersuchen 10A08
смочь [smótʃʲ] 867 pf. können; dürfen 30F09
смычкóвый музыкáльный инструмéнт [smɨtʃʲkóvɨɫ‿muzɨkálʲnɨɫ‿ɪnstrumʲɛ́nt] Streichinstrument T
сначáла [snetʃʲátə] 768 Adv. zuerst, anfangs 40H01
Снегýрочка [sʲnʲɪgúrətʃʲkə] Sgt. Schneewittchen; auch: Snegurotschka (als Begleiterin = Enkelin vom russischen Weihnachtsmann, vom "Väterchen Frost") T
снóва [snóvə] 261 Adv. von neuem, erneut 10A14
снять [sʲnʲátʲ] 891 pf. abnehmen; aufnehmen, fotografieren; (Wohnung) mieten 40D01
собáка [sebákə] 1237 Hund (auch als Schimpfwort) B
собесéдник [səbʲɪsʲédʲnʲɪk] Gesprächspartner 30C06
собесéдование [səbʲɪsʲédəvənʲɪɪ̯] Gespräch, Prüfungsgespräch, Einstellungsgespräch; Kolloquium T

собирáться [səbʲɪrátsːə] 699 ipf. sich versammeln; sich anschicken, wollen; sich fertig machen für etwas 30G08
соблюдáть [səblʲudátʲ] ipf. befolgen, einhalten, beachten 40C01
сóболь [sóbəlʲ] Zobel T
собóр [sebór] Dom, Kathedrale, Münster B
совá [sevà] Eule, Uhu T
совершéнный вид [səvʲɪrʃɛ́nːɨɫ‿vʲítʲ] perfektiver Aspekt 40A21
совéтовать [sevʲétəvətʲ] ipf. raten 40F01
совéтский [sevʲétskʲɪɪ̯] 100 sowjetisch, Sowjet- 10A06
совмéстное предприятие [sevmʲésnəɪ̯ɪ‿prʲɪtprʲɪjátʲɪɪ̯] Joint venture, gemeinschaftlicher Betrieb 30I02
совсéм [sefsʲém] 223 Adv. vollständig, ganz 10A12
соглáсие [segtásʲɪɪ̯] Sgt. Einverständnis 30G01
сожалéние [səʒelʲénʲɪɪ̯] 1259 Sgt. Bedauern; Mitleid 30G09
сойти [seɪ̯tʲí] 2414 pf. aussteigen, hinuntergehen 40A14
сок [sók] Saft T
соковыжимáлка [səkəvɨʒɨmátkə] Saftpresse T
сóкол [sókət] Falke T
солдáт [setdát] 288 Soldat 10A16
сóлнце [sóntsə] 295 Sonne 10A16
соловéй [sətevʲéɪ̯] Nachtigall T
соль [sólʲ] 1056 Salz T
соля́нка [sel'ánkə] Sgt. Soljanka T
сом [sòm] Wels T
сонéт [senét] / [senʲét] Sonett T
сообщить [seepʃʲːítʲ] 1883 pf. mitteilen 40E08
сорить [serʲítʲ] ipf. Schmutz / Unordnung machen 40C01
сóрок [sòrək] 964 vierzig T
сорóка [serókə] Elster T
сороковóй [sərəkevóɪ̯] vierzigster T
сорóчка [serótʃʲkə] Hemd, Oberhemd B
сосéд [sesʲét] 1791 Nachbar T
сосéдка [sesʲétkə] Nachbarin T
сосéдний [sesʲédʲnʲɪɪ̯] 1237 benachbart 30D02
сосéдний дом [sesʲédʲnʲɪɪ̯‿dòm] Nachbarhaus B
соснá [sesnà] Kiefer (Baum) T
состáвить [sestávʲɪtʲ] 1291 pf. zusammenstellen 40G20
состояние [səstejánʲɪɪ̯] 620 Stand, Zustand; Lage 40H07
сóтовый (телефóн) [sótəvɨɫ‿tʲɪlʲɪfón] Mobiltelefon, Handy T / 30D02
сóтый [sótɨɪ̯] hundertster T
сочéльник [setʃʲélʲnʲɪk] Sgt. Heiligabend T
союз [sejús] 269 Bund, Union; (gramm.) Konjunktion 10A15
спáльный мешóк [spálʲnɨɫ‿mʲɪʃók] Schlafsack T
спáльня [spálʲnʲə] Schlafzimmer T
Спас [spás] Feiertag / Feiertage des Herrn T
спасáтельный жилéт [spesátʲɪlʲnɨɫ‿ʒɨlʲét] Schwimmweste, Rettungsweste T
спасáтельный круг [spesátʲɪlʲnɨɫ‿krúk] Rettungsring T
спасибо [spesʲíbə] danke, schönen Dank 30F02
Спасибо за предложéние. [spesʲíbə‿zəprʲɪdtɛʒɛ́nʲɪɪ̯] Danke für das Angebot. 30F02
спать [spátʲ] 397 Ipft. schlafen 40H01
спектáкль [sʲpʲɪktáklʲ] 2477 m Schauspiel; Theatervorstellung 40G01
спинá [sʲpʲɪnà] 964 Rücken B
спинéт [sʲpʲɪnʲét] Spinett T
спинка [sʲpʲínkə] Lehne, Rückenlehne B

спи́нка сту́ла [sᶦpʲínkə‿stútə] Stuhl-, Rückenlehne в
спи́сок [sᶦpʲísək] 2301 Liste 40B07
спорти́вный костю́м [spertʲívnɨɪ‿kesʲtʲúm] Trainings-anzug в
спра́ва [správə] 2233 Adv. rechts, rechter Hand 40A01
спроси́ть [sprɐsʲitʲ] 207 pf. fragen 10A11
спусковáя кнóпка [spuskɐvájə‿knópkə] Startknopf, Anlasser; Auslöser в
спусти́ться [spusʲtʲítsə] pf. hinuntersteigen, hinunter-fahren; sinken, sich verringern 40E08
сра́зу [srázu] 284 Adv. sofort, unverzüglich 10A15
среда́ [srʲɪdá] 2170 Mittwoch 30B06
сре́дний па́лец [srʲédʲnʲɪɪ pálʲɪts] Mittelfinger т
сре́дних лет [srʲédʲnʲɪx lʲét] Adv. mittleren Alters 30C06
сре́дняя шко́ла [srʲédʲnʲɪɪə ʃkólə] Mittel-, Oberschule т
сре́дство [srʲédstvə] 573 Mittel 40I11
срок [srók] 1016 Frist; Termin 40D06
срок пребыва́ния [srók prʲɪbɨvánʲɪɪə] Aufenthaltsdauer 40E01
ста́вить [stávʲitʲ] 696 ipf. stellen, hinstellen 40K06
стадио́н [stədʲión] Stadion 30D02
стака́н [stekán] 1209 Glas, Wasserglas, Trinkglas в
стани́ца [stenʲítsə] 2730 (großes) Kosakendorf, Staniza т
ста́нция [stántsɨɪə] 506 (Eisenbahn-)Station, Haltepunkt 40G01
ста́нция метро́ [stántsɨɪə mʲɪtró] U-Bahn-Station, Metrostation 30D06
ста́рше [stárʃɨ] Adv. älter 30A06
ста́рший [stárʃɨɪ] 190 älter; höher; Ober-, Chef- 10A10
ста́рый [stárɨɪ] 253 alt 10A14
стать [státʲ] 116 pf. werden (zu); sich stellen 10A06
ствол де́рева [stvòl dʲèrʲɪvə] Baumstamm в
стекло́ [sʲtʲɪkló] 184 Scheibe, Glasscheibe, Glas 10A10
стекля́нная ба́нка [sʲtʲɪklʲán:əɪə bánkə] Glasgefäß в
стекля́нный сосу́д [sʲtʲɪklʲán:ɨɪ sɐsút] Glasbehältnis в
стелла́ж [sʲtʲɪláʃ] Regal, Standregal в
стена́ [sʲtʲɪná] 503 Wand, Mauer в
сте́нка [sʲtʲénkə] 1159 Schrankwand т
стереоаппарату́ра [sʲtʲèrʲɪəpərɐtúrə] / [sʲtʲèrʲɪɔpərɐtúrə] Stereogerät т
стереоко́мплекс [sʲtʲèrʲɪɔkómplʲɪks] / [sʲtʲèrʲɪɔkómplʲɪks] Stereoanlage т
стереоустано́вка [sʲtʲèrʲɪəustɐnófkə] / [sʲtʲèrʲɪɔustɐnófkə] Stereoanlage т
сти́рка [sʲtʲírkə] Wäsche, Reinigung 40E07
стихотворе́ние [sʲtʲɪxətvɐrʲénʲɪɪ] Gedicht т
сто [stó] 620 hundert т
сто ты́сяч [stó tɨ́sʲɪtʲ] 100 000 т
сто́ить [stóɪtʲ] 588 Ipft. kosten; sich lohnen; (mit Infinitiv:) man braucht nur (jeweils unpers.) 40G01
сто́йка [stóɪkə] Ständer; Buffet / Büfett, Theke в
сто́йка для зо́нтика [stóɪkə dlʲa zónʲtʲɪkə] Schirm-ständer в
сто́йка с откры́тками [stóɪkə sɐtkrítkəmʲɪ] Postkarten-ständer, Ansichtskartenständer в
стол [stòl] 188 Tisch 10A10
столб [stòlp] 2414 Pfeiler, Säule, Pfosten, Mast в
сто́лбик [stòlbʲɪk] kleiner Pfosten в
сто́лик [stólʲɪk] 2561 Tischchen; auch: Ablage 30F15
столи́ца [stɐlʲítsə] 1175 Hauptstadt т
столи́чный [stɐlʲítʲʃnɨɪ] hauptstädtisch, Hauptstadt- 40D01

столо́вая [stɐlóvəɪə] 1560 Wohnzimmer, Esszimmer; (Speise-)gaststätte, Mensa, Kantine; Betriebsküche т
стоп-кран [stòpkrán] Notbremse 40C01
сторона́ [stərɐná] 188 Seite 10A10
стоя́нка [stɐjánkə] Parkplatz; Parken 40C01
стоя́ть [stɐjátʲ] 124 Ipft. stehen 10A07
страна́ [strɐná] 105 Land 10A06
Страстна́я пя́тница [strɐsnájə pʲátʲnʲɪtsə] Sgt. Kar-freitag, Stiller Freitag, Stillfreitag т
стра́ус [stráus] Strauß (Vogel Strauß) т
стрекоза́ [strʲɪkezá] Heuschrecke, Grille т
стри́жка [strʲíʃkə] Schnitt; Frisur 40L10
стру́нный музыка́льный инструме́нт [strún:ɨɪ muzɨkálʲnɨɪ ɪnstrumʲént] Saiteninstrument т
студе́нтка [studʲéntkə] Studentin 40O01
студе́нческий [studʲénʲtʃɪskʲɪɪ] Studentenausweis т
студе́нческий биле́т [studʲénʲtʃɪskʲɪɪ bʲɪlʲét] Studenten-ausweis т
сту́день [stúdʲɪnʲ] Sgt., m Aspik, Sülze т
стул [stúl] 1386 Stuhl в
ступе́нька [stupʲénʲkə] (kleine) Stufe, Absatz в
ступня́ [stupnʲá] Fuß в
стуча́ть [stutʃátʲ] 2269 ipf. klopfen 40K01
суббо́та [subótə] Sonnabend, Samstag 30B06
сувени́р [suvʲɪnʲír] Andenken, Souvenir 40B08
суда́к [sudàk] Zander т
су́мка [súmkə] Tasche, Hand-, Aktentasche, Ranzen в
су́мка-холоди́льник [súmkə xɐlɐdʲílʲnʲɪk] Kühltasche в
су́мочка [súmətʲʃkə] Täschchen, Handtasche в
суп [sùp] Suppe т
супермаркет [supʲɪrmárkʲɪt] Supermarkt 40A22
су́тки [sútkʲɪ] 1768 Plt. Tag (und Nacht), 24 Stunden 40D01
сучо́к [sutʃók] Ast, Zweig; Astloch в
суши́лка [suʃílkə] Trockner; Föhn в
су́шки [súʃkʲɪ] Brezeln, Laugengebäck в
сфинкс [sᶠfʲínks] Sphinx т
сходи́ть [sxedʲítʲ] Pft. (kurz) hingehen und wieder zurück-kommen, (im Prät.:) irgendwo gewesen sein 30G08
сце́на [stsénə] 753 Bühne в
Счастли́во! [ʃʲ:ɪsᵚlʲívə] Mach's gut! Ciao! 30B01
Счастли́вого пути́! [ʃʲ:ɪsᵚlʲívəvə putʲíɪ] Glückliche Reise! Gute Fahrt! 30B01
счастли́вый [ʃʲ:ɪsᵚlʲívɨɪ] 964 glücklich 30I02
сча́стье [ʃʲ:ásʲtʲɪ] 620 Sgt. Glück 30H02
счита́ть [ʃʲ:ɪtátʲ] 647 ipf. halten für; glauben, meinen 10A16
съе́здить [sᶦjézʲdʲitʲ] Pft. (kurz) hinfahren und wieder zu-rückkommen, (im Prät.:) irgendwo gewesen sein 30F09
съесть [sᶦjésʲtʲ] pf. essen (Tiere: fressen) 40K06
сын [sɨ̀n] 439 Sohn т
сюда́ [sʲudá] 352 Adv. hierher 40K01
сюрреали́зм [sʲurʲːelʲízm] Sgt. Surrealismus т
табле́тка [teblʲétkə] Tablette 40I06
табуре́т [teburʲét] Hocker в
табуре́тка [teburʲétkə] Hocker, kleiner Hocker в
так [ták] 29 so, also; dann 10A02
тако́е [tekóɪɪ] 148 Sgt. derartiges, so etwas 10A08
тако́й [tekóɪ] 50 solcher 10A03
тако́й же [tekóɪʒɨ] 117 genau so einer, ein gleicher 10A06
такси́ [teksʲí] Taxi, Mietdroschke, Mietwagen 40E07
там [tám] 101 Adv. dort 10A06
тапи́р [tepʲír] Tapir т

тарéлка [terʲétkə] 2670 Teller в
тарéлки [terʲétkʲɨ] *Plt.* Becken (als Musikinstrument) т
тахтá [textá] Liege, Couch т
Ташкéнт [teʃkʲént] Taschkent F
твой [tvɔ́ɪ] 198 dein 10A11
теáтр [tʲɪátr] 682 Theater F
театрáл [tʲɪɛtrál] eifriger Theaterbesucher в
театрáлка [tʲɪɛtrátkə] eifrige Theaterbesucherin в
театрáльная кáсса [tʲɪɛtrálʲnəɪ̯ə_káːsʲə] Theaterkasse; Kiosk, an dem Theaterkarten verkauft werden 40A20
театрáльная плóщадь [tʲɪɛtrálʲnəɪ̯ə_płɔʃʲːɪtʲ] *Sgt.* Theaterplatz в
телевизор [tʲɪlʲɪvʲízər] Fernseher, Fernsehgerät 40D01
телéжка [tʲɪlʲéʃkə] Karre, (Einkaufs-)Wagen в
телёнок [tʲɪlʲónək] Kalb т
телефóн [tʲɪlʲɪfón] 816 Telefon; auch: Telefonnummer F
телефóнная кáрта [tʲɪlʲɪfónːəɪ̯ə_kártə] Telefonkarte 30F09
тёмные очки́ [tʲómnɨɪ̯ɛʧ́kʲɨ] *Plt.* Sonnenbrille в
темп [témp] 1659 Tempo 30A02
температýра [tʲɪmpʲɪrɛtúrə] 615 Temperatur 40H01
тéннисная ракéтка [tʲénʲɪsnəɪ̯ə_rɛkʲétkə] Tennisschläger в
тéннисный мяч [tʲénʲɪsnɨɪ̯_mʲáʧ́] Tennisball в
теперь [tʲɪpʲérʲ] 94 *Adv.* jetzt 10A05
терапéвт [tʲɛrɛpʲéft] / [tʲɪrɛpʲéft] praktischer Arzt 40H01
террáса [tʲɪrásə] Terrasse, Veranda; Absatz, Stufe т
тéсто [tʲéstə] Teig в
тесть [tʲésʲtʲ] *m* Schwiegervater (Vater der Ehefrau) т
тётя [tʲótʲə] 946 Tante т
тéхникум [tʲéxnʲɪkum] Fachschule, Fachhochschule т
тёща [tʲóʃʲːə] Schwiegermutter (Mutter der Ehefrau) т
тигр [tʲígr] Tiger т
тирé [tʲɪré] Gedankenstrich; Strich (im Morse-Alphabet) т
тис [tʲís] Eibe (Taxus baccata) т
титáн [tʲɪtán] Titan, Titane (Göttergeschlecht) т
тишинá [tʲɪʃɨná] 1159 *Sgt.* Ruhe, Stille 40C01
ткань [tkánʲ] 2521 Stoff, Gewebe в
тмин [tmʲín] Kümmel т
то [tó] 46 *Sgt.* das, dasjenige, jenes 10A03
товáрищ [tevárʲɪʃʲː] 96 Genosse, Kamerad, Freund, Kollege 10A05
тогдá [tegdá] 131 *Adv.* damals; dann 10A07
тóже [tóʒɨ] 140 auch (betont) 10A08
токоприёмник [tɔkəprʲɪjómnʲɪk] Stromabnehmer в
толкнýть [tełknútʲ] *pf.* stoßen 30C06
тóлько [tólʲkə] 42 nur, allein, lediglich, bloß, erst 10A03
тóполь [tópəlʲ] *m* Pappel т
торгóво-промы́шленный [tergóvəprɛmɨʃlʲɪnːɨɪ̯] Industrie- und Handels- 30E06
торс [tórs] Torso; Schaufensterpuppe in halber Größe в
торт [tórt] Torte в
торшéр [terʃér] Stehlampe в
тост [tóst] Trinkspruch, Toast 30I01
тóстер [tóstɛr] Toaster т
тот [tót] 68 jener 10A04
тот же [tódʒɨ] 130 derselbe, der gleiche 10A07
тóчка [tóʧ́kə] Punkt; Platz, Stelle, Ort т
тóчка с запятóй [tóʧ́kə z:əpʲɪtóɪ̯] Semikolon т
тóчно [tóʧ́nə] 557 *Adv.* genau, exakt, präzis 40A07
травá [trevá] 1501 Gras; Kraut 30D06

травянóй чай [trevʲɪnóɪ̯_ʧ́áɪ̯] Kräutertee 40I17
трагéдия [tregʲédʲɪɪ̯ə] Tragödie т
трамвáй [tremváɪ̯] Straßenbahn в
трамвáйный билéт [tremváɪ̯nɨɪ̯_bʲɪlʲét] Straßenbahnfahrschein 40B08
трáнспорт [tránspərt] 1943 *Sgt.* Transport; Verkehr; Fahrzeuge, Fuhrpark 40C01
тренирóвочный костю́м [trʲɪnʲɪróvəʧ́nɨɪ̯_kɛsʲtʲúm] Trainingsanzug т
трескá [trʲɪská] Dorsch; Kabeljau т
трéтий [trʲétʲɨɪ̯] 308 dritter 10A17
Третьякóвская галерéя [trʲɪtʲɪɪkófskəɪ̯ə_gəlʲɪréɪ̯ə] Tretjakow-Galerie 40O01
треугóльник [trʲɪugólʲnʲɪk] Triangel т
трёхмéстный [trʲóxmʲésnɨɪ̯] Dreipersonen-, Dreimann-, Dreier- 40D06
трёхсóтый [trʲóxsótɨɪ̯] dreihundertster т
три [trʲí] 172 drei 10A01
три ты́сячи [trʲí_tʲísʲɪʧ́ɪ] 3 000 т
трибýна [trʲɪbúnə] Tribüne 40G14
тридцáтый [trʲɪt͡sátɨɪ̯] dreißigster т
три́дцать [trʲít͡sətʲ] 886 dreißig т
триллиóн [trʲɪlʲɪón] Billion т
триллиóнный [trʲɪlʲɪónːɨɪ̯] billionster т
тринáдцатый [trʲɪnát͡ːsətɨɪ̯] dreizehnter т
тринáдцать [trʲɪnát͡ːsətʲ] dreizehn т
три́ста [trʲístə] 2670 dreihundert т
трóе [trɔ́ɪ̯ɛ] 2414 *Plt.* drei; zu dritt 40D01
Трóица [trɔ́ɪ̯t͡sə] Pfingsten; auch: (heilige) Dreifaltigkeit т
троллéйбус [trelʲéɪ̯bus] O-Bus, Oberleitungsbus 30D06
тромбóн [trɛmbón] Posaune т
тротуáр [trətuár] Fußweg в
трубá [trubá] Rohr; Schornstein, Esse; Trompete в / т
трубáч [trubáʧ́] Trompeter т
труд [trút] 167 *Sgt.* Arbeit, Tätigkeit; Mühe 10A09
трýдно [trúdnə] 964 schwer, schwierig 40H01
трусы́ [trusɨ́] *Plt.* Sport-, Turn-; Badehose; auch: Schlüpfer, Slip, Unterhose в
трýтень [trútʲɪnʲ] *m* Drohne т
трутовик [trutɛvʲík] Austernseitling (Pilz) в
туалéт [tuɛlʲét] Toilette т
тудá [tudá] 666 *Adv.* dorthin 30F09
Тýла [túlə] Tula 10A07
тýловище [túlɛvʲɪʃʲːɪ] Körper, Rumpf т
тýмбочка [túmbəʧ́kə] Nachtschränkchen т
тупик [tupʲík] Sackgasse (auch übertr.) т
турá [turá] Turm (im Schach) т
турбáза [turbázə] (Jugend-)Herberge, Touristenstation т
турбюрó [turbʲuró] Reisebüro 40G05
турист [turʲíst] Tourist 40B05
тут [tút] 121 *Adv.* hier 10A07
тýфли [túflʲɨ] *Plt.* (feinere) Schuhe, Halbschuhe в
тýфли на высóком каблукé [túflʲɨ_nevɨsókəm_kəbłukʲé] Absatzschuhe, Schuhe mit hohem Absatz в
тýфли на ни́зком каблукé [túflʲɨ_nenʲískəm_kəbłukʲé] flache Schuhe, Schuhe mit flachem Absatz в
ты [tɨ́] 12 du 10A01
ты́ква [tɨ́kvə] Kürbis в
ты́сяча [tɨ́sʲɪʧ́ə] 154 Tausend 10A08
ты́сячный [tɨ́sʲɪʧ́nɨɪ̯] tausendster т
тюлéнь [tʲulʲénʲ] *m* Robbe; Tölpel, unbeholfener Kerl т

тюльпа́н [tʲulʲpán] Tulpe T
у [ú] 23 an, bei 10A02
Уважа́емые да́мы и господа́! [uvezʲáʝɪmɨʝɪ dámɨ ɪɡəspedà] Sehr verehrte Damen und Herren! 30D01
Уважа́емые колле́ги! [uvezʲáʝɪmɨʝɪ kelʲégʲɪ] Sehr verehrte Kolleginnen und Kollegen! 30D01
уважа́емый [uvezʲáʝɪmɨʝ] verehrt, sehr geehrt 30H06
уве́ренный [uvʲérʲɪnːɨʝ] 2670 sicher, (von sich) überzeugt, gewiss; selbstbewusst, verlässlich, zuversichtlich 30E06
увертю́ра [uvʲɪrtʲúrə] Ouvertüre F
уви́деть [uvʲídʲɪtʲ] 218 pf. sehen (können); erblicken 10A12
у́гол [ùɡət] 699 Ecke 30D02
у́горь [ùɡərʲ] m Aal T
уда́в [udáf] Schlange, Riesenschlange T
удаля́ть [udelʲátʲ] ipf. entfernen, (Zahn) ziehen 40K01
уда́рный музыка́льный инструме́нт [udárnɨʝ muzɨkálʲnɨʝ ɪnstrumʲént] Schlaginstrument, Schlagzeug T
уда́ться [udátʲsə] 816 pf. gelingen, schaffen 40O01
уда́ча [udátʃə] Erfolg, Gelingen 40L10
удостовере́ние [udəstəvʲɪrʲénʲɪʝɪ] Bescheinigung, Ausweis, Nachweis, Zeugnis, Attest, Zertifikat T
уезжа́ть [uʝɪʒˑːátʲ] 1679 ipf. wegfahren, abreisen 30B06
уж [úʃ] 285 schon, doch 10A16
уже́ [uʒé] 61 schon, bereits 10A04
у́жин [úʒɨn] Sgt. Abendbrot, Abendessen 40E07
у́жинать [úʒɨnətʲ] ipf. Abendbrot essen 40E08
у́зел [ùzʲɪl] Baugruppe; Knoten; Bündel B
узна́ть [uznátʲ] 352 pf. erkennen; erfahren 30D06
узо́р [uzór] Dekor, Muster, Zeichnung B
уйти́ [uʝtʲí] 183 pf. weggehen; aufbrechen 10A10
указа́тель [ukezátʲɪlʲ] Hinweisschild, Wegweiser B
указа́тель метро́ [ukezátʲɪlʲ mʲɪtró] Metroschild B
указа́тельный па́лец [ukezátʲɪlʲnɨʝ pálʲɪts] Zeigefinger B
указа́ть [ukezátʲ] 1810 pf. angeben, nennen 40E01
укла́дка [uktátkə] Frisur, Welle 40E07
укла́дка на бигуди́ [uktátkə nəbʲɪɡudʲí] Lockwelle B
укла́дка фе́ном [uktátkə fʲénəm] Föhnfrisur 40L10
Украи́на [ukreʲínə] Ukraine T
украи́нец [ukreʲínʲɪts] Ukrainer T
украи́нка [ukreʲínkə] Ukrainerin T
украи́нский [ukreʲínskʲɨʝ] ukrainisch T
укро́п [ukróp] Sgt. Dill B
улета́ть [ulʲɪtátʲ] ipf. wegfliegen, abfliegen 30F27
у́лица [úlʲɪtsə] 317 Straße 10A17
улыбну́ться [utɨbnútʲsə] 881 pf. lächeln 40L10
универма́г [unʲɪvʲɪrmák] Kaufhaus, Warenhaus 40A22
универса́м [unʲɪvʲɪrsám] Supermarkt, Kaufhalle 40G05
университе́т [unʲɪvʲɪrsʲɪtʲét] 1679 Universität F
упако́вка [upekófkə] Verpackung, Packung 40I01
употребле́ние [upətrʲɪblʲénʲɪʝɪ] Sgt. Gebrauch, Verwendung; Einnahme; Konsum, Verzehr, Genuss 40A21
у́рна [úrnə] Urne; Papierkorb, Spucknapf B
уса́ч [usátʃ] Barbe T
усло́вие [uslóvʲɪʝɪ] 261 Bedingung 10A14
услу́ги [uslúɡʲɪ] Plt. Service; Dienstleistungen 40E06
услы́шать [uslɨʂətʲ] 1016 pf. hören, vernehmen 30A06
Успе́ние Богоро́дицы [usʲpʲénʲɪʝɪ bəɡeródʲɪtsɨ] Mariä Entschlafen, Mariä Himmelfahrt T
успе́ть [usʲpʲétʲ] 724 pf. schaffen, zurechtkommen; rechtzeitig kommen 40L10

успе́х [usʲpʲéx] 528 Erfolg 30H02
устра́ивать [ustráɪvətʲ] 2269 ipf. einrichten, veranstalten, organisieren; passen, recht sein 40L06
усы́ [usɨ́] 2196 Plt. Schnurrbart T
утёнок [utʲónək] Entenküken T
у́тка [útkə] Ente T
уточни́ть [utetʃʲnʲítʲ] 40E01 pf. präzisieren 40E01
у́тро [útrə] 422 Morgen 30G04
у́тром [útrəm] 2233 Adv. am Morgen, früh 30A06
утю́г [utʲùk] Bügeleisen 30D02
уха́ [uxá] Fischsuppe T
у́хо [ùxə] 1016 Ohr 40H07
уходи́ть [uxedʲítʲ] 168 ipf. weggehen,; aufbrechen 10A09
уча́ствовать [utʃástvəvətʲ] 1469 Ipft. teilnehmen 30E06
уча́стник [utʃásʲnʲɪk] 1578 Teilnehmer 40C01
уче́бник [utʃébnʲɪk] Lehrbuch B
учрежде́ние [utʃrʲɪʒdʲénʲɪʝɪ] 1323 Institution, Amt 40C03
у́ши [ùʃɨ] Plt. Ohren B
фавн [fávn] Faun T
фаго́т [feɡót] Fagott T
факс [fáks] Fax, Faxgerät, Faxnummer T
факульте́т [fekulʲtʲét] Fakultät F
фами́лия [femʲílʲɪʝə] 1725 Familienname, Zuname, Name 30F15
фанта́ст [fentást] Phantast; Vertreter / Anhänger von Science Fiction; Science-Fiction-Autor T
фасо́ль [fesólʲ] Sgt. Bohnen T
февра́ль [fʲɪvrálʲ] 2446 Sgt., m Februar 40D06
фельето́н [fʲɪlʲɪtón] Feuilleton T
фен [fʲén] Föhn (Haartrockengerät) B
фе́никс [fʲénʲɪks] Phönix T
ферзь [fʲèrsʲ] m Dame (im Schach) T
фиа́лка [fʲɪátkə] Veilchen T
фигу́рные коньки́ [fʲɪɡúrnɨʝɪ kenʲkʲí] Plt. Kunstlaufschlittschuhe B
фи́зика [fʲízʲɪkə] 2521 Sgt. Physik F
фи́лин [fʲílʲɪn] Uhu T
фильм [fʲílʲm] 1850 Film 30F27
фи́нка [fʲínkə] Finnin T
Финля́ндия [fʲɪnlʲándʲɪʝə] Finnland T
финн [fʲín] Finne T
фи́нский [fʲínskʲɨʝ] finnisch T
фиоле́товый [fʲɪelʲétəvɨʝ] violett, lila T
фи́рма [fʲírmə] 2352 Firma 40M01
фи́рменный ярлы́к [fʲírmʲɪnːɨʝ ʝɪrtɨk] Firmenschild B
фи́тнесс-центр [fʲitʲnʲɪsʦéntr] Fitnesscenter 40E06
флаг [fták] 2073 Flagge, Fahne B
флами́нго [ftemʲíngə] Flamingo T
фле́йта [flʲéʝtə] Flöte T
флома́стер [ftemásʲtʲɪr] Filzstift, Faserschreiber T
фона́рь [fenárʲ] 1989 Straßenlaterne; Taschenlampe; Scheinwerfer B
фонендоско́п [fɔnɛndeskóp] Stethoskop B
фонта́н [fentán] Springbrunnen B
форе́ль [ferʲélʲ] Forelle T
фо́рма [fórmə] 258 Form F
фо́рмула [fórmutə] Formel 30A06
фотоаппара́т [fəteeperát] Fotoapparat, Kamera B
фотовспы́шка [fətefspɨʂkə] Blitzlicht B
фотогра́фия [fəteɡráfʲɪʝə] 1386 Fotografie F
фотосни́мок [fòtəsʲnʲímək] Fotografie, Foto B

фра́за [frázə] 1829 Phrase, Satz F
Фра́нция [fránʦɨɪ̯ə] Frankreich T
францу́женка [frenʦúʒənkə] Französin T
францу́з [frenʦús] 1768 Franzose T
францу́зский [frenʦúskʲɪɪ̯] 596 französisch T
фра́у [fráu̯] Frau 30F27
фронто́н [frentón] Giebel B
футбо́л [fʊdbót] Sgt. Fußball (als Ballspiel) 30G04
футбо́льный мяч [fʊdbólʲnɨɪ̯ mʲàʧʲ] Fußball B
футури́зм [fʊtʊrʲízm] Sgt. Futurismus T
хала́т [xelát] Kittel B
ха́ос [xáəs] Sgt. Unordnung, Durcheinander, Chaos F
хара́ктер [xerákt̪ʲɪr] 552 Charakter F
хвост [xvɔ̀st] 2384 Schwanz; auch: Pferdeschwanz B
химе́ра [xʲɪmʲɛ́rə] Chimära, Chimäre T
хи́мия [xʲímʲɪɪ̯ə] Sgt. Chemie F
хлеб [xlʲép] 1679 Sgt. Brot B
хле́бный [xlʲɛ́bnɨɪ̯] Brot-; Brotladen, Bäckerei T
хло́пать [xlópətʲ] ipf. klatschen, stampfen 40C01
ходи́ть [xedʲítʲ] 291 Ipft. gehen (indet.); (Verkehrsmittel) fahren 10A16
хозя́йственный [xezʲáɪ̯s⁽ʲ⁾t⁽ʲ⁾vʲɪn:ɨɪ̯] Industrie-, Fachgeschäft für Industriewaren / Eisenwaren T
хозя́йство [xezʲáɪ̯stvə] 254 Wirtschaft; Betrieb 10A14
холоде́ц [xəledʲɛ́ʦ] Sgt. Aspik, Sülze T
холоди́льник [xətedʲílʲnʲɪk] Kühlschrank B
хомя́к [xemʲàk] Hamster T
хор [xòr] Chor F
хорва́т [xervát] Kroate T
Хорва́тия [xervátʲɪɪ̯ə] Kroatien T
хорва́тка [xervátkə] Kroatin T
хорва́тский [xerváʦkʲɪɪ̯] Kroatisch, das Kroatische T
хоро́ший [xeróʃɨɪ̯] 214 gut, schön 10A12
хорошо́ [xəreʃó] 179 Adv. gut 10A10
Хорошо́! [xəreʃó] Gut! 30G02
хоте́ть [xetʲétʲ] 92 Ipft. wollen 10A05
хоте́ться [xetʲɛ́t̚sə] 518 Ipft. mögen, Lust haben 40H01
хотя́ [xetʲá] 243 obwohl 10A13
храм [xrám] Tempel, Gotteshaus T
хруста́льная подве́ска [xrustálʲnəɪ̯ə pedvʲɛ́skə] Kristallanhänger B
хрю́шка [xrʲúʃkə] Schwein, Sau T
хряк [xrʲàk] Eber T
худо́жественная литерату́ра [xʊdóʒəs⁽ʲ⁾t⁽ʲ⁾vʲɪn:əɪ̯ə lʲɪtʲɪretúrə] Sgt. schöne Literatur, Belletristik 40B09
худо́жественный [xʊdóʒəs⁽ʲ⁾t⁽ʲ⁾vʲɪn:ɨɪ̯] 607 künstlerisch, Kunst-; schöngeistig 40B09
ху́же [xúʒɨ] 2892 Adv. schlechter; schlimmer 40H01
ху́тор [xútər] Vorwerk, Gehöft, Einzelhof T
ца́пля [ʦáplʲə] Reiher T
цветна́я капу́ста [ʦvʲɪtnáɪ̯ə kepústə] Sgt. Blumenkohl, Karfiol F
цветно́й каранда́ш [ʦvʲɪtnóɪ̯ kərendáʃ] Buntstift T
цвето́к [ʦvʲɪtòk] 964 Blume B
це́нник [ʦɛ́nʲːɪk] Preisschild B
цента́вр [ʦɨntávr] Zentaur, Kentaur T
це́нтнер [ʦɛ́nʲtʲnʲɪr] 1791 Dezitonne, Doppelzentner F
центр [ʦɛ́ntr] 799 Zentrum; Mittelpunkt; Zentrale 30G08
центра́льный [ʦɨntrálʲnɨɪ̯] 946 Zentral-, Zentrums- 40A20
цепо́чка [ʦɨpóʧkə] Kette, Kettchen, Schmuckkette B
Це́рбер [ʦɛ́rbʲɪr] Zerberus, Kerberos T
це́рковь [ʦɛ̀rkəfʲ] 857 Kirche T
цикло́п [ʦɨklóp] Zyklop, (einäugiger) Riese T
цили́ндр [ʦɨlʲíndr] Zylinder B
цирк [ʦɨ́rk] Zirkus F
цуки́ни [ʦʊkʲínʲɪ] Zucchini T
цыплёнок [ʦɨplʲónək] Küken T
чай [ʧʲàɪ̯] 1090 Sgt. Tee (Teeblätter, Getränk) 30G04
ча́йная [ʧʲáɪ̯nəɪ̯ə] Teestube T
ча́йник [ʧʲáɪ̯nʲɪk] 2839 Teekessel; Teekanne B
час [ʧʲàs] 239 Stunde 10A13
часо́вня [ʧʲɪsóvnʲə] Kapelle T
часть [ʧʲàsʲtʲ] 194 Teil 10A11
часы́ [ʧʲɪsɨ́] 857 Plt. Uhr, Uhren B
ча́шка [ʧʲáʃkə] Tasse B
чей [ʧʲèɪ̯] 1578 wessen; dessen, deren 30F15
чей-то [ʧʲèɪ̯tə] jemandes 30D06
чек [ʧʲék] Scheck; Kassenzettel, Bon, Rechnung F
чёлка [ʧʲólkə] Pony (als Haarschnitt) B
челове́к [ʧʲɪlevʲɛ́k] 75 Mensch; Mann; Plural: Leute, Menschen 10A04
чем [ʧʲém] 163 als 10A09
чемода́н [ʧʲɪmedán] 1829 Koffer B
чемпио́н [ʧʲɪmpʲɪón] 2196 Meister, Champion F
черда́к [ʧʲɪrdàk] Dachboden, Boden B
че́рез [ʧʲérʲɪs] 138 durch; nach; über; in (für zeitlich Bevorstehendes) 10A08
черепа́ха [ʧʲɪrʲɪpáxə] Schildkröte T
черни́льница [ʧʲɪrnʲílʲnʲɪʦə] Tintenfass B
чёрный [ʧʲórnɨɪ̯] 249 schwarz 10A14
чёрный виногра́д [ʧʲórnɨɪ̯ vʲɪnegrát] Sgt. roter Wein, rote Weintrauben B
чёрный хлеб [ʧʲórnɨɪ̯ xlʲép] Schwarzbrot B
чёрточка [ʧʲórtəʧkə] Trennstrich; Bindestrich T
чесно́к [ʧʲɪsnòk] Sgt. Knoblauch, T
четве́рг [ʧʲɪt⁽ʲ⁾vʲérk] Donnerstag 30B06
чётверо [ʧʲét⁽ʲ⁾vʲɪrə] Plt. vier, zu viert 30F19
четвёртый [ʧʲɪt⁽ʲ⁾vʲórtɨɪ̯] 955 vierter 40A01
четы́ре [ʧʲɪtɨ́rʲɪ] 485 vier 30F15
четы́ре ты́сячи [ʧʲɪtɨ́rʲɪ tɨ́sʲɪʧʲɪ] 4 000 T
четы́реста [ʧʲɪtɨ́rʲɪstə] vierhundert T
четырёхме́стный [ʧʲɪtɨrʲóxmʲésnɨɪ̯] Vierpersonen-, Viermann-, Vierer- 40D06
четырёхсо́тый [ʧʲɪtɨrʲóxsótɨɪ̯] vierhundertster T
четы́рнадцатый [ʧʲɪtɨ́rnəʦːətɨɪ̯] vierzehnter T
четы́рнадцать [ʧʲɪtɨ́rnəʦːətʲ] vierzehn T
чех [ʧʲéx] Tscheche 40B05
Че́хия [ʧʲéxʲɪɪ̯ə] Tschechien 40B05
че́шка [ʧʲéʃkə] Tschechin T
че́шский [ʧʲéʃskʲɪɪ̯] tschechisch 40B05
число́ [ʧʲɪsló] 510 Zahl; Datum; gramm.: Numerus 40E01
чистота́ [ʧʲɪstetá] Sgt. Sauberkeit, Reinheit 40C01
чи́стый [ʧʲístɨɪ̯] 575 rein, sauber 40H01
чита́ть [ʧʲɪtátʲ] 289 ipf. lesen 10A16
что [ʃtò] 26 Sgt. was 10A02
Что вы, что вы, не сто́ит! [ʃtòvɨ ʃtòvɨ nʲɪstóɪ̯t] Aber ich bitte Sie, keine Ursache! 30F03
что́бы [ʃtóbɨ] 64 dass, damit, um zu 10A04
чу́вствовать [ʧʲústvəvətʲ] 1943 Ipft. sich fühlen 40H07
Чуде́сно! [ʧʲʊdʲɛ́snə] Wunderbar! Prima! Klasse! 30G02
чулки́ [ʧʲʊlkʲí] Plt. (lange) Strümpfe T
шаг [ʃàk] 568 Schritt 40A14

Anhang – Lexikübersicht – 131

шакáл [ʃekát] Schakal T
шалáш [ʃetáʃ] Laubhütte, Hütte T
шампáнское [ʃempánskəɪɪ] Sgt. Champagner, Sekt T
шампиньóн [ʃəmpʲɪnʲjón] Champignon T
шампýнь [ʃempúnʲ] m Shampoo 40B08
шанс [ʃáns] Chance F
шáпка [ʃápkə] 1768 Kappe, Mütze B
шáпка-невидимка [ʃápkə_nʲɪvʲɪdʲímkə] Tarnkappe T
шáпка-ушáнка [ʃápkə_uʃánkə] Pelzmütze mit Ohrenklappen B
шáриковая рýчка [ʃárʲɪkəvəɪɛ_rútʲkə] Kuli T
шарф [ʃárf] Schal, Schärpe B
шатёр [ʃetʲór] Rundzelt; Spitzdach, Turmdach B
шах [ʃáx] Schach T
шашлычная [ʃeʃtɨtʲnəɪə] Schaschlyk-Gaststätte T
швед [ʃvʲét] Schwede T
швéдка [ʃvʲétkə] Schwedin T
швéдский [ʃvʲéʦkʲɪɪ] schwedisch, Schweden- T
швéйная машина [ʃvʲéɪnəɪə_meʃínə] Nähmaschine B
швейцáрец [ʃvʲɪʦárʲɪʦ] Schweizer T
Швейцáрия [ʃvʲɪʦárʲɪə] Schweiz T
швейцáрка [ʃvʲɪʦárkə] Schweizerin T
швейцáрский [ʃvʲɪʦárskʲɪɪ] schweizerisch T
Швéция [ʃvʲéʦɨɪə] Schweden T
шéршень [ʃérʃənʲ] m Hornisse T
шестидесятый [ʃəsʲtʲɪdʲɪsʲátɨɪ] sechzigster T
шестисóтый [ʃəsʲtʲɪsótɨɪ] sechshundertster T
шестнáдцатый [ʃɨsnátːsətɨɪ] sechzehnter T
шестнáдцать [ʃɨsnátːsətʲ] sechzehn T
шестóй [ʃɨstóɪ] 1560 sechster T
шèсть [ʃèsʲtʲ] 867 sechs T
шèсть тысяч [ʃèsʲtʲ_tʲísʲɪtʲʃ] 6 000 T
шестьдесят [ʃəzʲdʲɪsʲàt] 2414 sechzig T
шестьсóт [ʃɨsːót] sechshundert T
шéя [ʃéɪə] 1469 Hals B
шиньóн [ʃɨnʲjón] Haarteil B
ширинка [ʃɨrʲínkə] Schlitz, Hosenstall B
ширóкая юбка [ʃɨrókəɪə_júpkə] ein weiter Rock B
шкаф [ʃkàf] Schrank B
шкáфчик [ʃkáfʲtʲɪk] kleiner Schrank, Schränkchen T
шкóла [ʃkótə] 424 Schule T
шляпа [ʃlʲápə] 2622 Hut B
шмèль [ʃmʲèlʲ] m Hummel T
шнýр [ʃnùr] Leine, Litze, Schnur, Leitung, Kabel B
шнурки [ʃnurkʲi] Plt. Schnürsenkel B
шоколáд [ʃəketát] Sgt. Schokolade F
шоколáдный [ʃəketádnɨɪ] Schokoladen-, Kakao- 30F25
шóрты [ʃórtɨ] Plt. Shorts T
шофёр [ʃefʲór] 1745 Fahrer, Chauffeur F
шприц [ʃprʲíʦ] Spritze T
штéпсель [ʃtʲèpsʲɪlʲ] Stecker B
штраф [ʃtráf] Geldstrafe 40C01
щекá [ʃʲːɪkà] 1323 Wange, Backe B
щётка [ʃʲːótkə] Bürste B
щётка для волóс [ʃʲːótkə_dlʲá_vetòs] Haarbürste B
щи [ʃʲːi] Plt. Schtschi (Kohlsuppe) F
щýка [ʃʲːúkə] Hecht T
Эйфелева бáшня [éɪfʲɪlʲɪvə_báʃnʲə] Sgt. Eiffelturm B
эквивалéнт [ɛkvʲɪvelʲént] Äquivalent 40C03
эклектицизм [ɛklʲɪktʲɪʦízm] Sgt. Eklektizismus T
экрáн [ɛkrán] 2839 Monitor; Bildschirm B

экскурсиóнное бюрó [ɛkskursʲɪónːəɪɪ_bʲuró] Reisebüro, Ausflugsbüro, tourist office 40E06
экспрессионизм [ɛksprʲɪsʲɪenʲízm], [ɛksprɛsʲɪenʲízm] Sgt. Expressionismus T
элегáнтный [ɛlʲɪgántnɨɪ] elegant 30E06
электрическая зубнáя щётка [ɛlʲɪktrʲítʲʃɪskəɪə_zubnáɪə_ʃʲːótkə] elektrische Zahnbürste T
электрическая кофемóлка [ɛlʲɪktrʲítʲʃɪskəɪə_kəfʲɪmótkə] elektrische Kaffeemühle T
электрическая мясорýбка [ɛlʲɪktrʲítʲʃɪskəɪə_mʲɪserúpkə] elektrischer Fleischwolf T
электрическая плитá [ɛlʲɪktrʲítʲʃɪskəɪə_plʲɪtà] Elektroherd T
электрическая соковыжимáлка [ɛlʲɪktrʲítʲʃɪskəɪə_səkəvɨʒɨmátkə] elektrische Saftpresse T
электробритва [ɛlʲɪktrəbrʲítvə] Elektrorasierer T
электрооргáн [ɛlʲɛktreərgán] Keyboard T
электроплитá [ɛlʲɛktrəplʲɪtà] Elektroherd T
Эльба [ɛlʲbə] Elbe F
эльф [élʲf] Elf (Naturgeist) T
эмигрáция [ɛmʲɪgráʦɨɪə] Sgt. Emigration F
эринния [ɛrʲínʲɪɪə] Plt. Erinnye, Erinnys T
эскалáтор [ɛskelátər] Rolltreppe, Fahrtreppe B
эссé [ɛsːé] Essay T
эссеист [ɛsːɛíst] Essayist T
эстóнец [ɛstónʲɪʦ] Este T
Эстóния [ɛstónʲɪə] (Republik) Estland, Estnische Republik T
эстóнка [ɛstónkə] Estin T
эстóнский [ɛstónskʲɪɪ] estnisch, auf Estland bezogen T
этáж [etàʃ] Etage, Stockwerk F
э́то [étə] 34 das; das ist 10A02
э́тот [étət] 15 dieser 10A01
э́хо [éxə] Echo F
юбилéй [ɪubʲɪlʲéɪ] Jahrestag, Jubiläum 30H02
юбка [júpkə] Rock B
Югослáвия [ɪugestávʲɪə] Jugoslawien T
югослáвский [ɪugestáfskʲɪɪ] jugoslawisch T
юнкер [júnkʲɪr] Junker (Großgrundbesitzer) F
юридический [ɪurʲɪdʲítʲʃɪskʲɪɪ] juristisch; Jura- 40B09
юрист [ɪurʲíst] Jurist F
я [jà] 4 ich 10A01
Я не возражáю. [jà_nʲɪvəzrɛʒáɪu] Ich habe nichts einzuwenden. 30G02
Я не прóтив. [jà_nʲɪprótʲɪf] Ich habe nichts dagegen. 30G02
яблоко [jábləkə] Apfel B
являться [ɪɪvlʲátːsə] 266 ipf. sein, sich erweisen 10A14
ягнёнок [ɪɪgnʲónək] Lamm T
яичная скорлупá [ɪɪítʲnəɪə_skertupà] / [ɪɪíʃnəɪə_skertupà] / яичная шелухá [ɪɪítʲnəɪə_ʃətuxá] / [ɪɪíʃnəɪə_ʃətuxá] Eierschale B
яйцó [ɪɪʦó] Ei B
я́мочка [jáməʦtkə] Grübchen B
январь [ɪɪnvàrʲ] Sgt. Januar 40D06
Япóния [ɪɪpónʲɪə] Japan F
ярлык [ɪɪrtɨk] Etikett, Anhänger, Preisschild B
я́рмарка [jármərkə] Messe F
я́сень [jásʲɪnʲ] m Esche T
я́сли [jás⁽ⁱ⁾lʲɪ] Plt. Krippe; Kinderkrippe T
я́сли-сàд [jás⁽ⁱ⁾lʲɪ_sàt] Kinderkombination T
я́стреб [jàstrʲɪp] Habicht T

6.3. Benutzte und weiterführende Literatur

1. 4 000 naibolee upotrebitel'nyh slov[1] russkogo jazyka, M. 1978.
2. Ageenko/Zarva, Slovar' udarenij russkogo jazyka, M. 1993.
3. Ahmetova, Russkij mat. Tolkovyj slovar', M. 1997, 2000
4. Aleksandrova, V pomošč' čitajuščemu hristianskuju literaturu, M. 1996.
5. Arutjunov/Čebotarev/Muzrukov, Igrovye zadanija, M. 1988.
6. Arutjunov/Izrajlovskij, Nemecko-russkie rečevye paralleli v temah i situacijah / Arutjunow/Israilowski, Deutsch-russische Äquivalente in Themen und Situationen, M. 1980.
7. Atlas mira, M. 2001.
8. Avanesov, Orfoėpičeskij slovar' russkogo jazyka – proiznošenie, udarenie, grammatičeskie formy, 9. Auflage, M. 1999, Russkij jazyk.
9. Avanesov, Russkoe literaturnoe proiznošenie, M. 1972, Prosveščenie.
10. Bahlow, Deutsches Namenslexikon, Bindlach 1992.
11. Balakaj, Slovar' russkogo rečevogo ėtiketa, M. 1999.
12. Bastrykina, Slovo o russkoj reči (posobie dlja učitelja), Vil'njus 2002.
13. Bel'čikov/Panjuševa, Slovar' paronimov sovremennogo russkogo jazyka, M. 2002
14. Bel'čikov/Panjuševa, Trudnye slučai upotreblenija odnokorennyh slov russkogo jazyka, M. 1969.
15. Belentschikow, Russisch-Deutsches Wörterbuch der Akademie der Wissenschaften und der Literatur Mainz, Wiesbaden 2002.
16. Bendixen/Hesse/Rothe, Sprachkurs Russisch, Wiesbaden 2003
17. Bendixen/Rothe/Voigt, Leitfaden der russischen Grammatik, Wiesbaden 2003
18. Biblija, Knigi Svjaščennogo pisanija Vethogo i Novogo zaveta, Brjussel' / Bruxelles 1989.
19. Bielfeldt, Altslawische Grammatik, Halle 1961.
20. Birnbaum, Common Slavic – Progress and Problems in its Reconstruction, Columbus, 1973-1983.
21. Boeck/Fleckenstein/Freydank, Geschichte der russischen Literatursprache, Leipzig 1974.
22. Bol'šaja ėnciklopedija Kirilla i Mefodija 2000 / 2003, 7 CD-ROM / 2 CD-ROM, M. 2001, 2003.
23. Bol'šaja Sovetskaja Ėnciklopedija, 3 CD-ROM, M. 2002.
24. Bol'šoj nemečko-russkij slovar', M. 2002.
25. Bol'šoj orfografičeskij slovar' russkogo jazyka, pod redakciej Barhudarova, Protčenko i Skvorcova, M. 1999.
26. Bol'šoj orfografičeskij slovar' russkogo jazyka, sostavitel' Medved'eva, M. 2004.
27. Bol'šoj tolkovyj slovar' russkogo jazyka, pod redakciej Kuznecova, SPb. 1998.
28. Bol'šoj ėnciklopedičeskij slovar', M. / SPb. 2000.
29. Bondarko/Verbickaja/Gordina, Osnovy obščej fonetiki, SPb. 1991, Izdatel'stvo S.-Peterburgskogo universiteta.
30. Böttcher/Berger/Krolop/Zimmermann, Geflügelte Worte, Leipzig 1981.
31. Bryzgunova, E. A., Zvuki i intonacija russkoj reči, M. 1977, Russkij jazyk.
32. Bučkina/Kalakuckaja, Slitno ili razdel'no?, M. 1998.
33. Bulyko, Sovremennyj slovar' inostrannyh slov, M. 2004.
34. Bykov, Russkaja fenja, Smolensk 1994.
35. Černyh, Istoriko-ėtimologičeskij slovar' russkogo jazyka, I-II, 5. Auflage, M. 2002.
36. Dal', Tolkovyj slovar' živogo velikorusskogo jazyka, M. 1978, 2003.
37. Daum/Schenk, Deutsch-Russisch, 5. Auflage, Berlin/München 1998.
38. Daum/Schenk, Die russischen Verben, Leipzig 1971.
39. Daum/Schenk, Russisch-Deutsch, 5. Auflage, Berlin/München 1998.
40. Denisov/Morkovkin, Slovar' sočetaemosti slov russkogo jazyka, M. 2002.
41. Denisov/Morkovkin/Saf'jan, Kompleksnyj častotnyj slovar' russkoj naučnoj i tehničeskoj leksiki, M. 1978.

---

[1] Bei Publikationen nur in russischer Sprache wurde die in § 8 des Leitfadens besprochene wissenschaftliche / bibliothekarische Transliteration verwendet. Der Übersichtlichkeit halber wurde bei Kollektivwerken der Name des Hauptbearbeiters vorangestellt. Die Angabe Moskau bzw. Moskva wurde durchgängig auf M., die von Sankt Peter(s)burg auf SPb. gekürzt.

42. Denninghaus/Šubik, Wortkunde der russischen Sprache / Slovoobrazovatel'nyj slovar' russkogo jazyka, M. / Köln 1992.
43. Devkin, Nemecko-russkij slovar' razgovornoj leksiki / Deutsch-russisches Wörterbuch der umgangssprachlichen und saloppen Lexik, M. 1994.
44. Dibrova, Sovremennyj russkij jazyk. Analiz jazykovyh edinic. čast' 1 (Dibrova/Kasatkin/Ščeboleva) – Fonetika i orfoėpija, grafika i orfografija, leksikologija i frazeologija, slovoobrazovanie; čast' 2 (Česnokova/Pečnikova) – Morfologija; čast' 3 (Babajceva/Nikolina/Čirkina) – Sintaksis; M. 1995.
45. Duden, Rechtschreibung der deutschen Sprache, 21. Auflage - Duden Band 1, Mannheim · Leipzig · Wien · Zürich 1996.
46. Duden, Die deutsche Rechtschreibung, 22. Auflage – Duden Band 1, Mannheim · Leipzig · Wien · Zürich 2000.
47. Duden, Die deutsche Rechtschreibung, 23. Auflage – Duden Band 1, Mannheim · Leipzig · Wien · Zürich 2004.
48. Duden, Das Aussprachewörterbuch, Mannheim · Leipzig · Wien · Zürich 2000.
49. Duden, Vom deutschen Wort zum Fremdwort, Mannheim · Leipzig · Wien · Zürich 2003.
50. Duden, Familiennamen, Mannheim · Leipzig · Wien · Zürich 2000.
51. Duden, Wörterbuch geographischer Namen des Baltikums und der Gemeinschaft Unabhängiger Staaten, verfasst von Hans Zikmund. Mannheim · Leipzig · Wien · Zürich 2000.
52. Duden, Das deutsche Vornamenlexikon, bearbeitet von Rose und Volker Kohlheim, Mannheim · Leipzig · Wien · Zürich 2003.
53. Eckert/Crome/Fleckenstein, Geschichte der russischen Sprache, Leipzig 1983.
54. Efremova/Kostomarov, Slovar' grammatičeskih trudnostej russkogo jazyka, M. 1997.
55. Enciklopedija literaturnyh geroev, russkaja literatura XX veka (pod red. D. P. Baka), M. 1998.
56. Erben, Abriss der deutschen Grammatik, Berlin 1958.
57. Es'kova, Kratkij slovar' trudnostej russkogo jazyka (grammatičeskie formy, udarenie), M. 1994.
58. Evgen'eva, Slovar' sinonimov russkogo jazyka, M. 2003.
59. Fasmer, Etimologičeskij slovar' russkogo jazyka I-IV, M. 1964-1973 (vgl. auch Angabe unter Vasmer = deutsche Erstausgabe).
60. Filin, Russkij jazyk – ėnciklopedija, M. 1979.
61. Friedrich/Geis, Russisch-deutsches Neuwörterbuch, München 1976
62. Gabka, Die russische Sprache der Gegenwart Band I (Phonetik und Phonologie – Wiede), Band II (Morphologie – Mulisch), Band III (Syntax – Gabka), Band IV (Lexikologie – Wilske), Leipzig 1974-1978, Neufassung 1987-1989 (vgl. a. die Angabe unter "Russische Sprache der Gegenwart").
63. Giljarevskij/Starostin, Inostrannye imena i nazvanija v russkom tekste, M. 1969.
64. Gladrow, Russisch im Spiegel des Deutschen, Leipzig 1989.
65. Glazunova, Grammatika russkogo jazyka v upražnenijah i kommentarijah. Morfologija. SPb. 2000.
66. Gračev, Slovar' tysjačeletnego russkogo argo, M. 2003.
67. Grammatika russkogo jazyka, Izdatel'stvo Akademii nauk SSSR, M., I-II, 1954.
68. Graudina/Ickovič/Katlinskaja, Grammatičeskaja pravil'nost' russkoj reči, 3-e izdanie (stereotipnoe), M. 2004.
69. Gromov, Russkij jazyk. Kurs praktičeskoj gramotnosti dlja staršeklassnikov i abiturientov. M. 2002.
70. Gruško/Medvedev, Ėnciklopedija russkih familij, M. 2002.
71. Gruško/Medvedev, Ėnciklopedija russkih imen, M. 2002.
72. Gur'eva, Slovar' inostrannyh slov 1+2, M. 2002.
73. Handbook of the Phonetic Association. A Guide to the Use of the International Phonetic Alphabet. Cambridge 1999, University Press.
74. Havronina, Govorite po-russki / Chawronina, Sprechen Sie Russisch, M. ohne Jahresangabe.
75. Havronina/Siročenskaja, Russkij jazyk v upražnenijah / Chawronina/Schirotschenskaja, Russisch in Übungen, M. 1976.
76. Heidolph/Flämig/Motsch, Grundzüge einer deutschen Grammatik, Berlin 1981.
77. Isačenko, Die russische Sprache der Gegenwart, Teil I – Formenlehre, Halle 1968.
78. Judina, Russko-nemeckij / nemecko-russkij slovar' slovosočetanij s glagolami, Wörterbuch verbaler Wendungen, SPb. 2004.

79. Judina/Karnauhov, Russko-nemeckij / nemecko-russkij slovar' slovosočetanij s predlogami, Wörterbuch für präpositionale Wortverbindungen, SPb. 2003.
80. Juganov/Juganova, Slovar' russkogo slenga, M. 1997.
81. Jung, Grammatik der deutschen Sprache, Leipzig 1968.
82. Kalakuckaja, Sklonenie familij i ličnyh imën v russkom literaturnom jazyke, M. 1984.
83. Kalenčuk/Kasatkina, Slovar' trudnostej russkogo proiznošenija, M. 1997.
84. Kasatkin, Fonetika sovremennogo russkogo literaturnogo jazyka, M. 2003, Izdatel'stvo MGU.
85. Kempgen, Grammatik der russischen Verben, Wiesbaden 1989.
86. Kleines Wörterbuch der Chemie und chemischen Technik, Berlin 1979.
87. Kohls, Russische Grammatik, 4. durchgesehene Auflage, Berlin/München 1995.
88. Kolesnikov, Slovar' sinonimov russkogo jazyka, Rostov-na-Donu 1995.
89. Kolesnikov/Kornilov, Pole russkoj brani, Rostov-na-Donu 1996.
90. Koneva, Vsë o russkih imenah. Bol'šaja kniga, Minsk 2003.
91. Kotelova, Slovar' novyh slov russkogo jazyka, SPb. 1995.
92. Kratkaja russkaja grammatika, pod redakciej Svedovoj i Lopatina, M. 2002.
93. Kuznecova/Efremova, Slovar' morfem russkogo jazyka, M. 1986.
94. Lehfeldt, Akzent und Betonung im Russischen, Verlag Otto Sagner, München 2003.
95. Lehrmaterial Russisch 1. Studienjahr Sprachmittler, Karl-Marx-Universität Leipzig, Sektion TAS, Bereich Sprachmittler, WB RÜW, Leipzig 1978.
96. Leskien, Handbuch der altbulgarischen (altkirchenslawischen) Sprache, Heidelberg 1922.
97. Levašov, Slovar' prilagatel'nyh ot geografičeskih nazvanij, M. 1986.
98. Leyn, Bol'šoj Russko-nemeckij slovar', M. 2003.
99. Leyn, Russko-nemeckij slovar' / Russisch-Deutsches Wörterbuch, M. 1989 (Neubearbeitung des Titels Lochowiz/Leping), 11. Auflage Köln 1991.
100. Lopatin/Lopatina, Russkij tolkovyj slovar' / Einsprachiges Lernwörterbuch Russisch, M. 1994, Berlin/München 1994.
101. Loseva/Kapustin/Kirsanova/Tahtamyšev, Mifologičeskij slovar', Rostov-na-Donu 2000.
102. Lötzsch, Deutsch-Russisches Wörterbuch, I-III, Berlin 1983, I-II, Langenscheidts Großwörterbuch 1997.
103. Malyj slovar' al'kogol'nyh napitkov, M. 2001.
104. Marnitz/Häusler, Russische Grammatik, Halle 1958.
105. Matusevič, Sovremennyj russkij jazyk. Fonetika. M. 1976, Prosveščenie.
106. Mehlhorn, G., Kontrastierte Konstituenten im Russischen. Experimentelle Untersuchungen zur Informationsstruktur. Lang: Frankfurt am Main, Berlin u. a., 2002
107. Melikjan, Ėmocional'no-ėkspressivnye oboroty živoj reči. Slovar'. M. 2001.
108. Merkur'eva, Slovar' antonimov russkogo jazyka - složnye slova. M. 1999.
109. Mets, Praktičeskaja grammatika russkogo jazyka dlja zarubežnyh prepodavatelej-rusistov, M. 1985.
110. Mir dostoprimečatel'nostej, M. 2002.
111. Mokienko/Nikitina, Bol'šoj slovar' russkogo žargona, SPb. 2001.
112. Mokienko/Nikitina, Slovar' russkoj brani, M. 2003.
113. Morkovkin, Leksičeskaja osnova russkogo jazyka, M. 1984.
114. Morkovkin, Ob"jasnitel'nyj slovar' russkogo jazyka, M. 2002.
115. Muhanov, Intonacija v praktike russkoj dialogičeskoj reči, M. 1995, Ojkumena.
116. Müller-Ott, Russische Grammatik, Tulln 1982.
117. Murawjowa, Die Verben der Bewegung im Russischen / Muravëva, Glagoly dviženija v russkom jazyke, M. 1975.
118. Naumann/Schlimpert/Schultheis, Vornamenbuch, Leipzig 1988.
119. Nečaeva, Nekotorye trudnosti russkogo jazyka / Netschajewa, Schwierigkeiten der russischen Sprache, M. 1981.
120. Nemecko-russkij i russko-nemeckij slovar' ložnyh druzej perevodčika, M. 1972.
121. Nikitina, Molodëžnyj sleng. Tolkovyj slovar', M. 2003.
122. Nikitina, Tak govorit molodëž'. Slovar' molodëžnogo slenga, SPb. 1998.
123. Novejšij slovar' inostrannyh slov i vyraženij, Minsk 2003.
124. Novik/Suhanova, Tolkovyj slovar' inostrannyh slov v russkom jazyke, Smolensk 2001.

125. Novyj slovar' sokraščenij russkogo jazyka, M. 1995.
126. Orfografičeskij slovar' russkogo jazyka Instituta lingvističeskih issledovanij RAN, M. 2003.
127. Ožegov/Švedova, Slovar' russkogo jazyka, M. 1995.
128. Panov, Sovremennyj russkij jazyk. Fonetika, M. 1979.
129. Pawlowski, Russisch-deutsches Wörterbuch / Pavlovskij, Russko-nemeckij slovar' (I+II), 3. Auflage, Leipzig 1952.
130. Permjakow, Dreihundert allgemeingebräuchliche russische Sprichwörter und sprichwörtliche Redensarten, Moskau / Leipzig 1986.
131. Petermann/Hansen-Kokoruš/Bill, Russisch-deutsches phraseologisches Wörterbuch, Leipzig / Berlin / München / Wien / Zürich / New York 1999.
132. Petrovskij, Slovar' russkih ličnyh imën, M. 1980.
133. Pravoslavie – polnaja ènciklopedija. M. / SPb. 2003.
134. Pravoslavnyj molitvoslov, Svjato-Voznesenskij sobor, 1997.
135. Pul'kina/Zahava-Nekrasova, Russkij jazyk. Praktičeskaja grammatika s upražnenijami. / Praktische Grammatik mit Übungen. M., München 1995.
136. Repkin, Učebnyj slovar' russkogo jazyka. SPb. 1999.
137. Rodin/Pimenova, Vse strany mira. Enciklopedičeskij spravočnik, M. 2002.
138. Rogožnikova, Slovar' sočetanij, èkvivalentnyh slovu, M. 1983.
139. Rogožnikova, Svodnyj slovar' sovremennoj russkoj leksiki, I-II, M. 1991.
140. Rozen, Na poroge XXI veka. Novye slova i slovosočetanija v nemeckom jazyke, M. ohne Jahresangabe.
141. Rozental', Propisnaja ili stročnaja? Opyt slovarja-spravočnika, M. 1984.
142. Rozental', Spravočnik po pravopisaniju i literaturnoj pravke, M. 1997.
143. Rozental'/Golub, Russkij jazyk, spravocnik škol'nika, orfografija i punktuacija, M. 2004.
144. Rozental'/Golub, Russkij jazyk, gotovimsja bez repetitora, upražnenija i kommentarii, M. 2004.
145. Rozental'/Telenkova, Slovar' trudnostej russkogo jazyka, M. 1987.
146. Russische Sprache der Gegenwart. Hg. von einem Redaktionsrat unter Leitung von Kurt Gabka. Bd. 1. Phonetik und Phonologie. Verfasst von einem Autorenkollektiv unter Leitung von Erwin Wiede. Leipzig 1987, Verlag Enzyklopädie (vgl. a. die Angabe unter Gabka).
147. Russische Sprache der Gegenwart. Kommentare und Aufgaben zur Phonetik und Phonologie. Verfasst von einem Autorenkollektiv unter Leitung von Erwin Wiede. Leipzig 1987, Verlag Enzyklopädie.
148. Russkaja grammatika, Izdatel'stvo Akademii nauk SSSR, M. I-II 1980.
149. Russkie glagoly i predikativy (slovar' sočetaemosti), M. 1993.
150. Russkij jazyk 1 + 2, Kurs po razvitiju ustnoj reči i pis'ma, posobie dlja studentov-buduščih prepodavatelej russkogo jazyka, Berlin 1973.
151. Rybakin, Slovar' anglijskih ličnyh imën, M. 1973.
152. Šalaeva/Kašinskaja/Kapica/Sitnikov, Vsë obo vseh, Tom 10, M., 1999.
153. Sazonova, Tolkovo-grammatičeskij slovar' russkogo jazyka. Glagol i ego pričastnye formy, M., 2002.
154. Schade, Die Binomina des Russischen, Studienheft zur Sprachmittlerausbildung B-2, Leipzig 1988.
155. Schill, 4000 Vornamen aus aller Welt, Niedernhausen 1997.
156. Schütz, Die Akzentregeln des Russischen. Hamburg 1987.
157. Schwabe, Zahlen in der russischen Sprache, Arbeitsmaterial Nr. 40 der Martin-Luther-Universität/Zentrum für Sprachintensivausbildung in Russisch, Halle 1979.
158. Semenjuk, Leksičeskie trudnosti russkogo jazyka, M. 1994.
159. Širšov, Tolkovyj slovoobrazovatel'nyj slovar' russkogo jazyka, M. 2004.
160. Sistemy ličnyh imën u narodov mira, M. 1986.
161. Skorek/Juzvjak, Intonacija sovremennogo russkogo jazyka, Zielona Góra 2002.
162. Slovar' inostrannyh slov (I-II). M. 2002.
163. Slovar' obraznyh vyraženij russkogo jazyka, M. 1995
164. Slovar' russkogo jazyka, M., I-IV, 1981-1984.
165. Solganik, Tolkovyj slovar'. Jazyk gazety, radio, televidenija. M. 2002.
166. Solov'ev, Orfografičeskij slovar' s kommentarijami, SPb. 2000.
167. Solov'ev, Slovar' pravil'noj russkoj reči, M. 2004.
168. Somov, Slovar' redkih i zabytyh slov, M. 2001.

Anhang – Literaturverzeichnis

169. Städtler/Niemann, Symbolik und Fachausdrücke, Mathematik. Physik. Chemie. Englisch, Deutsch, Russisch, Leipzig 1971.
170. Superanskaja, Udarenie v sobstvennyh imenah v sovremennom russkom jazyke, M. 1966.
171. Superanskaja/Suslova, Sovremennye russkie familii, M. 1981.
172. Švedova, Russkij semantičeskij slovar', M. 2000.
173. Tauscher/Kirschbaum, Grammatik der russischen Sprache, Berlin 1958.
174. Tihonov, Kompleksnyj slovar' russkogo jazyka, M. 2001.
175. Tihonov, Morfemno-orfografičeskij slovar', M. 2002.
176. Tihonov, Slovoobrazovatel'nyj slovar' russkogo jazyka, I-II, M. 1985.
177. Tihonov,A.N./Tihonova,E.N./Tihonov,S.A., Slovar'-spravočnik po russkomu jazyku, M. 1995.
178. Troebes u.a., Fügungswörterbuch Deutsch-Russisch. Leipzig 1985.
179. Tolmačeva/Kokorina, Russkij glagol. Slovar'-spravočnik glagol'nyh form. M. 1986.
180. Trudnosti russkogo jazyka – slovar' žurnalista, M. 1974.
181. Trudnosti slovoupotreblenija i varianty norm russkogo literaturnogo jazyka, Leningrad 1973.
182. Tschernych, Historische Grammatik der russischen Sprache, Berlin 1977 (Bearbeitung von Černyh, Istoričeskaja grammatika russkogo jazyka – Kratkij očerk, M. 1954, durch Bielfeldt).
183. Umnov, Sovremennyj slovar'-spravočnik Antičnyj mir, M. 1999.
184. Ušakov, Tolkovyj slovar' russkogo jazyka, I-IV, M. 1935-1940.
185. Vakurov/Rahmanova/Tolstoj/Formanovskaja, Trudnosti russkogo jazyka, I-III, M. 1993.
186. Vasmer, Russisches Etymologisches Wörterbuch I-III, Heidelberg 1953-1958 (vgl. auch Angabe unter Fasmer = russische Bearbeitung).
187. Vedina, Slovar' ličnyh imën, M. 2000.
188. Vinogradov, Sovremennyj russkij jazyk, M. 1952.
189. Višnjakova, Slovar' paronimov russkogo jazyka, M. 1984.
190. Vvedenskaja/Kolesnikov, Ot nazvanij k imenam (slovar' imën naricatel'nyh, obrazovannyh ot imën sobstvennyh), Rostov-na-Donu 1995.
191. Vvedenskaja/Kolesnikov, Sovremennyj orfografičeskij slovar' russkogo jazyka, M. / Rostov-na-Donu 2004.
192. Wenk, Übungsbuch zur praktischen russischen Phonetik für Fortgeschrittene. Hamburg 1997, Buske.
193. Zaliznjak, Grammatičeskij slovar' russkogo jazyka, Slovoizmenenie; 4-e izdanie, M. 2003.
194. Zaočnyj kurs povyšenija kvalifikacii zarubežnyh prepodavatelej russkogo jazyka. Russkij jazyk – grammatika, leksika, razvitie reči. Institut russkogo jazyka im. A. S. Puškina, M. 1975.
195. Zasorina, Častotnyj slovar' russkogo jazyka, M. 1977.
196. Zemskaja/Kitajgorodskaja/Širjaev, Russkaja razgovornaja reč', M. 1981.
197. Zikmund, Wörterbuch geographischer Namen des Baltikums und der Gemeinschaft Unabhängiger Staaten (vgl. Duden Geographie).
198. Zlatoustova/Potapova/Potapov/Trunin-Donskoj, Obščaja i prikladnaja fonetika, M. 1997, Izdatel'stvo moskovskogo universiteta.
199. Zolotova, Sintaksičeskij slovar'. Repertuar èlementarnyh edinic russkogo sintaksisa. M. 1988.